GODS AND ROBOTS

MYTHS, MACHINES AND ANCIENT DREAMS OF TECHNOLOGY

ADRIENNE
MAYOR

VOX 01

天工，
諸神，機械人

希臘神話與遠古文明的工藝科技夢

雅筑安・梅爾 ——— 著
愷易緯 —— 譯

for my brother

Mark Mayor

有時我在想，機械人是否是被發明出來回答哲學家的提問。

——Tik Tok

目次

序

造出，而非生成

最先想像出機器人、人形機械、強化人類能力和人工智慧的人是誰？歷史學家往往認為，人形機器的概念可回溯到開發出自動機器的中古世紀工匠。然而，若回溯得再更深遠一點，我們會發現，其實在遠逾二千年前就有一連串源於神話的概念和想法，藉著「bio-techne—透過科技工藝，創造生命」的手法，去模仿、強化和超越自然生命。換言之，我們會在當中發現今日世人稱為生物科技的遠古版本。

早在中世紀的發條機具和現代歐洲初期的人形機器問世，甚至是希臘化時期的科技創新能造出精良的自動機器的數世紀之前，希臘神話當中早已可見製造人工生命的想法，以及人類對於複製自然的顧慮。在伊阿宋與阿爾戈英雄（Jason and Argonauts），青銅機械人塔羅斯（Talos），科技女巫美蒂亞（Medea），天才工匠代達洛斯（Daedalus），為人類盜取天火的普羅米修斯（Prometheus），以及創造之神赫菲斯托斯（Hephaestus）所造的邪惡潘朵拉（Pandora）的故事當中，就已可見「造出，而非生成」的生命。這些神話象徵的正是人類對於創造人工生命的永恆野心。這些遠古的「科幻情節」顯示了從荷馬的年代到亞里斯多德的時日，想像的力量是如何引領人類思索該如何複製自然。早在科技發展真正能實現如此野心之前，人類就已有創造人工生命的想法。如此想像統合了神話與科學精神，而古老的神話正強化了這樣的看法。值得注意的是，這些在古希臘羅馬時期真正設計或製造出來的人形機器與自動機械，有許多都是藉著描述以及／或者指涉諸神與英雄，重述這些神話。

科學史學者普遍認為，那些談及人工生命的古神話，描述的是本無生命的素材全因天神下令或巫師施咒才得以賦生。當然，諸多文化的神話當中皆可見到這類故事，舊約裡的亞當與夏娃，和古希臘神話中比馬龍（Pygmalion）的象牙雕像少女伽拉忒亞（Galatea）便是著名例子。但希臘羅馬神話以及可相比較的印度、中國古代傳說中描述的那些自動機具與人形機械，與單純因為神的旨意與魔法才有了生命的東西是截然不同的。這些特殊的人造生命是科技產物，是運用和人類工匠製作工具、藝品、建築或雕塑的相同素材和手法，從無到有，設計或組造而成。古神話中的機械人、人形機器、自動推進的東西聽來確實神奇無比，遠比凡人的所有造物都來得奇妙，相當符合諸神與代達洛斯等一眾傳奇發明者至高無上的能力。或許您會認為，這些關於人造生命的神話是文化上的美夢，是遠古的空想實驗，是一個設定在另類世界中的「what if」情節，是一個當中科技遙遙超前的想像空間。

神話中以動物賦形，或是像塔羅斯與潘朵拉這樣具備人類特徵的機械人，彼此的共同點就是它們皆是被「造出、而非生成」的。偉大的神話英雄、怪物，甚至是奧林帕斯山上不朽的諸神剛好完全相反，都是被「生出，而非造成」。這個區別也是早期基督教教義中的關鍵概念；這些教條斷言基督是被「生下，而非造成」。現代科幻作品中也可見如此主題，例如二〇一七年的電影《銀翼殺手2049》（*Blade Runner 2049*）的發展，就取決於劇中特定角色是否為複製人，究竟是人類的仿擬，抑或懷胎生出的真人。一物是生成或造成，這差別自古以來就標誌出人與非人、自然與非自然之間的分野。的確，在本書匯集的人造生命故事中，造出，而非生成便是關鍵的區別點。這個概念讓以工具造出的機器人，與單純因神旨或魔法而有生命的物件有了區隔。

在古希臘、伊特拉斯坎（Etruscan）以及古羅馬文明有關人造生命的故事裡，超凡的鍛造工匠赫菲斯托斯與泰坦人普羅米修斯這兩位天神，以及美蒂亞和代達洛斯這兩位人間的發明者，無不與這些傳說牽涉甚深。這四位人物具備超越人類能力的心靈手巧和非凡創意，以及精湛的工藝技術和手藝。他們運用的工法、藝術、手藝和工具雖與真實世界的並無二致，但這幾位神話中的創新者的成果卻更顯高妙，遠勝塵世凡人的能力與科技所及。

除了少數例外，遠古流傳至今的神話當中，對這些機械人的內部運作與動力來源並無描述，而是留予你我自行想像。這未知狀態如此幽暗，讓這些超凡機械似是內部運作方式如謎的「黑盒子」科技。於是，我們想起亞瑟・克拉克（Arthur Clarke）的名言：「科技越是先進，就越像魔法」。諷刺的是，現代工業文化中的大眾，對於智慧型手機、筆記型電腦、汽車等日常裝置究竟如何運作，絕大多數人恐怕是一片茫然，無能解釋，更遑論是對核子潛艇或火箭。我們雖知這些是人造工藝，是由心靈手巧的發明者所設計，在工廠內組裝，但這些東西未嘗不是魔法。常有人說，人類智慧本身也是一種黑盒子，而我們如今正邁向這個黑盒子科技的新層次：人工智慧很快就會藉著機械自我學習累積、選擇以及演算大量資料，進而在無須人類監督或理解的狀態下自主做出決定或是採取行動。屆時，不僅人工智慧的使用者不解其運作，就連製造者也會很快就不知自己所造之物的運作奧祕。某種意義上，人類將復返那些不可思議、引人驚嘆，關於人造生命與「藉著工藝，創造生命」的遠古神話。

若想找到貼切詞彙，去形容古代神話裡點明為「造出，而非生成」的諸多人形機器或非自然生命，恐怕會令人氣餒。在這些故事中，神祕、機械的描述用語常與神話用語相互交疊。即便今日，科技與科學史學家也承認，機器人、人形機器、賽博格、安卓等諸如此類的名稱，仍是定義未決、滑溜多變的稱呼。對於安卓、機器人、人形機器、玩偶、人工智慧、機械、賽博格等等，我在書中傾向使用較非正式、但常見的理解定義，但為了清楚說明，書中正文、注釋及詞彙表中會列出這些詞語在科技上的定義。

本書檢視了神話學裡廣泛的人造生命型式，當中有對於長生不老的追求，借自諸神與動物的超人能力，以及栩栩如生、具有行動及思考能力的複製人。即使神話、傳說和其他遠古傳述中所想像的活雕像、自動物件以及模擬自然的東西，並不完全等同於現代人認知的機械、機器人或人工智慧，但我相信，本書回溯的那些遙遙領先現實科技、關於人造生命的初生想法和概念，依然值得深思。

避免將現代人對於機械與科技的認知概念套用到古代，這一點甚為重要，尤其若是再顧慮到談及人造生命的古時文本多是殘缺不全。雖然本書提及歷史、神話與現代科學之間的呼應與共鳴，但並無意暗指前兩者直接影響了現代科技。我在書中各處點出現代小說、電影與通俗文化裡彼此相似的神話主題，也援引了科學史上的相似處，藉此闡明神話當中嵌藏的自然知識與先見。循此，這些我們耳熟能詳、或已遭遺忘的古老故事，便激發出諸多關於自由意志、奴役、邪惡的起源、人類的極限，以及身為人類有何意義等問題。正如約翰・斯拉德克（John Sladek）一九八三年的科幻小說當中那邪惡的機器人提克托克（Tik-Tok）所言，正是機械人的概念引人涉入「哲學深水」，激發出關於存在、思想、創意、感知，以及真實的無數問題。在這些古老神話想像的豐富故事裡，您將看到人類最初是如何意識到操控自然與複製生命會引來無數道德與現實的難題，這在本書後記亦可多見。

無數古時的文學與藝術珍品在這數千年來早已散失，我們如今擁有的，多是已脫離原始文本的斷簡殘篇，也難掌握究竟有多少遠古的文學與藝術之作早已消逝。相較於曾經存在的豐富資產，不論那是詩歌、史詩、文論、歷史或其他文本，得以倖存至今的不過是滄海一粟。雖有上千藝術之作有幸代代相傳至今，但在曾以百萬計的作品裡也僅是一小角。有些藝術史學家認為，現存的古希臘瓶繪不過是過往數量的百分之一，而殘存的文學與藝術之作，在保存上也常是漫不經心。

這些失散和胡亂保存的嚴苛景況，讓我們如今仍握有的文化遺產更顯珍貴。這狀況也決定了我們能探索與闡釋的方法與途徑。對於類似的研究，我們只能去分析這些歷經數千年、倖存至今的東西；然而這就像在深邃的幽暗密林裡循著麵包屑前進，但絕大多數的粉屑早已被鳥兒吃盡。野火的毀滅本質是這些消逝與殘存的另一種類似比擬；風吹野火，焚盡草木。在可怕的野火過後留下的，便是森林學家所稱的「馬賽克效應」（mosaic effect）——火焚後的區域間歇點綴著花開片片的草地，以及依然青綠的灌木矮林。千年的時間恣意蹂躪了古希臘和羅馬時代關於人造生命的文學與藝術之作，留下一片遭空洞的陰暗空間占據的坑疤，當中點點散布著遠古時代一些生機猶然蓬勃的章節段落與畫面。如此繽紛的馬賽克紋樣當中需要一條步道，貫穿在偶然得到保存、歷經數千年又細膩生長的各處長青綠洲之間。我們可沿此徑前行，想像這片文化地景的原初樣貌。「馬賽克理論」也是分析者藉著匯集零碎資訊、將之合譜出一個大景所採用的另一種類似方法。透過仔細匯集，我能覓得關於人造生命的詩作、神話、歷史、藝術以及哲學的文句段落；種種跡證足以讓你我相信，古人早已深受人工創造生命以及強化自然能力的故事吸引，甚至為之癡迷。

如此所言，都是希望諸位讀者切莫預期會在書中篇章找到一條筆直的康莊大道。相反地，就像希臘英雄忒休斯（Theseus）循著絲線的導引，走出代達洛斯設計的迷宮——也如同代達洛斯的小螞蟻，為了蜂蜜的獎賞而走過內部旋繞的海螺——我們也循著一條曲折、往復、纏扭的故事與圖像絲線，去理解古時文化如何看待人造生命。本書各篇章雖然敘述跳躍，但當中故事卻是相互層疊，彼此交纏；我們循著喬治．扎卡達基斯（George Zarkadakis）這位人工智慧未來主義者所稱的「神話敘事的所有支流在當中交會、迴繞，一片縱橫交錯的龐大河網」，朝向熟悉的人物和故事前行，而我們在前行之際，也將累積出新的見解。

在行過浩瀚廣袤的神話記憶宮殿後，本書最終章將轉向古典時期那些在歷史上真實存在的發明者和科技創新；某些讀者可能會因此鬆了一口氣。就在希臘化時代自動機具和人形機械的遽增中，這段歷史的篇章將到達頂點，而焦點正在那座想像與發明的最初國度，埃及的亞歷山卓城。

這些故事，所有這些神話與真實的故事，揭露出了人類歷來追求「創造，而非降生」的生命的企圖，而那根源竟扎得如此之深。且讓我們一同參與這場追尋。

第一章

機械人與女巫

塔羅斯與美蒂亞

古希臘神話裡第一具行走於陸地上的「機械人」，是一具青銅巨人，名為塔羅斯。

塔羅斯是一尊守護克里特島的活動塑像，是身兼鍛造之神及發明與科技守護神的赫菲斯托斯所打造的三具機械奇蹟之一。這些引人驚嘆的神物，是宙斯為了其子，傳說中克里特島第一位國王米諾斯（Minos）而委託打造的贈禮。另外兩樣是一桶絕不錯失目標的金箭矢，以及永遠都能擒獲獵物的金獵犬。青銅機械巨人塔羅斯的職責，是護衛克里特島不受海盜侵擾。[1]

塔羅斯每天繞行廣大的克里特島三圈，巡守米諾斯的王國。他身為金屬人型自動機械，能做出如同人類的複雜動作，可說是一具想像中「組造而成，以自行動作」的人形機器。[2]赫菲斯托斯設計造出的塔羅斯被「程式設計」成會鎖定陌生來人，同時撿起島上巨石，拋向任何企圖靠近克里特島海岸的陌生船隻，擊沉所有不速之客。塔羅斯這個機械巨人具有另一項與人類特質相同的能力，他能在近身搏鬥時做出擁抱動作，但這個擁抱的後果卻與如此展現人性溫暖的普世動作背道而馳，反而駭人無比。他能加熱自己的青銅軀體直至炙熱火紅，將擁在胸膛中的受害者活活炙烤至死。

塔羅斯在神話中最令人印象深刻的樣貌，就出現在《阿爾戈英雄記》（*Argonautica*）將近尾聲處；羅德島的阿波羅尼奧斯（Apollonius of Rhodes）在這部史詩中，描述了希臘英雄伊阿宋和阿爾戈英雄們追尋金羊毛的冒險歷程。塔羅斯出現的章節現在之所以廣為人知，都要歸功於雷・海瑞豪森（Ray Harryhausen）為一九六三年的電影《傑森王子戰群妖》（*Jason and the Argonauts*，台灣譯名）打造的那段讓人看過難忘的青銅機械人定格動畫場面。[3]

阿波羅尼奧斯在公元前三世紀寫下《阿爾戈英雄記》時，他在這段關於伊阿宋、美蒂亞及塔羅斯的故事上，援引的是較為古老、當時已廣為人知的口傳和文字版本。他刻意以古體文風將塔羅斯形塑成是「青銅人類世紀」的倖存者，一個那古老時代的未亡之人。這是他對詩人赫希俄德（Hesiod）在《工作與時日》（*Works and Days*，公元前七五〇至六五〇年）當中一段以比喻談及人類幽遠過往的指涉。[4]不過，在《阿爾戈英雄記》和這則神話其他版本的形容裡，塔羅斯則是科技的產物，是想像中赫菲斯托斯造出的青銅人形機械，被安放在克里特島執行任務。塔羅斯的各種能力是受一套內在系統驅動，而系統內淌流的是神界的「ichor—靈液」，而非凡人的鮮血。那麼，問題來了：塔羅斯可是不死之身？他是沒有靈魂的機械，還是具有感知的生命？儘管答案未明，但這些不確定性對阿爾戈英雄們顯然至關重要。

FIG1.1. 塔羅斯，以青銅翻鑄自海瑞豪森為電影所造、但現已碎裂的原始模型。Forged 2014 by Simon Fearnhamm, Raven Armoury, Dunmow Road, Thaxted, Essex, England.

《阿爾戈英雄記》最末卷中，伊阿宋與阿爾戈英雄們準備帶著珍貴的金羊毛返鄉。但他們的船艦亞果號（Argo），卻因海上無風而無法航行。由於無風可揚帆，再加上眾人連日爭執，一行人於是先轉往位在克里特島兩座高崖之間的避風港暫泊。塔羅斯此時立刻盯上了他們。這巨大的青銅守衛剝下崖壁上的岩塊，朝船上眾人擲去。阿爾戈英雄們該如何逃離這人形巨物的魔掌？船上的水手驚懼得渾身打顫，絕望地努力將船划離那跨站在嶙峋岩灣兩端的恐怖巨人。

出面為眾人解圍的是女巫美蒂亞。

美麗的美蒂亞是金羊毛的國度、位在黑海畔的柯爾基斯（Colchis）王國的公主；這位令人為之銷魂的危險女子，自己就有連串神話般的冒險經歷。她握有掌控青春與衰老、生與死的密鑰；她能向人類與野獸催眠、施咒，炮製強效的魔藥。美蒂亞通曉抵禦烈火之道，也知道永不熄滅的「液體之火」的祕密，這又稱「美蒂亞之油」，與出自裏海周圍天然油井、容易揮發的石腦油（naphtha）有所關連。在塞內加（Seneca）寫於公元一世紀的悲劇《美蒂亞》當中（lines 820-30），這名女巫師將這團「魔法之火」存放在一只密閉的金匣內，聲稱傳授她如何保存這團焰火的，正是盜火者普羅米修斯本人。[5]

在伊阿宋的遠征隊一行人登上克里特島之前，美蒂亞已幫助他在自家取得金羊毛。美蒂亞的父親，柯爾基斯國王埃厄特斯（King Aeetes）當時承諾，伊阿宋若是能完成一項不可能的致命任務，他即可將金羊毛送給他。埃厄特斯擁有一對赫菲斯托斯打造的青銅巨牛，於是命令伊阿宋為這鼻息吞吐著熊熊烈焰的巨獸套上牛軛，用牠們以龍牙犁地；然而龍牙犁過的田地立刻會有人型機械大軍破土而出。美蒂亞得知父親的計謀，決定出手相救，好讓這位俊美的外邦英雄免於一死，兩人也因此成為愛侶（伊阿宋如何對付機械巨牛和龍齒軍隊的完整故事請見第四章）。[6]

然而，這對情侶得逃離盛怒的國王埃厄特斯的追殺。美蒂亞先是導引伊阿宋前去守護著金羊毛的恐怖巨龍的巢穴——為她的雙輪黃金戰車座駕拉曳的，正是一對已被馴服的飛龍。美蒂亞靠著敏銳的讀心能力，強效的魔藥以及謀略計策，擊敗守護金羊毛的惡龍。[7]她低聲喃喃持咒，滴入煉自高加索群山險崖與草地的異國藥草和珍稀成分的魔水，讓惡龍陷入熟睡，為伊阿宋取得金羊毛。她和伊阿宋帶著戰利品逃回亞果號船上，隨阿爾戈英雄們踏上返鄉航程。

如今，面對青銅機械巨人擋道，而且陰森森地逼近而來，美蒂亞再度挺身出來掌控大局。等等！她對驚駭不已的水手們大喊。塔羅斯雖是青銅之身，但我們不知道他是否是不死之軀。我想我們能將之擊潰。美蒂亞（其名來自*medeia*，意指狡猾，也與*medos*一字有關，有計畫、策畫之意）已盤算好要將塔羅斯一舉摧毀。在《阿爾戈英雄記》中，美蒂亞利用的是心智控制術，以及她對這具人型機械內部構造的所知。她知道，赫菲斯托斯是以一條體內動脈或管子的東西打造出塔羅斯，而從頭到腳在管中流動的，是天上諸神賴以為生的靈液。這套仿生「體內系統」在塔羅斯的足踝處以青銅釘或某種栓塞封住。美蒂亞知道，這個機械巨人的腳踝正是他的生理弱點。[8]

在阿波羅尼奧斯的描述中，伊阿宋和阿爾戈英雄們害怕地站在後頭，看著法力高強的女巫和可怕的機械巨人激烈爭鬥。美蒂亞憤怒地咬著牙，口中咕噥著謎樣詞語，召喚惡靈；她具有穿透力的目光緊盯著塔羅斯的雙眼，發射出某種有害的傳心術，讓塔羅斯因而喪失判斷能力。在撿拾巨石準備拋擊時，塔羅斯腳步踉蹌，銳利的岩塊在他腳踝上刻出裂口，劃破這個機械人身上唯一的血管。當生命能量如「融化的鉛」

般泊泊流出體外，塔羅斯搖搖晃晃，猶如一棵遭人從樹幹底部砍伐的巨松。在如雷的撞擊聲響中，這尊萬能的青銅巨人隨之塌毀在海灘上。

思索《阿爾戈英雄記》當中描述的這個塔羅斯之死場景，甚有意思。如此鮮活的畫面，是否是受到一具真實存在的巨型青銅塑像轟轟烈烈的倒塌實景影響而寫成？學者聲稱，羅德島的阿波羅尼奧斯曾念及那座建於西元前二八〇年、雄偉的羅德島巨人像（Colossus of Rhodes）；這尊塑像的製造工程技術精良，涉及複雜的塑像上層內部空間構造和外部的青銅包覆技術。羅德島巨人塑像曾是古時世界七大奇景之一，高約一百零八呎（32.9公尺），大約等同紐約港外自由女神像的尺寸。有別於神話中的塔羅斯固定繞行克里特島，巡守終日，這座太陽神赫利奧斯（Helios）的宏偉塑像身上沒有可活動的部位，而是充作燈塔以及羅德島的門戶之用。這尊巨人塑像在阿波羅尼奧斯生前毀於一場劇烈的地震中，時為西元前二二六年。當時龐大的青銅塑像自膝蓋處折斷，崩毀墜入海中。[9]

還有其他範例。阿波羅尼奧斯寫作那時，埃及的亞歷山卓城內正在製造及展示一批自動機械及人型機械，這座城市是當時生氣勃勃的科技創新中心。阿波羅尼奧斯就在當地擔任亞歷山卓圖書館的管理者（P. Oxy. 12.41）。他對塔羅斯這具人型機械（以及像是無人機的機械老鷹，見第六章）的描述，正暗示著他對亞歷山卓城著名的活動塑像和機械設備（見第九章）的熟悉程度。

科技與心理學的成分在塔羅斯故事比較古老的版本中，成分更為明顯，內容卻也更加曖昧含糊。塔羅斯是由金屬製成，這是否讓他絕非人類？塔羅斯是否有其自主能力或感知，這一點在神話中顯然並無完整解答。縱然塔羅斯是「造出，而非生成」的，某種程度上，他的悲劇遭遇卻讓他顯得像是人類、甚至是英雄，畢竟他是在英勇地執行受派的勤務時遭詭計所騙，因而身亡。對於塔羅斯的崩毀，其他神話版本中有更複雜的描述；美蒂亞利用令人迷茫的靈藥制伏了塔羅斯，繼而運用暗示的威力讓塔羅斯產生幻覺，讓他預見自己夢魘般的橫死景象。接著，美蒂亞操弄這個機械人的「情緒」。塔羅斯在這些描述中具備某種意志與智能，受到了人性的恐懼與希望影響。美蒂亞說服了塔羅斯相信她真能讓他長生不死——不過，唯一方法是得拔掉他腳踝上的那顆鉚釘。塔羅斯同意了。當腳踝上這顆關鍵的鉚釘拔去後，塔羅斯體內的靈液就如融鉛般泊泊流出，他的「生命」也就此衰竭。

對今日的讀者而言，機械人塔羅斯緩緩死去，或許會讓人想起庫柏力克的《2001太空漫遊》（*2001: A Space Odyssey*）當中的經典場景。壞掉的電腦ＨＡＬ在記憶庫消逝、轉為黑幕之前，開始緩緩陳述起自己的「身世」。然而ＨＡＬ是「造出，而非生成」的，因此它的「身世」是其製造者植入的虛擬故事，就像電影《銀翼殺手》（1982, 2017）當中造出、並植入複製人身上那情感豐富的鮮明記憶。近期有關人類與機器人的互動研究顯示，機械人或人工智慧的「舉止」若是與人類相似，而且還有名字及背景身世，那麼大眾便容易將這些存在人格化。機器人並無感知，而且沒有主觀感受，但我們將感受情緒及承受苦痛的能力賦予這些模仿人類行為的自動物體，繼而在它們遭到破壞或毀滅時對其產生同感的苦痛之情。在《傑森王子戰群妖》中，儘管青銅機械巨人臉上面無表情，海瑞豪森令人大感驚奇的動畫連續鏡頭，卻讓塔羅斯閃現出內在個性與智慧的微光。在強烈的「死亡」場景中，當他賴以維生的體液如血流出、青銅身軀爆裂且傾倒之際，這尊機械巨人絕望地抓著咽喉，掙扎著想呼吸。現代觀眾對於這個「無助的巨人」甚感同情，也對他遭到美蒂亞「不公平地施詐所騙，深感遺憾」。[10]

西元前五世紀，塔羅斯曾出現在希臘劇作家索福克勒斯（Sophocles，公元前四九七年至四〇六年）的悲劇當中。[11]然而此劇如今早已失散，但我們不難想像，塔羅斯的命運或許也曾讓古人油然生起類似的憐憫之心。我們能體會口述的輾轉傳播和悲劇如何引起世人對塔羅斯的同情，尤其他的舉止如人，名字和身世背景又廣為人知。的確，有大量證據顯示，古時的瓶繪工匠在描繪塔羅斯之死時，也為他賦予了具體的人性。

•

這個克里特島機械人諸多流傳古時的故事，如今我們僅剩斷簡殘篇可循，有些故事版本雖已佚失，但陶罐和錢幣上的圖繪仍有助於添補這塊拼圖；某些藝術作品中的塔羅斯形象，就含有在倖存至今的文學作品裡未知的細節。斐斯托斯（Phaistos），青銅器時代克里特島偉大的米諾斯文明三大城之一，該城的錢幣即是一例。這座城市大約在公元前三百五十至二百八十年間，便將塔羅斯刻畫在銀幣上，以紀念這位米諾斯王的青銅衛士。這些錢幣呈現出面朝前、或從側看的塔羅斯正展現拋擲石塊的威嚇動作。得以留存至今的古代資料中，無一顯示塔羅斯帶有翅膀或是會飛，但斐斯托斯銀幣上的塔羅斯卻有雙翼在身。這雙翅膀可能是一個象徵主題，標誌著他的非人類狀態，或暗指他在環島巡守時超乎凡人的行進速度（經推算，這速度必須達每小時逾一百五十哩）。有些斐斯托斯錢幣的背面，還可見塔羅斯有黃金神犬拉耶普斯（Laelaps）陪伴在側；這隻獵犬也是赫菲斯特斯為米諾斯國王打造的三大機械奇物之一。神奇的獵犬拉耶普斯在古時民間傳說中還有自己的故事（見第七章）。[12]

大約在阿波羅尼奧斯寫出《阿爾戈英雄記》的兩個世紀之前，塔羅斯的形象就已出現在西元前約四百三十到四百年前的希臘紅陶瓶繪上。某些陶瓶上的細節顯示出塔羅斯內在的「生物構造」，一套在腳踝處以栓塞封住、當中充滿靈液的動脈系統；這故事早在公元前五世紀已廣為人知。這些瓶繪畫面之間的相似性和風格讓人不免想到，那有可能是仿擬公元前五世紀雅典名藝術家波留克列特斯（Polygnotus）和米空（Mikon）共同繪製的大型公共壁畫的縮圖。古希臘的行旅作家保薩尼亞斯（Pausanias, 8.11.3.）就說，米空在卡斯托耳（Castor）與波魯克斯（Pollux）的神廟中，畫出了伊阿宋與金羊毛故事的史詩場景。雅典城的諸王神廟（Anakeion）供奉的正是

FIG1.2. 克里特島上斐斯托斯城錢幣上的塔羅斯擲石圖樣。左為銀質，公元前四世紀（背面為公牛圖樣）。Theodora Wilbur Fund in memory of Zoë Wilbur, 65.1291. 右為銅幣，從側看的塔羅斯，公元前三世紀（背面為金獵犬圖樣）。Gift of Mr. and Mrs. Cornelius C. Vermeule III, 1998.616. Photographs © 2018 Museum of Fine Arts, Boston

FIG1.3.「塔羅斯之死」。在美蒂亞捧著一缽魔藥，惡毒地盯視之際，金屬身軀的塔羅斯暈倒在卡斯托耳和波魯克斯懷中。紅陶渦形大口瓶，公元前五世紀。By the Talos Painter, from Ruvo, Museo Jatta, Ruvo di Puglia, Album / Art Resource, NY.

這對「迪奧斯庫洛伊雙胞胎」（Dioscuri twins，詳見第二章）。

這些在公元二世紀甚受保薩尼亞斯喜愛的壁畫，如今俱已消失，但留存陶瓶上的圖案揭示了塔羅斯的形象在古典希臘時期是何等模樣。這些藝術家呈現的塔羅斯是半人類、半機械，若要將之摧毀，則需要運用技巧。這些圖繪也在塔羅斯的毀滅場景中表達出一種悲痛感。例如引人驚嘆的「塔羅斯瓶」上就呈現出美蒂亞正對這個青銅巨人進行催眠的戲劇性場景（fig.1-3,1-4, plate 1）；這只碩大的盛酒容器約是在公元前四一〇到四〇〇年於雅典所造。

美蒂亞輕捧著缽中魔藥，專注地盯著暈倒在卡斯托耳和波魯克斯懷中的塔羅斯。在希臘神話中，這對迪奧斯庫洛伊雙胞胎雖然參與了阿爾戈英雄的行列，但在所有現存的故事裡，卻毫無跡象顯示塔羅斯之死與他們有關，因此這個畫面指涉著一個現已佚失的故事版本。這個塔羅斯陶罐的繪者描繪出金屬身軀一如青銅雕像般

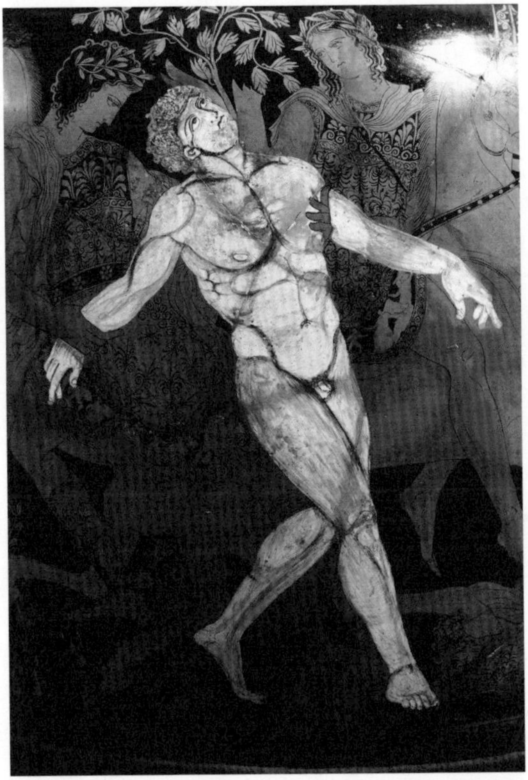

FIG1.4.（PLATE 1）「塔羅斯之死」。Ruvo vase detail. Album / Art Resource, NY.

飽滿健壯的塔羅斯，他的軀幹看起來就像真實、沉重、肌肉鼓脹，穿戴在希臘武士身上的青銅胸盔（第七章，fig.7-3）。這位繪者運用與描繪穿戴青銅「肌肉盔甲」的希臘武士的相同技法，以帶黃的白色畫出塔羅斯全身，好讓他身軀的青銅鍍層和人類的肉身有所區別。不過，儘管這個塔羅斯是金屬形貌，他的姿態和面容卻具有人性，以便引人同情。一位研究古典希臘時期的學者甚至察覺到「塔羅斯的右眼流下一滴淚」，雖然這條細線可能只是在呈現金屬模鑄或接合處，一如圖上其他表現機械人解剖構造的淡紅色輪廓線。[13]

在一只南義大利發現的雅典大口瓶上的早期（公元前四四〇至四三〇年間）陶瓶繪當中，塔羅斯的形貌是高大、長鬚，失去平衡地抵著卡斯托耳和波魯克斯掙扎著（fig.1-5,1-6, plate 2）。這個場景有幾個細節證實了塔羅斯的仿生系統和崩毀在工藝層面上的特質。我們看到伊阿宋蹲跪在這個機械人的右腳邊，拿著一把工具，抵著塔羅斯腳踝上的圓栓；美蒂亞在伊阿宋上方傾著身子，捧著藥缽；而死神桑納托斯（Thanatos）帶著羽翼的小小身形正抓著塔羅斯的腳，將之穩住；桑納托斯一腳站立、一腳彎折的站姿，好似在仿擬塔羅斯瀕死的巨痛。

一片公元前四百年的陶瓶碎片上也有利用工具的類似場景；這個碎片是在亞得里亞海畔、曾為伊特拉斯坎文明之地的港口城史賓那（Spina）發現。塔羅斯仍是被卡斯托耳和波魯克斯抓著，而在他腳邊，美蒂亞抵著腿、握著一只盒匣，右手握有一把利刃，準備除去他足踝處的封釘。另一個小小的帶翼死神形體則指著塔羅斯的腿，更是強化了這個圖繪的張力。[14]

在伊阿宋與阿爾戈英雄的神話裡，這個青銅巨人是他們得擊敗的可怕障礙，但對克里特島的米諾斯國

FIG1.5（PLATE 2）. 美蒂亞看著伊阿宋利用工具打開塔羅斯腳踝上的封栓，羽翼死神的小小形體正抓住塔羅斯的腳踝，而他則頹倒在卡斯托耳和波魯克斯懷中。紅陶大口瓶，公元前四〇〇至四五〇年。於義大利的蒙泰薩爾基奧發現。" Cratere raffigurante la morte di Talos," Museo Archeologico del Sannio Caudino, Montesarchio, per gentile concessione del Ministero dei Beni e delle Attività Culturali e del Turismo, fototeca del Polo Museale della Campania.

FIG1.6. 大口瓶的細部圖，顯示伊阿宋正使用工具除去塔羅斯腳踝上的栓塞。Drawing by Michele Angel.

王而言，塔羅斯卻有其益處，是王國的警報系統，也是他強大海軍的前鋒護衛。大約在公元前七百到五百年間稱霸北義大利的伊特拉斯坎人，也將塔羅斯視為英雄人物。希臘神話是伊特拉斯坎人喜愛的主題，他們常一船船地進口繪有神話故事情節和角色的雅典陶瓶。不過，伊特拉斯坎人常以在地眼光詮釋來自希臘的故事，進而反映在自己的藝術作品中。在幾片年代約是公元前五百至四百年間的伊特拉斯坎青銅鏡上，就出現了塔羅斯的刻像；伊特魯里亞（Etruria）那時正受羅馬勢力興起的威脅。

從他在伊特拉斯坎文化中的名字夏魯卡蘇（Chaluchasu）判定，一把現藏於大英博物館中的伊特拉斯坎銅鏡上顯示的正是塔羅斯；鏡上的他正和兩個阿爾戈英雄搏鬥，而從伊特拉斯坎文字銘刻研判，兩人正是卡斯托耳和波魯克斯。一個女子傾身打開一只小盒，同時朝塔羅斯的小腿伸出手（fig.1.7）。這個場景重現了美蒂亞在雅典紅陶瓶繪上的動作，但畫中女子標名為圖蘭（Turan），是愛神阿芙羅黛蒂（Aphrodite）在伊特拉斯坎文化當中的名稱，這又意味著另一個另類、不明的神話版本。

另一面伊特拉斯坎銅鏡則顯示占上風的塔羅斯／夏魯卡蘇正在勒擠敵手，此景或許反映著他可將人擁向燒燙的懷中、炙烤至死的能力（fig.1.7）。學者認為，義大利在地傳統會將塔羅斯榮耀化，特別強調這尊青銅機械人護衛克里特島海岸的原始目的。這些銅鏡便顯示伊特拉斯坎人在面臨羅馬人入侵其領域的時期，認為塔羅斯／夏魯卡蘇是正面的英雄人物，因為他「無敵的威力有助制伏入侵者或陌生人」。[15]

FIG1.7 . 上圖：塔羅斯將卡斯托耳和波魯克斯壓向胸口，一旁女子正打開盒子，伸手朝向塔羅斯的腳踝。伊特拉斯坎銅鏡，約公元前四六〇年，圖繪 1859, 0301.30. © The Trustees of the British Museum。
下圖：塔羅斯勒擠兩男子，伊特拉斯坎銅鏡，30480 Antikensammlung Staatlich Museen, Berlin, photo by Sailko（Francesko Bini）, 2014.

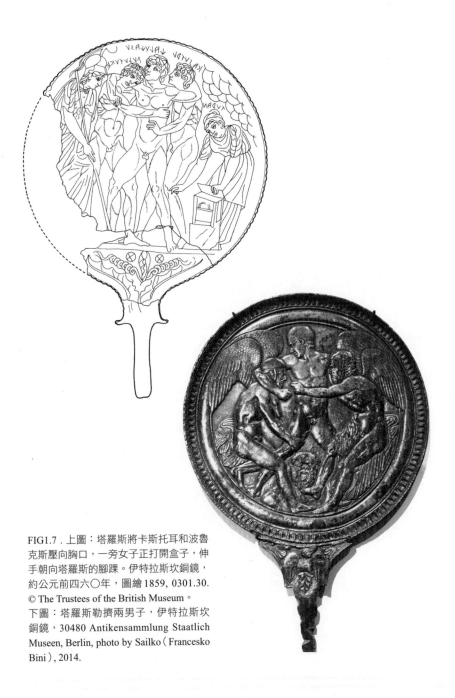

塔羅斯的故事有多古老？這答案未明，然而，如你我所見，早在公元前五世紀的藝術當中即可見到他的身影。其他有關活動塑像和服侍奧林帕斯山上眾神的自動裝置的故事，可見於諸多古老口傳歷史，這些口傳故事最早是在公元前七五〇年以文字記錄在荷馬《伊利亞德》當中；這部史詩講述了那場發生在青銅時期（約公元前一一五〇年）、傳奇的特洛伊戰爭。[16] 在古典希臘時代，據信在特洛伊戰爭之前，克里特島的米諾斯國王在位統治了三代之久。米諾斯國王以其律法和為壓制海盜而組建的勇猛海軍聞名，因而受公元前五世紀的希羅多德（Herodotus, 3.122）、修昔底德（Thucydides, 1.4），以及之後的西西里的迪奧多羅斯（Diodorus Siculus, 4.60.3）、普魯塔克（Plutarch, Theseus 16）和保薩尼亞斯（3.2.4）等一眾歷史學家視為「基於史實」確實存在的統治者。現代的考古學者即以這位傳說中的國王為米諾斯文化（Minoan civilization）命名。

克里特島上米諾斯文明時期有許多章紋描繪著詭異的怪獸與惡魔，這些顯然是做為城市的護衛和護身符之用。某些章紋上就有牛頭人身的米諾陶（Minotaur）圖樣。一只米諾斯文明晚期的章印最是引人注目。紋樣顯示一座防禦堅固的城市坐落在陡峭的濱海岩山上（如此地形與希多尼亞的卡斯特里山（Kastelli Hill, Kydonia）相符；此地是現今克里特島上的甘尼亞（Chania）城，正是發現此枚章印之處）。一尊沒有臉孔的巨形男性塑像「異常強健、建造穩固」，隱約矗立在這座城市的制高點上。這個謎樣人形呈現的並非希臘神話中的塔羅斯。如果這枚和其他類似的紋章曾在古時希臘世界流通，那麼，一尊巨人看似正在護衛城市的如此場景，便有可能影響早期論及巨人塔羅斯為米諾斯國王守護克里特島的口傳歷史。當然，這只是推測；在缺乏任何文字史料的狀況下，這只米諾斯章印的意義依然成謎。[17]

在其他有關傳奇工匠代達洛斯的遠古科技故事中，也可見米諾斯王的身影；代達洛斯的工藝之作有時會與創造之神赫菲斯托斯的作品混淆（見第四與第五章）。無論如何，早在阿波羅尼奧斯在公元前三世紀寫出《阿爾戈英雄記》之前，塔羅斯便已在古希臘詩歌和藝術品中廣為人知。除了品達（Pindar *Pythian 4*，約公元前四六二年）的詩作之外，阿波羅尼奧斯筆下的塔羅斯資料真正從何而來並不詳，然而有些學者相信，亞果號遠征的史詩傳說甚至比特洛伊戰爭的故事還古老。[18] 因此，塔羅斯的傳說確實有可能非常久遠。

塔羅斯雖出現在索福克勒斯著於公元前五世紀、但現已佚失的悲劇《代達洛斯》當中，但最早描寫塔羅斯的文字，是在西莫尼德斯（Simonides，公元前五五六至四六八年）詩作的斷簡殘篇裡。這位詩人稱塔羅斯是赫菲斯托斯所造的「*phylax empsychos*—受賦生命的守護者」。值得注意的是，西莫尼德斯認為，這個青銅巨人衛士在負責守衛克里特島之前，曾在薩丁尼亞（Sardinia）藉著將人擁向他炙燙的胸膛，因而殺人無數。薩丁尼亞這座義大利西方的大島，古時是以島上的黃銅、鉛和青銅冶金術聞名；此地和克里特島淵源甚深，時間可遠溯到青銅器時代，而伊特拉斯坎人也早在公元前九世紀就與此地進行買賣，甚至定

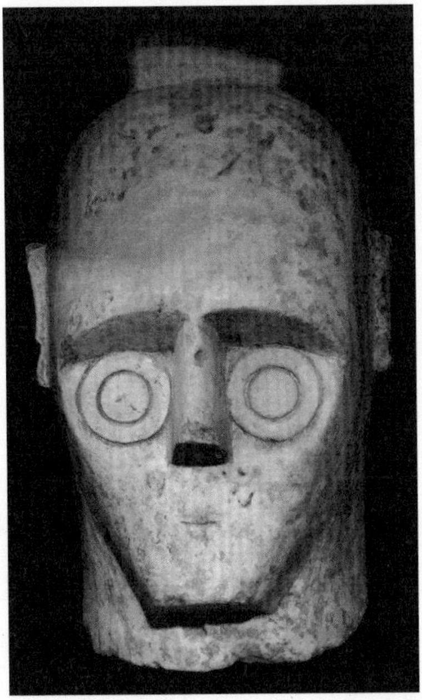

FIG.1.8. 普拉瑪山上的遠古巨人石像，薩丁尼亞島，努拉吉文明，約公元前九〇〇至七〇〇年。
National Archaeological Museum, Cagliari, Sardinia.

居。[19]在公元前九〇〇年到七五〇年間繁茂興盛的努拉吉文明（Nuragic civilization）時期，薩丁尼亞島上的工匠曾利用脫蠟法鑄造出大量青銅塑像，雕塑家則運用令人驚嘆的精良工具，打造出一組矗立在島上的巨人石像矩陣，監看著薩丁尼亞（參見第五章）。這些壯觀的石像高度從六點五呎到八呎（約二至二點五公尺）不等，就群聚在該島西岸的普拉瑪山（Mont'e Prama）上。這些奇特的努拉吉雕像是最早出現在地中海區域的擬人化巨形雕塑，僅次於埃及的巨像。

薩丁尼亞謎樣的巨人面容特色非常鮮明：碩大、居中的圓盤代表著眼睛，一條裂隙表示嘴巴（fig.1.8）。我們能輕易理解，這些簡單的臉部特徵為何會和通俗科幻作品當中典型的現代機器人有著幽默的連結，就像《星際大戰》（*Star Wars*）系列當中的C-3PO。考古學家從一九七四年開始就陸續在普拉瑪山挖掘出四十四尊巨石人像。據信，這些巨石像曾充作守護者，莊嚴地護衛著薩丁尼亞島。若是如此，那麼他們就和塔羅斯及其他遠古時代守衛邊界的塑像有著相同功用。

詩人品達聲稱機械巨人塔羅斯曾守衛著薩丁尼亞，這在某種程度上，是否與古希臘人對薩丁尼亞島上這些高聳的巨人石像的觀察及傳述有所關聯？說來有趣，荷馬的《奧德賽》（10.82.23.318）當中也有一座靠巨人擲石防衛的島嶼；這些巨人名為拉斯忒呂戈涅斯（Laestrygonians），聽來與拉斯特里孔尼（Lestriconi）有相許相似，那是一支居住在薩丁尼亞島西北方的部族。荷馬史詩當中巨人拋擲巨石護衛島嶼的故事，或許正起源自水手從海上目睹到薩丁尼亞島上這些巨形人像，[20]而巨人拋擲巨石和塔羅斯的動作相似之處相當明顯。

有些研究人形機械歷史的學者將塔羅斯誤解成是原為無生命的物質，是因為天神藉由超自然的法術將生命灌入其中而獲生。例如，在姜敏壽（Minsoo Kang音譯）對歐洲人形機械歷史的研究當中，就將古時描述的人型機械區分成四個類別：（一）神話的創造物，僅在外觀上與現代機器人相似；（二）神話中的人造物，藉由法術而獲生；（三）人類設計的古物件；以及（四）在理論探究道德概念中純為理論性的機器人。姜教授將塔羅斯歸在他分出的第一類「神話的創造物」，是外觀看似機器人，卻是「由超自然的力量所造，與機械工藝無關」。他認為，像塔羅斯這樣的機械人，其「想像的意義」，在「前現代時期與機械概念並無太多關聯」，他宣稱塔羅斯「並非機械創造物，反而更像是活生生的生物」。[21] 然而，古時諸多資料皆描述塔羅斯是「造出，而非生成」。如我們所見，塔羅斯的內在構造和動作可用機械學的概念解釋，對此，古時在藝術上的描繪也多有呼應：什麼活生生的生物會有金屬材質的軀體，而體內循環系統當中流動的不是血液，甚至還以栓塞封住？再者，神話中的描述和公元前五世紀描繪塔羅斯傾圮的藝術作品，無不顯示著要殺死這尊巨人需要運用技巧，尤其是拔去腳踝上的那只栓塞。

「Robot—機器人」一詞的精確定義仍有可議之處，但塔羅斯仍與當中的基本條件相符：自動的人型機械，具有可提供動力的能源，「經過程式設計」以「感知」周遭環境，並具備某種「智慧」或處理資料的方式，以「決定」如何和周遭互動，做出動作或執行勤務。姜教授認為，遠古時代對於科技的認知，在塔羅斯神話當中並未扮演任何角色；如此看法在最初就已建立在錯誤的比較上，將塔羅斯與《舊約》中亞當自泥土中創生相比；再者是草率解讀了《阿爾戈英雄記》（4.1638-42）中以「青銅人族」倖存者形容塔羅斯的仿古詩意比喻手法。[22]

科學哲學家席薇雅・貝里曼（Sylvia Berryman）主張，希臘神話沒有形容奧林帕斯山上的諸神使用科技，而赫菲斯托斯所造的機具也不是因為科技工藝才有了動力。然而創造塔羅斯的赫菲斯托斯是冶金、科技與發明之神，常被描繪成手執工具在工作，他所造的產物也是以工具和工藝所設計、組裝而成。在貝里曼看來，塔羅斯不能視為以「科技製造的勤務工藝品」，因為他沒有「據以工作的身體方式」。[23]但塔羅斯在神話中諸多人造生命的例子裡顯得鶴立雞群，因為古代作家和藝術家呈現的塔羅斯都是人型機械，一個「自動者」，透過「一套內在的機械裝置」而動作的青銅塑像，此處所指的正是當中有特殊液體流動的單一管子、或可說脈管，而且能以生物學、醫學及機械術語形容這套系統。

古典歷史學家克拉拉・波薩克－施洛德（Clara Bosak-Schroeder）告誡，現代人應當避免「將我們對科技的認知套用到過往」。她認為，希臘化時代的希臘人可能也曾以同樣的方式，將自己對於創新的認知投射到自家的遠古神話上。繼姜敏壽、貝里曼之後，波薩克-施洛德認為，神話中所有關於人型機器的例子，「原本都是純為魔法上的想像」，同時聲稱「之後出現的進步科技……使得希臘化和羅馬時期的希臘人將神話中的魔法人形機器，重新詮釋成是機械工藝的表現」。只不過，認為一種「相對現代主義」造成古希臘人以自己的科技認知投射到過往神話與傳說想像中的人形機械，這個論點並不適用於塔羅斯，也不適用於荷馬、品達和其他古典作品曾描述、有關神話中人造生命的例子。[24]正如本書第九章將討論的，公元前四世紀已有一些史實上確實存在的自動機械；再者，不可將塔羅斯的特質詮釋成是希臘化時期的古人將科技的概念投射到過往；因為正如我們所見，即使是在神話早期版本和藝術品的想像中，塔羅斯也是一個組造物，一個「模擬自然生物形態的自動或動力自給的製成品」，而這正是機器人的典型定義。[25]

對於塔羅斯和其他古時的活動塑像，有另一種更富意義且更微妙的態度，似乎認可了「神話如何模糊了科技與神力之間的分野」。[26] 某個物件因為天神的願望或旨意而有了生命，例如聖經中的亞當或神話中比馬龍的雕像，以及諸神利用優越的科技形式建構出非自然的生命，即使其內部如何運作並不詳——這兩種故事是有差別的。正如許多學者指出，在像是塔羅斯、潘朵拉和其他藉工藝造出生命的相關神話中，這些人造生命常被視為是巧奪天工的工藝產物，而不是僅因天神旨意而有了生命。的確，「在製造人造生命上，神話與科技這兩種方式的差異，其實不如大眾認為的那麼明顯」，研究中世紀人型機械歷史的學者篤伊特（E. R. Truitt）如此主張。篤伊特解釋，人類的創造力和原創性有其程度界限，而工藝技術的可能性，例如金屬加工，「正是得以超越這個凡俗界限的關鍵」。[27]

在本書呈現的諸多神話與傳說中，人造生命皆是以凡人工匠用來製造工具、儀器、武器、塑像、建築、機具和藝術作品的相同材質、藉由同樣方式造出的，只是成果與巧奪天工的精湛技術更相符。人造生命不像許多歷史學者、科學與科技哲學家聲稱的那樣，是單靠魔法咒語或天神旨意而形成，而是藉著古希臘人或許會以結合「bios—生命」與「techne—藉由工藝或科學打造」兩字的「biotechne」一詞稱之的手法打造。[28] 塔羅斯和其同類正是箇中例子。

赫菲斯托斯，鍛造與發明之神，在他的神界鑄造廠內打造出塔羅斯，這個想像中的工坊雖與人間真正的青銅鑄造廠相似，但這裡能造出「活生生的」自動機械，優越工藝技術遠遠勝過凡間（見第七章）。青銅是銅與錫的合金，也是在青銅時代最堅硬耐用的人造物質。在隨後的鐵器時代，謎樣的青銅和其冶煉技術在一般人眼裡仍保有超自然的神祕光環。當時普遍迷信青銅製的塑像能夠除厄避邪，邊界、橋梁、匣門或港口因此常安放著青銅製的守衛塑像。[29]古人或許也認為克里特島的塔羅斯及羅德島港口的巨人像兩者堅硬的形體帶有避邪之效，但兩者在建造上都帶有複雜的內部結構。

時序從遠古邁進中世紀，青銅都是建造「活生生的機械」與人型機器時最受歡迎的材質。澆鑄青銅不但需要深奧的知識和「業內祕密」的技巧，澆灌法也能以金屬複製出逼真程度超乎自然的人類和動物形體樣貌。或許這正是導致早期希臘的鐵匠會被人「認為是魔法師」的原因，珊卓・布雷克利（Sandra Blakely）在她談及冶金術歷史的著作中如是說；但她繼續表示，「以魔法師稱呼工匠，或許是對他的手藝誇張過譽」，尤其是在「成品栩栩如生，就像有了生命」的例子上。在如下描述的青銅脫蠟鑄造法中，人或動物的擬真表現似乎可說是魔法所為。就像信奉未來主義的科幻小說作家亞瑟・克拉克廣為人知的「克拉克定律」第三條所稱，「任何足夠先進的技術，都與魔法無異」。在創造出一個與活生生的東西相似到詭異的物品之際，創造之神——或凡人創造者——可能也同時「渴望複製出該物品的生命狀態」。[30]在這個視之為魔法的邏輯當中，青銅物件詭異地複製出了生命，便指涉著如此幻象也包含了該物件或許有自我動作的能力。[31]

布雷克利表示，將冶金術歸因於魔法，可能同樣反映出古人當時對於金屬加工技術科學的嫻熟掌握。根據古希臘傳說，是一場山林大火讓人類發現了熔解金屬倒入坩堝的技術。「炙熱高溫熔解了藏於土中的礦石」，熔化的礦石沿著山坡往下淌流，填滿岩石表面的凹洞，留下這些岩凹的確切形貌。[32]

一根從頭到腳貫通全身的管道以栓塞封住，打開栓封後，靈液猶如熔鉛傾流而出——研究古典希臘時期的學者庫克（A.B. Cook）思索對這些對塔羅斯的生物科技的描述後，提出了一個援用古代冶金術、引人好奇的理論。庫克認為，塔羅斯特殊的生理機能可能象徵或暗指著青銅時代的脫蠟鑄造法。一如其他遠古時期的青銅小塑像和大型塑像，巨人塔羅斯應當也是以脫蠟法鑄造而成。[33]

一只現存於德國柏林、瓶繪圖案細膩的公元前五世紀初期紅陶杯，「鑄造廠」，就描繪出兩名工匠正在用鍛造工具，以及包含成熟的脫蠟法在內的鑄造技術，打造兩座逼真的青銅像。圖繪上的運動員雕像正在製作

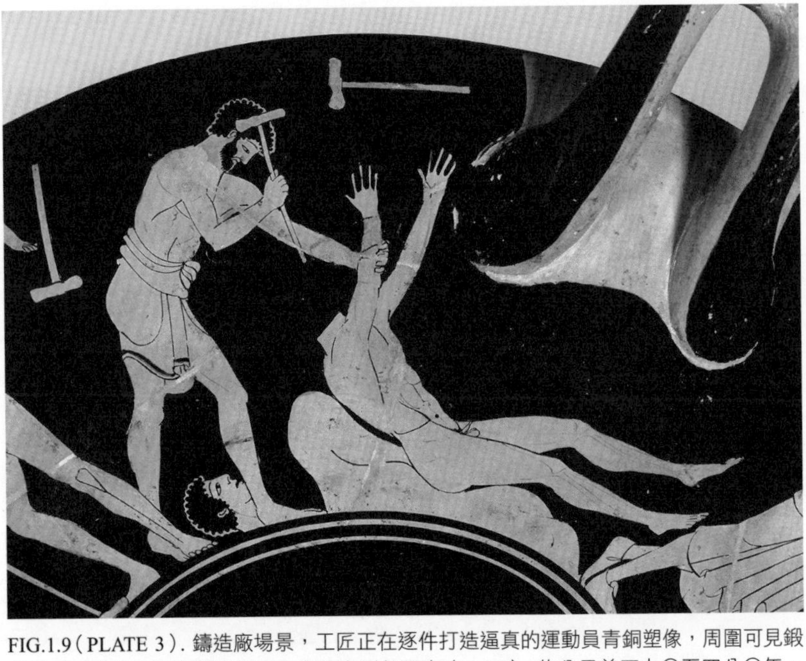

FIG.1.9（PLATE 3）. 鑄造廠場景，工匠正在逐件打造逼真的運動員青銅塑像，周圍可見鍛鐵工具。雅典紅陶高腳淺杯，出自義大利伍爾奇（Vulci），約公元前四九〇至四八〇年。Bpk Bildagentur / Photo by Johannes Laurentius / Antikensammlung Staatliche Museen, Berlin / Art Resource, NY.

中，身軀各部位還未接合（fig.1.9, plate 3; 請與figs 6.3-11普羅米修斯逐步造人的圖繪比較）；在另一邊可見到一尊比真人高大、逼真的戰士塑像（fig.1.10.）。

我們對於古時的脫蠟鑄造工藝所知並不完全，但已知一個方法是做出塗覆蜂蠟、大致的黏土模或木質內範（armature）；接著，雕刻家再在蠟上刻塑出小處細節。為這個蠟模覆上薄薄的一層黏土，繼而接續依次再敷上一層層較厚的黏土以做成鑄模。一根中空的青銅管柱從頭到底穿過這個現在已不具形狀的泥團中心。當這個形體放在高溫的火爐內，這根管子能讓蜂蠟熔液從底部流出。接著，將摻了鉛增加可塑性和柔軟度的青銅熔液倒進內模與外模之間，兩模的間隙就是蜂蠟之前所在，以造出一個中空的塑像。值得注意的是，根

FIG.1.10. 鑄造廠場景，工人正在為戰士塑像進行收尾工作。雅典紅陶高腳淺杯，出自伍爾奇，約公元前四九〇至四八〇年。Bpk Bildagentur / Photo by Johannes Laurentius / Antikensammlung Staatliche Museen, Berlin / Art Resource, NY.

據古詩人西莫尼德斯所述，塔羅斯是藉著跳入火中加熱自己的身軀，而他的靈液也是從腳下流出。[34]

•

在以民間傳說形式表現的人造生命神話當中，魔法與神祕的生物機械顯然相互重疊。但值得注意的是，當中各種對於塔羅斯的不同敘述，都是以神話—科技的語彙描述這個青銅人型機械的生理機能，指涉著古時流通的醫學和科學概念。[35]

例如，在神話領域中，「ichor」一詞特指諸神的「血」；但在古代醫學及自然科學的脈絡裡，該詞則指哺乳類動物色如琥珀、狀如水的血清。再者，《阿爾戈英雄記》中描述建構塔羅斯體內循環系統脈管的字彙，正是古希臘醫學文論中專指血管的術語。整合了生命與非生命兩種構成要素的想像，生物學與冶金「機械學」相互結合，這讓塔羅斯成為一種帶有生物機械身體構造的遠古賽博格。[36]

在赫菲斯托斯的仙界鑄造坊中組建而成、藉靈液發動的人型機械塔羅斯，或許正是刻意被打造成一部永無休止的機械。神話中的塔羅斯似乎表現出了自主意識的跡象和求生的「本能」，而且他也默許了美蒂亞對他的說服之言，這些都明指著他的自主能力和意志。然而塔羅斯對自己的出身來歷並無所知，也不懂自己的生理構造。的確，我們該如何理解他的本質呢？根據索福克勒斯那部已佚失的悲劇《代達洛斯》所述，塔羅斯「注定一死」。而且一如美蒂亞猜測，塔羅斯並非不死之身——即使靈液據信能賜他不死。這個神話於是引出了一個難題：塔羅斯是否為某種「半神」，他是青銅包罩的「人類」，抑或會動的塑像？

希臘神話中的諸神血脈內流動的是金色靈液，而非紅血，因為祂們是靠仙饌（ambrosia）與神酒（nectar）滋養，因此得以青春永駐，長生不死（關於企圖盜取仙饌神酒供人類食用的故事，參見第三、四章）。永生不朽的男女諸神就算受了一點小傷，失損幾滴靈液，也不會致死，因為他們的身體會快速再生（荷馬《伊利亞德》5.364-82；可參照第三章中關於普羅米修斯的遭遇）。美蒂亞明白，塔羅斯體內流動的是雖然靈液，但若流失殆盡，他還是會喪命。[37]

值得注意的是，這個機械人的弱點所在，相當符合生物學上的看法。根據希波克拉底（Hippocratic）在公元前四一〇至四〇〇年間談及放血程序的文論，人體腳踝處的厚血管是對病患施行放血手術的首選部位；放血是一種傳統治療法。亞里斯多德在公元前三四五年的文章中，就曾引用波利巴斯（Polybus）談到人體主要血管的看法，認為這些血管從頭部貫穿至腳踝；外科醫師會在腳踝處切出傷口，以利血液排出。亞里斯多德點出了生物的一項特性，就是只要生物仍在存活狀態，血液就必須留存在血管內；若是失血到達一定的量，生物便會昏迷；失血若是過多，更會喪命。早在公元前五世紀，神話作者和藝術家便已將封住塔羅斯「血管」的栓塞，落在最符合解剖學邏輯的位置，與人類血管據知流量最大的位置相呼應，也因此，美蒂亞的破壞之舉會導致這個機械人血流殆盡，一如人類。[38]

美蒂亞能透過「邪眼」摧毀塔羅斯，古代人能接受這個看法。根據古時自然哲學家的物理理論和其他作家所述，某些心懷惡意者確實能透過雙眼，如同巫師，將致命光線投射到他人身上，導致對方受傷、遭厄，甚至身亡。例如普魯塔克就曾以「如火目光」，形容惡意強烈的瞪視。《阿爾戈英雄記》通篇都形容美蒂亞的目光帶有危及他人的危險性。美蒂亞藉著自己的邪視，將地獄般的可怖幻象投映到塔羅斯的心識當中。古人聽到這段神話，會想像出塔羅斯的雙眼彷彿有了生命的畫面，一如他們所見的那些希臘青銅塑像：這些塑像上的塗繪非常寫實，栩栩如生，眼部也鑲上象牙、白銀、大理石或礦石，同時裝有細緻的銀質睫毛。[39]不過，邪眼只能影響生物；美蒂亞發射出惡意的射線去迷惑、甚至摧毀機械，這就引出了一個懸而未決、有關塔羅斯真正本質的問題。一個青銅製的守衛者理當具備神奇的防衛能力，而一個沒有知覺的金屬物件，是否會受邪眼傷害？神話中的美蒂亞能對塔羅斯施加邪眼魔咒，更表明塔羅斯絕非僅是毫無感知的金屬機械。

•

早在關於賽博格警察的《機器戰警》（*Robo Cop*, 1987），以及有仿生殺手和守護者的《魔鬼終結者》（*Terminator*, 1984-2015）系列等好萊塢電影，和其它關於能施展致命武力的賽博格科幻小說問世的數千年前，古希臘人已能想像超科技藉著模擬自然，創造出人型機械衛兵。就像現代人對賽博格和其他古時透過超凡工藝造出的人型機械的認知，古人想像中的塔羅斯也是生物和非生物構造的混合體。更有甚者，古人透過塔羅斯這樣的神話，會去思考一個「造出，而非生成」的存在是否僅是一具全無意識的機械，還是具備自主能力、有知覺的智慧。塔羅斯神話中的美蒂亞意識到的問題，成為從瑪麗・雪萊的《科學怪人》（*Frankenstein*, Mary Shelley ,1818），到雷利・史考特的《銀翼殺手》（*Blade Runner*, Ridley Scott ,1982），丹尼・維勒納夫的《銀翼殺手2049》（*Blade Runner 2049*, Denis Villeneuve ,2017）、再到史派克・瓊斯《雲端情人》（*Her*,

Spike Jonze,2013），和艾力克斯·嘉蘭的《人造意識》（*Ex Machina*, Alex Garland, 2014）等科幻之作的思考主題。塔羅斯的神話正是古時人類對於人型機器是否會渴望成為真人的探究。正如我們所見，美蒂亞直覺知道，塔羅斯也畏懼自己的死亡，渴望不朽，一如世間凡人。

塔羅斯的故事所展現的，也是古希臘人對赫菲斯托斯這位超凡的鐵匠、發明者及工程技師的機械工藝之精湛程度有何想像。這個神話展現出人類早在遠古時代就已孕育出打造青銅人形機械、內建密碼程式、運用超乎凡人的力量去執行複雜行為的想法：塔羅斯能辨識、追蹤入侵者，他能尋拾巨岩，鎖定目標，從遠處擲石攻擊。他也能近身將敵人擁入懷中灼焚至死。最特別的是，塔羅斯會受暗示所惑，這顯示他兼具著生命與非生命的本質，而這個詭異的「中間狀態」正是人型機械長久以來固有的標誌。何謂為人，何謂自由，塔羅斯神話具體化了這些千古以來的問題。[40]

現代的電玩廠商沒有遺忘塔羅斯神話引出的一些問題。例如，二〇一四年有一款以帶有哲學意味的第一視角進行的解謎電玩遊戲，便深入探究人工智慧、自由意志，和認為先進科技能強化人類生理、心理和智力的「Transhumanism—超人類主義」的難題。這款遊戲名為「塔羅斯法則」（The Talos Principles）。玩家扮演的是人工智慧機器人角色，而這個機器人似乎具備如同人類的意識和自主能力。玩家穿行在一個滿是古代廢墟和現代反烏托邦世界遺物的世界裡，要在面對各種障礙物、線索和選擇時做出反應，以解決一些進退兩難、形而上的難題。[41]

遠在逾兩千五百年前，塔羅斯的故事便已啟動了古人對於如何控制人型機械等複雜難題的諸多想像，預言了當今機械人工智慧科技的諸多道德疑慮。一五九六年，英國詩人艾德蒙·史賓塞（Edmund Spenser）

在史詩《仙后》（*The Faerie Queene*）當中運用了一個類似塔羅斯的形象——史賓塞將這個機械人取名為塔路思（Talus）——提出關於機械人的倫理問題。道德價值能否機械化？機械能否理解正義或是憐憫？在史賓塞猶如寓言的詩作中，正義感十足的騎士亞特加爾（Sir Artegall）在鏟奸除惡、伸張正義之際，有鐵身護衛在旁協助。鐵身武士塔路思所向無敵，而且殘酷無情，他徹底執行自己的職責。剛硬的塔路思成為毫無憐憫心的殺人機器，是不可妥協、不具人性的正義象徵，完全不顧犯錯者的遭遇、動機和原委是否情有可原。對於機械人是否能以倫理價值設定程式，成為當今機械人領域語彙所說的「人工道德主體」（artificial moral agents，簡稱AMAs），或者人型機械是否會有情緒或「本能」，早在科技全面進步、使得這些問題更顯急迫之前，遠古和中世紀的神話當中就已可見這些疑慮。[42]

派遣以高超智能打造的侍衛或代理，去自動執行特殊狀況引起的既定任務，擁有一套這樣的安全系統聽來似乎頗為誘人。不過，若是狀況生變，遇到必須中斷機械人自動反應的情況呢？人類該如何控制一座威力強大、無法停止的機械，讓它失效、甚至將之摧毀？該如何讓一個在運作軌道上的自動實體失去效能？

FIG.1.11. 亞特加爾爵士和他的機械人隨扈-鐵騎士塔路思。史賓塞，《仙后》（1596），木刻畫由Agnes Miller Parker所做（1953）。

美蒂亞和塔羅斯的對決取決於一種雙重手法。美蒂亞理解這個機械人的內在系統，因此能利用塔羅斯的構造缺陷。她也意識到，這個人型機械可能已進化出有如人類的「情緒」，例如對於生命終結的恐懼。美蒂亞藉此洞見擘劃出一套計謀，說服了塔羅斯讓她對其身軀進行一場科技手術，然而此舉其實會毀掉塔羅斯，而不是實現他原本對長生不朽的本能需要，或說「願望」。

然而，塔羅斯不是科技女巫美蒂亞利用自己對人造生命的知識，假借可欺瞞死神，以摧毀敵人的唯一受害者。

現代世界中的塔羅斯

塔羅斯體內帶著神祕動力的單一導管，曾被與交流電相比。主成分為銅的青銅具有高導電性，但古人並不知道這一事實（雖然青銅巨人像曾做為避雷針之用）。二〇一七年，《大眾機械學》（*Popular Mechanics*）一書曾將塔羅斯體內的靈液，與廣受歡迎的影集《偽人》（*HUMANS*）當中從想像的機械人形身上流出的藍色液體相比（該劇形容這讓機械人有了生命的液體是「合成磁性水力傳導體」）。塔羅斯體內單一靈液導管的遠古形象，可能反映著某種類似於認知科學家所稱、兒童與成人對於物理學與生物學的「直覺理論」（intuitive theories）。現代人即使知道電路流動需要兩條導線，心中還是保有對於帶著能量的「體液」流經單單一條管道的認知想像。「科學發展前」的直覺觀念與現代科學知識同時並存在我們心中。[43]

一九五八年的《大眾電力學》（*Popular Electronics*）一書當中談及機器人簡史，作者談到塔羅斯從頸部到腳踝的「單一」血管，在腳部某處以碩大的青銅栓針堵住。他若有所思地表示，「若以現代術語來看」，這條導管，「可能是他的主要動力線，而青銅針就是他的保險絲」。此書寫於冷戰高峰時期，作者繼續表示，塔羅斯就是一種遠古「武器警報系統與導彈，合而為一！」[44]

值得注意的是，最大型的地對空導彈也是在一九五八年用於作戰。由於塔羅斯身為輔助米諾斯王國海軍的角色，美國海軍的這套武器新系統便也貼切地以塔羅斯為名。美國軍方在一九四七年啟動研發之際，便開始為這套系統尋找「適合的名稱」。他們在

FIG.1.12. 塔羅斯 RIM-8 導彈，一九五〇年代。US Army / Navy archives.

美國作家湯瑪斯．布爾芬奇（Thomas Bulfinch）廣受歡迎的《寓言時代》（*Age of Fable,1855*）一書當中覓得此名。根據這套導彈系統的官方介紹，塔羅斯「看照、守護著克里特島。銅身的他據信能以驚人的高速翱翔天際，因而通體炙熱火紅。他對付敵人的方式，是將對方緊擁胸前，燒灼成灰」。這個現代敘述中的塔羅斯能飛，讓人聯想起他在斐斯托斯錢幣上帶有雙翼的形象，同時因劇烈摩擦而生熱；不過，布爾芬奇的著作或古代文本當中倒是沒有如此細節。

塔羅斯在一九四八年「獲允做為新式噴射引擎推進導彈之名」。這個塔羅斯導彈裝載在碩大的航空母艦上，巡守海疆，隨時可發射彈頭攻擊敵方。與神祕的青銅巨人在克里特島上的職責相同，射程

可達兩百英哩的塔羅斯導彈是前線護衛，速度為二點五馬赫（將近每小時二千英哩，是想像中青銅巨人塔羅斯速度的十二倍之快）。一如巨人塔羅斯毫不止息地巡守領域，鎖定追蹤入侵者，繼而擲石摧毀敵人，這套導塔羅斯導彈系統會自動導向，但在更接近目標時則是部分自主。塔羅斯導彈在飛往目標物時，絕大部分是利用「乘波導引」，就像是「騎乘」在雷達波束上，但接著會「半自動」地歸向導引，對準目標攻擊。[45]

美國軍方如今依然保有對於這個青銅巨人傳說的癡迷。二〇一三年，美國特種作戰指揮部（SOCOM）以及國防高等研究計畫署（DARPA）受到這個以最強韌質材和最先進科技打造、而且所向披靡的守護者的古老科幻情節啟發，開始進行一項專案，試圖打造出一套適用於特殊軍事行動、機械人般的未來外甲，某種類似於電影《鋼鐵人》當中超級英雄所穿的武器化裝束。如同我們將在第三章中所見，人類對於強化自身能力的想法由來已久，非常古老。這個打造高科技盔甲裝束的想法來自一位指揮官，他希望袍澤部屬能在阿富汗和伊拉克的特

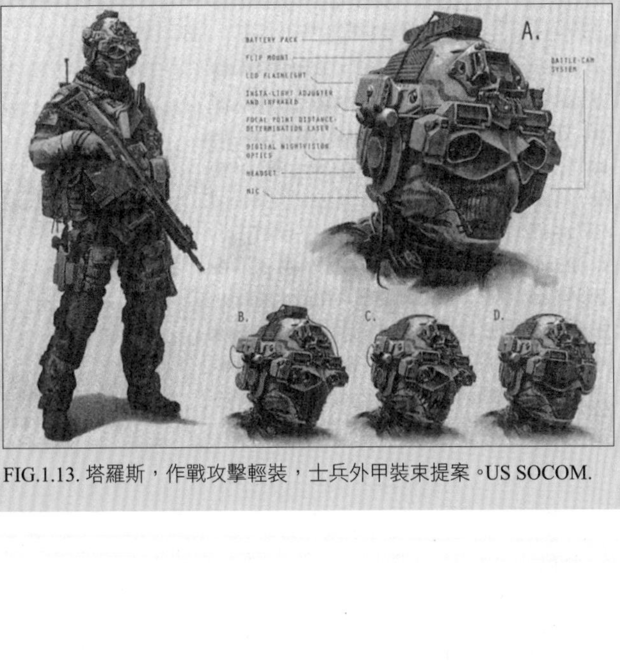

FIG.1.13. 塔羅斯，作戰攻擊輕裝，士兵外甲裝束提案。US SOCOM.

殊戰況中得到保護。特種作戰指揮部想到塔羅斯，於是提出「Tactical Assault Light Operator Suit—作戰攻擊輕裝」之名，以便能以其首字母縮寫合組成TALOS。這套合身的全身強化盔甲裝旨在提供穿著者超人般的能力，超高的感知和彈道防護；裝束配有內建電腦，生物傳感器，視覺及聽覺強化系統，太陽能面板，以及能捕捉動能的其他組成。塔羅斯計畫甚至需要一套由麻省理工學院研發、靠電力發動的「液態全身盔甲」系統；這就讓人不禁聯想到奧林帕斯山上諸神體內的靈液。本書於二〇一八年出版之際，這項塔羅斯計畫仍未實現。[46]

第二章

美蒂亞的回春大釜

美蒂亞在伊阿宋與阿爾戈英雄後續的歷險過程中，再度挺身解救眾人。阿爾戈英雄們在取得金羊毛、擊潰克里特島的巨人塔羅斯之後，帶著珍貴的金羊毛返航故鄉希臘。伊阿宋滿心期盼能早日回到位在帖撒利（Thessaly）的故鄉愛俄爾卡斯（Iolcos），卻在返鄉時發現，理當歸他所有的王國，竟已落入叔父珀利阿斯（Pelias）手中。當初命令伊阿宋接下這趟遠征任務的，正是對權力大位著迷不已的珀利阿斯；他認為伊阿宋此去鐵定無法活著返國接繼王位。伊阿宋如今安然返鄉，卻哀嘆年邁老父埃宋（Aeson）竟已如此孱弱。

伊阿宋央求美蒂亞將他的部分壽命折壽給父親，好喚回老父的青春活力。然而美蒂亞拒絕了他這個折己壽以延父命的想法。她責備稱說如此交換不僅不公平、不合理，而且諸神也不會允許。反之，她決定利用自己的祕法，讓這位老人回春。[1]

美蒂亞讓埃宋再現活力的任務，正是神話的生物科技典型例子；透過非自然方式延長生命，這正是一種藉人工方式強化人類本有能力的形式。這段神話的諸多傳說版本都推測，如何不靠施加魔咒，而是運用特殊的技術、程序，設備，靈藥，以及具有療效的浸泡藥劑，讓人得以逆轉老化，延長陽壽。

美蒂亞藉巫術和靈藥讓埃宋神奇回春的故事十分古老。這段情節在《返鄉》（*Nostoi*）當中已有描述，這個希臘傳說是以一系列古老的口述傳說為基礎，講述那場發生在青銅時期、傳奇的特洛伊之戰的後續餘波。這些古老的故事最早是在公元前七到六世紀之間首度以史詩型態寫下；可惜完整的詩文如今已不復見。然而，世人在漏缺的《返鄉》當中，仍可見到美蒂亞「藉著在黃金大釜中熬煮大量靈藥……讓埃森脫胎換骨，復返年少」。某些古老記述則說美蒂亞將埃森置於釜中。[2]

根據公元前五世紀埃斯庫羅斯（Aeschylus）劇作《酒神的保姆》（*Nurses of Dionysus*）僅存的篇章所述，美蒂亞也將酒神的人類保姆和她們的丈夫置於金釜中沸煮，讓眾人得以回春。公元前四世紀，與亞里斯多德同時期的帕拉法圖斯（Palaephatus）對於美蒂亞對埃宋、珀利阿斯等人進行回春手術的故事，曾提出一個儘管有點牽強、但也還算實際的「理性」解釋。他認為，美蒂亞是真人女子，而且發現了能讓人更顯年輕的新方法。她發明出藉由將水煮沸、進而對人體產生振奮效果的蒸氣浴；不過，高溫蒸氣對虛弱的老人恐有致命危險。帕雷法托斯的理論認為，由於美蒂亞施作這個療程時周遭滿是看似神祕的氤氳水氣，她那只神奇黃金大釜的神話傳說才從中應運而生。[3]

無論如何，從遠古到現代，眾多作家及藝術家都一再以戲劇般的想像畫面，傳述這則廣受世人喜愛的神話，描繪女巫美蒂亞如何結合魔法般的儀式和神祕的生物醫學技術，讓老人復返年少。

在奧維德（Ovid，公元前四三年生）講述的文學版本中，美蒂亞想出了一個大膽測試自己醫療法術威力的回春實驗。她運用神祕難解的生物科技程序，讓人回想起她對塔羅斯的放血之舉。只不過，這回她抽光年老體衰的埃宋血脈當中的所有血液，盡數替換成她在特殊的金質大釜中調釀、結合了能讓人健康的草木汁液和其它成分的神祕混合物。在古時的認知裡，黃金是不會受化學或金屬混合劑侵蝕、能永保光燦的金屬。換血手術後的埃宋精神飽滿，容光煥發，猶如脫胎換骨，眾人驚訝不已。研究醫療手術歷史的學者們指出，這場想像中美蒂亞的實驗，正預示了現代醫療的輸血過程，尤其是患者以捐血者血液替換的全身換血或替換式換血（substitution transfusion）。例如，從二〇〇五年開始就有實驗顯示，年輕老鼠及高齡老鼠之間的互換血液，對後者的肌肉和肝臟狀態會有回春效果。[4]

伊阿宋與美蒂亞返鄉後，還遭遇到篡位者珀利阿斯謀害伊阿宋家族成員的慘事。邪惡的珀利阿斯後來逼迫埃宋飲血自盡，使得美蒂亞對伊阿宋老邁的父親所做的換血回春手術徹底白費；特別的是，埃宋飲下的是公牛血。據知，歷史上有些人物都是飲下公牛血自盡身亡，包括雅典政治人物地米斯托克利（Themistocles，逝於公元前四五九年）、埃及法老普薩美提克（Psamtik III，逝於公元前五二五年），以及米達斯國王（King Midas，逝於公元前六七六年）。

為何是公牛血？亞里斯多德在他於公元前四世紀所著、有關解剖學的文論中曾描述，公牛血在所有動物血液中是凝結最快的。他也表示，公牛下半身的血液特別濃稠，顏色也特別深（*History of Animals* 3.19, *Parts of Animals* 2.4）。埃宋之死的古神話和史學家對於飲下牛血身亡的描述，都顯示著傳統民間知識對公牛血液的高凝結度已有認知，這個作用之後確實也得到亞里斯多德證實。在神話中，珀利阿斯強迫埃宋喝下牛血，導致他因牛血凝結成塊，窒息而死。這個古老的主題有一個有趣的現代平行對比可參照。牛凝血酶（bovine thrombin）這個凝血酵素從一八〇〇年代開始就已運用在現代手術上，但它也有導致人體產生交叉反應的風險。[5]

珀利阿斯在除掉埃宋之後，打算接著對伊阿宋和他的夥伴們下手。阿爾戈英雄的人數遠遠不及珀利阿斯的部隊，如今深陷未知險境，該如何逃過一死，繼而為伊阿宋的父親和親族復仇？

此時，美蒂亞挺身而出，表示她能殺掉作惡多端的篡位國王珀利阿斯。

此事成功與否，關鍵在於美蒂亞的法術、她靈藥的威力，巧妙的手段，以及她佯稱能操弄生死、為對方延年益壽的說服功力。這次，美蒂亞的計策也與放血有關；這個計畫堪稱狡詐，但需要複雜的執行步驟。美蒂亞設計殺害珀利阿斯的神話在古時也有多種複雜的版本。我們得將現存的斷簡殘篇逐片聚合，調和各式文字與藝術圖像資料中的隱晦模糊之處，才可見些許面貌。這些資料當中的諸多細節未必全然相符，證實了古時曾有許多互異的版本流通著。但在美蒂亞對埃宋等人所作的回春手術中的主要線索仍證明，早在遠古時期，便已有藉人工控制自然老化速度，和結合法術與醫藥，以強化人類生理機能，延長壽命的想法。

•

美蒂亞謀殺珀利阿斯之計，有賴珀利阿斯相信她確實是靠那只神祕的回春金釜，才逆轉了老化過程，讓伊阿宋垂垂老矣的父親復返年少。計策第一步，是將一座女神阿耳忒彌斯（Artemis）的中空青銅塑像注滿不同效果的藥劑。美蒂亞從她的阿姨、出現在《奧德賽》當中的巫女喀耳刻（Circe）和黑魔法女神黑卡蒂（Hekate）那兒，得到一盒威力強大的魔藥。[6]這次的冒險之舉是美蒂亞能力的另一場試煉；她告訴伊阿宋，這些藥劑過去從來沒在人身上用過。

接著，美蒂亞運用藥劑讓自己化身成滿是皺紋的佝僂老婦，佯裝成是阿耳忒彌斯的祭司。化身醜陋老婦的美蒂亞在清晨時分帶著阿耳忒彌斯的塑像，來到愛俄爾卡斯的公共廣場。她佯裝在阿耳忒彌斯的影響下進入了乩身狀態，宣稱女神已翩然而至，要將榮耀與財富贈與國王。如此誇言讓她通行無阻地一路進到皇宮，迷惑了珀利阿斯和他的女兒，讓他們相信阿耳忒彌斯已親臨現場，要讓珀利阿斯「萬壽無疆」。美蒂亞或許是施用了迷藥或催眠術，才讓眾人產生彷彿見到女神形象的幻覺；或者，一如克里斯托弗．法拉翁（Christopher Faraone）的推測，那座可攜式的女神像可能藏有某種能產生動作的機關。[7] 珀利阿斯父女聽到這位祭司老婦大喊：阿耳忒彌斯下令，令我運用超凡能力，驅走你的老態，要讓你肉身復返年少，再現活力！

珀利阿斯和女兒們知道埃宋先前曾神奇地回春，如今女神似乎允諾也要讓珀利阿斯青春永駐。為了證明自己的能力，這位祭司老婦要來一只注滿清水的大盆，而後退下，將自己反鎖在小房間內。令眾人驚嘆的是，當她步出小房間時，原本醜陋的佝僂老婦竟已變身成貌美的年輕女子。她答應為珀利阿斯的女兒們示範，該如何讓她們的高齡老父也能有同樣成效。[8]

深受迷惑的珀利阿斯指示女兒，屆時不管手法多麼詭異，都要照著祭司的命令施作。美蒂亞遂邀她們上前，好好觀察她示範的神祕手法，之後要原原本本地照著對她們的父親進行同樣的程序。

美蒂亞在宮中以異國腔調當眾吟誦著咒語，從中空的女神塑像中灑出魔藥，朝她那只特殊的金釜內灑去。國王的女兒們見她切開一頭老公羊的喉頭，碎屍羊身，將肢解後的軀塊放進滾沸的大釜。阿布拉卡搭布拉！一隻活跳跳的年輕羔羊竟神奇地現身在眾人眼前！

輕易就受騙的女兒們匆匆離開現場，趕忙去向老父親珀利阿斯施作這套神奇的回春巫術。在複述了那句魔咒之後，她們聯手割開父親的喉嚨，將他的肉身剁成大塊，浸入一鍋滾燙的沸水中。不消說，珀利阿斯沒有從鍋中起身。[9]

老公羊，小羔羊，黃金大釜，在所有描述美蒂亞回春法術的各式文學和藝術版本當中，都可見到這些元素。這些主題在古希臘、羅馬和之後歐洲藝術上廣受喜愛的程度，顯示了世人對於重返青春的癡迷是多麼普遍。在公元前五世紀的雅典，珀利阿斯慘死於親生女兒手下的場景，就出現在名畫家米空描繪伊阿宋遠征冒險的大型壁畫上。在諸王神廟（位在雅典、祀奉卡斯托耳與波魯克斯的神廟，Pausanias 8.11.3）內

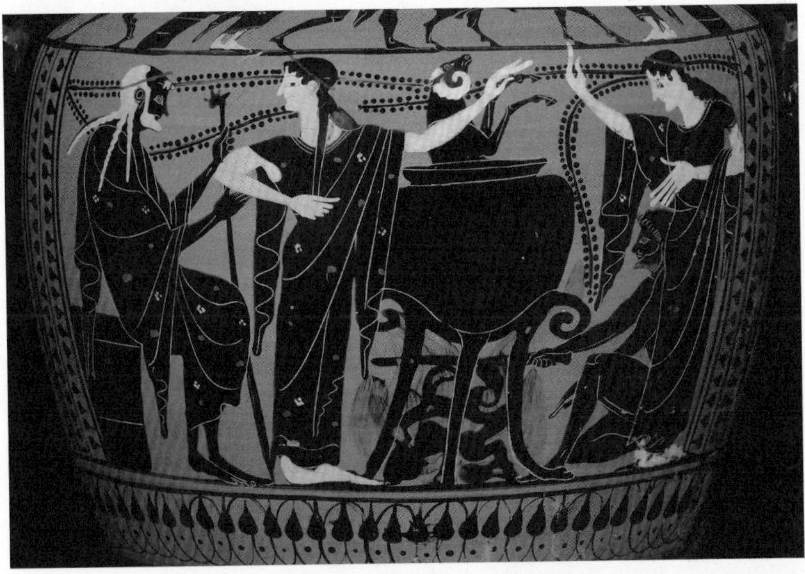

FIG. 2.1（PLATE 5）. 美蒂亞在釜中公羊上方揮著手，回頭看珀利阿斯（左）。伊阿宋對釜下燃火添進柴薪，國王的女兒則在旁（右），姿態訝異地看著。雅典水罐黑陶瓶繪，Leagros Group, 510-500 BC, inv.1843, 1103.59. © The Trsustees of the British Museum.

的壁畫上，米空就在國王女兒畫像旁寫下了她們的名字。

不過，早在公元前六世紀，美蒂亞的這只神奇黃金大釜便已是瓶繪畫師和他們的顧客甚為喜愛的主題。[10]幾只年代約為公元前五一〇到五〇〇年間的陶瓶繪，顯示了珀利阿斯和女兒們在一旁看著美蒂亞讓一隻公羊起死回生。一個特別生動的例子（fig. 2.1, plate 5）畫出美蒂亞在釜中公羊的上方揮著手，回頭看著白鬚、手執權杖，正專注觀看的珀利阿斯。這圖中能見到伊阿宋正朝著大釜底下放置柴薪，而國王的女兒擺出訝異姿態，在旁看著。

FIG. 2.2 美蒂亞向珀利阿斯示範如何讓公羊回春，紅陶瓶繪，約公元前四七〇年，出自武爾奇，GR 1843, 1103.76. © The Trsustees of the British Museum. / Art Resource NY.

在一個繪於公元前五世紀盛酒大甕上的典型場景裡，珀利阿斯的女兒牽手領著他，朝美蒂亞和那只公羊已在當中的大釜走去。另一只公元前四七〇年的瓶繪（fig.2.2）則顯示釜中的公羊夾在美蒂亞和珀利阿斯之間。在一片公元前四八〇至四二〇年間、仿效希臘風格的古羅馬大理石浮雕上，珀利阿斯的女兒正在為美蒂亞準備大釜，而她正要打開那只魔藥盒（fig. 2.3）。伊特拉斯坎人對這個回春傳說同樣著迷不已。一把公元前四世紀的青銅鏡上（fig. 2.4），美蒂亞安慰似地輕觸一個手執權杖的椅中老人之手（珀利阿

FIG. 2.3 美蒂亞與珀利阿斯的女兒正在準備大釜。公元前五世紀希臘大理石浮雕的古羅馬仿作。Sk 925. Bpk Bildagentur / Antikensammlung, Staaliche Museen, Berlin, photo by Jürgen Liepe / Art Resource, NY.

FIG. 2.4 美蒂亞與伊阿宋向持杖老人（珀利阿斯？）保證，另一個年輕男子（回春後的埃宋？）正從大釜中起身。依特拉斯坎青銅鏡，公元前四世紀。Cabinet de Medailles, Paris, 1329. Drawing by Michele Angel.

斯？），伊阿宋則鼓勵似地環抱著老人。一個年輕男性（伊阿宋的父親，回春後的埃宋？）正從大釜中起身。另一個女子（珀利阿斯的女兒？）則是越過美蒂亞的肩頭，和老人目光交會。

在一個大約公元前四四〇年所繪的不祥場景中，國王的女兒扶著老父從座位起身，另一個女兒在旁看似憂心忡忡，第三個女兒則在大釜後方等著，對著父親招手示意，她在身側握藏著一把大刀。[11]古時還有另一位高超的繪師，繞著紅陶首飾盒身畫出一個張力十足的場景，效果就像電影膠捲（fig. 2.5）。觀看者若拿著盒子轉，就會見到美蒂亞持劍、牽著公羊走向大釜，而珀利阿斯的女兒們則向髮鬢斑白的老父親招手，他正拄著拐杖，從另一端朝美蒂亞走來。

•

「老公羊—小羔羊」這個在美蒂亞兼具神話與科學的使計過程中的主題，預示了與羊有關的現代科學里程碑。美蒂亞讓一隻小羔羊從混合了老公羊ＤＮＡ的一鍋靈藥當中冒出來。詭異的是，在大眾文化中得名、第一隻人盡皆知的複製哺乳動物就是綿羊。基因工程造出的桃莉羊，她的生命始於試管，是一九九六年實驗室試驗中在「湯汁SOUP」這個生長培養基裡受滋養長成的。桃莉羊的壽命在六歲時終結，這壽命是一般自然生成綿羊的一半，也是她的基因母細胞的同樣壽命；這就引起了對於複製動物有可能注定提早老化和死亡

FIG. 2.5 年邁的珀利阿斯在女兒的鼓勵下，正朝美蒂亞的大釜走去。美蒂亞在招手的同時，手中握著一把劍。紅陶首飾盒，公元前四世紀末。Louvre。Erich Lessing / Art Resource, NY.

的顧慮。科學家在二〇一七年前後已能造出充滿人工羊水的人造子宮，供養活生生的羊胎；隔年甚至能在基因改造過的綿羊胚胎裡培植人類細胞。[12]

當然，在複製羊之後，複製、基因工程、人造生命維持系統的技術已有快速發展。美蒂亞在回春神話裡先以羊為實驗對象，接著轉而對人類施行，這段故事和現代科學的進程軌跡可說是異曲同工（綿羊的心臟與肺臟的形狀和大小和人類的非常相近，古希臘人想必注意到了這一點）。科學界自從一九九六年起已成功複製出許多哺乳類物種，當中甚至包含靈長類動物。

在此同時，人類心中也持續存在著因為人為干擾了生命、尤其是人類生命最基本的進程步驟而喚起的焦慮、矛盾心態。美蒂亞出手干預了自然老化與死亡，這個大膽之舉的古老訊息也在數世紀間迴響不斷。珀利阿斯的女兒期盼老父親重獲青春，這是美蒂亞的實驗看似能達成的效果。但她們失敗了，而且下場恐怖，未能重現她們預期的結果，因為美蒂亞故意略去替珀利阿斯換血的關鍵步驟。這個駭人聽聞的遠古傳說模糊了庸醫行為和科學之間的界線，巧妙地連結起希望和恐懼之間的矛盾情緒。對於人類在科學領域上「扮演神」的角色，現代西方世界對此的反應依然同時並存著希望與恐懼兩種情緒。[13]

•

伊阿宋與美蒂亞的關係最後是以悲劇告終。伊阿宋違背了當初對美蒂亞愛的誓言，於是她手刃親生稚子，獨留伊阿宋在世；她駕著龍曳戰車離開，無畏地迎向之後的冒險。伊阿宋雖是英雄，但並非不死之身；他日漸衰老，孤寂而死，死因是在睡夢中遭到從朽爛的船身上掉落的船肋砸斃，而那艘船正是當年那艘遠征海上的亞果號。

那麼，美蒂亞呢？她是不死之身，抑或凡人？她的血統暗示了她或許能超越死亡。身為太陽王赫利奧斯與海中仙女的孫女，美蒂亞對於自己半神性的血統非常自豪。不過，在神話世界裡，半神性的人類、半神、寧芙仙女、海寧芙（Nereid）、怪獸、泰坦人（Titans）、巨人，以及像是美蒂亞和喀耳刻這樣的巫女，他們的存在似乎是介於長生不死與壽命有盡兩端之間的幽冥地帶。美蒂亞有時被視為凡人，但也被形容成具有青春永駐的不死之身。沒有任何神話曾描述過美蒂亞之死。[14]

希臘神話裡的天神可與人類交合，但產下的子嗣通常壽命必有終盡。正如希臘神話中的其他諸多母親，美蒂亞曾試著讓自己的孩子能長生不死，但她失敗了（Pausanias 2.3.11）。然而，諸神有能力讓某些特定的凡人得以永生。例如，被宙斯化身的巨鷹擄走，帶往諸神居所所在的奧林帕斯山上的特洛伊男孩伽倪墨得斯（Ganymede）；男孩在那裡因為以仙饌與神酒為食，因而青春永駐。而且，宙斯也讓垂死的英雄海克力士（Heracles）上到天界；那是祂和凡人女子阿爾克墨涅（Alcmene）所生的兒子。海克力士在天界吃下仙饌，得以永生，娶了青春女神赫柏（Hebe）為妻（第三章）。在另一段神話中，海克力士的姪兒、曾是阿爾戈英雄成員、但如今已老邁的伊奧勞斯（Iolaus），就向赫柏與宙斯祈求，讓他能復返燦爛的青春年少，只要一天就好，以便他能再登沙場。另一段類似的神話也流傳著，武士普羅特西勞士（Protesilaus）獲允重返年輕一天，以便和妻子行房（第六章）。[15]

在奧維德描述埃宋重獲青春的文句中，美蒂亞責備伊阿宋，說他要折壽給父親的想法不僅有違常理，而且是諸神禁止的。[16]不過，伊阿宋的這種要求確實曾有先例。在神話領域裡，長生不死的狀態有時是能夠分享、甚至移轉的。例如，海克力士就曾和宙斯交涉，讓半人馬凱龍（Chiron）能以其不死之身和因盜取天火而遭鍊囚在岩山上的普羅米修斯交換性命。[17]

我們再思考一下卡斯托耳和波魯克斯這對雙胞胎令人困惑的情況。他們曾隨伊阿宋遠征尋找金羊毛。神話作者無法決定兩兄弟應是不死之身，或是「半會死，半永生」。這個不確定性其來有自。這對雙胞胎的母親麗妲（Leda）是凡人，但波魯克斯的種來自天神宙斯，而卡斯托耳則是斯巴達國王廷達瑞斯（Tyndareus）之子。孿生子分別出自不同生父，這個簇新的觀念在遠古時代提出了一個關於壽命有終的血統對比長生不死血統、引人深思的難解謎題。奇怪的是，雙胞胎來自不同生父的觀念並非幻想或捏造出來的情節；當兩個不同的男性在女方同一排卵周期對其播種，因而產出孿生子，科學術語稱此為「異父同期複孕」（heteropaternal superfecundation）。這個現象可見於犬、貓及其他哺乳類生物，甚至人類，儘管在人類身上非常罕見。哺乳類動物也可能「異期受孕」（superfetation），這是女性在已有孕在身之際又有第二顆卵子受孕，儘管此類人類胎兒很少能順利產下，因為胚胎成長速度不同。古人對這些過程並不陌生，諸如希羅多得（3.108）、亞里斯多德（*History of Animals* 585a3-9, 579b30-34）等古人就曾討論過。[18]

在迪奧斯庫洛伊雙胞胎的神話裡，當卡斯托耳遭人殺害而死時，波魯克斯要求宙斯將自己的不死特質與弟弟共享。宙斯准允了他的願望，於是，這對孿生兄弟得以在天界與冥間輪流生活。

在美蒂亞精心構思的諸多生物科技奇蹟，以及本書後續篇章的其他神話和歷史上的人造生命天才背後，都藏著一個永恆的主題，那就是人類對於永生的追求。人類對於克服死亡的渴望，久遠一如人類的意識。每個有意識的生命在降生之際皆對死無知：所有人類來到世上時，都認為自己能青春永駐，長生不死。之後，苦澀的事實終將降臨，世上各地的神話裡皆能見到對於這個普世皆然的醒悟的表達、慰藉和補償。青春之泉，長生靈藥，轉世輪迴，死後復活，萬世流芳，藉子嗣讓自己的血脈永存不朽，追求永遠不敗，宏偉的紀念碑——甚至還有吸血鬼、僵屍和活死人——這些全都表明了凡人想盡方法力抗死神的激切渴望，而這正是下個篇章的主題。

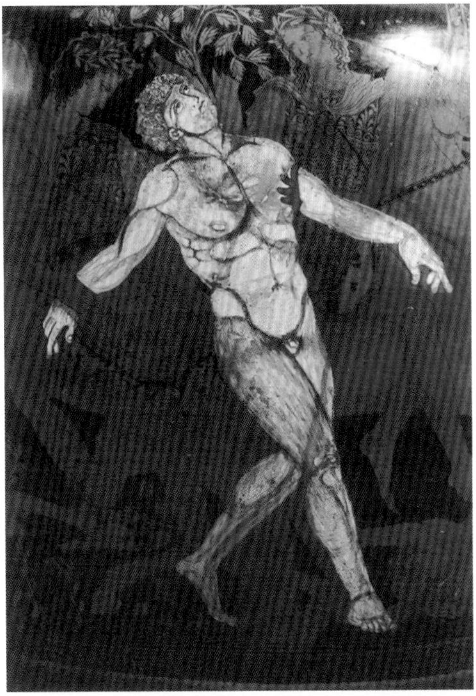

PLATE 1 (FIG1.4)「塔羅斯之死」。Ruvo vase detail. Album / Art Resource, NY.

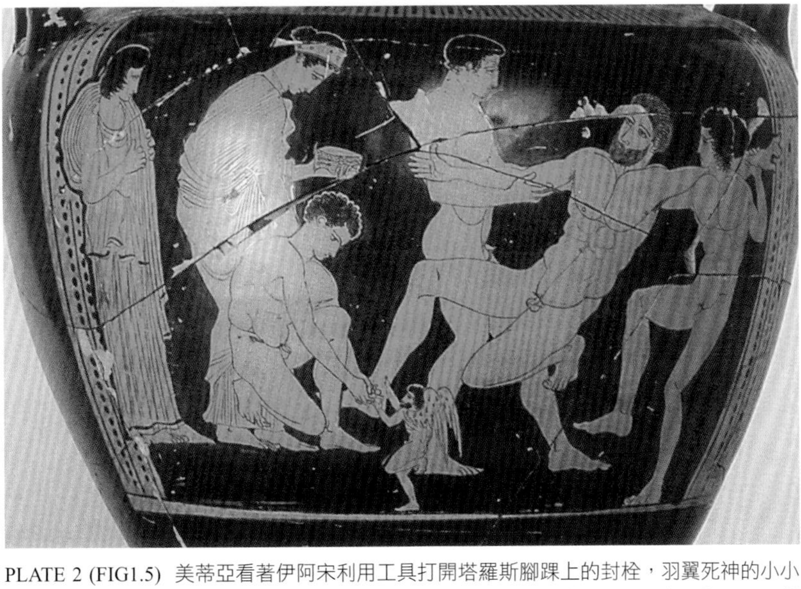

PLATE 2 (FIG1.5) 美蒂亞看著伊阿宋利用工具打開塔羅斯腳踝上的封栓，羽翼死神的小小形體正抓住塔羅斯的腳踝，而他則頹倒在卡斯托耳和波魯克斯懷中。紅陶大口瓶，公元前四〇〇至四五〇年。於義大利的蒙泰薩爾基奧發現。" Cratere raffigurante la morte di Talos," Museo Archeologico del Sannio Caudino, Montesarchio, per gentile concessione del Ministero dei Beni e delle Attività Culturali e del Turismo, fototeca del Polo Museale della Campania.

PLATE 3 (FIG.1.9) 鑄造廠場景，工匠正在逐件打造逼真的運動員青銅塑像，周圍可見鍛鐵工具。雅典紅陶高腳淺杯，出自義大利伍爾奇，約公元前四九〇至四八〇年。Bpk Bildagentur / Photo by Johannes Laurentius / Antikensammlung Staatliche Museen, Berlin / Art Resource, NY.

PLATE 4 (FIG.7.4) 鐵匠手持工具工作中，紅陶高腳淺杯，公元前六世紀末。1980.7. Bpk Bildagentur / Photo by Johannes Laurentius / Antikensammlung, Staatliche Museem, Berlin / Art Resource, NY.

PLATE 5 (FIG. 2.1) 美蒂亞在釜中公羊上方揮著手，回頭看珀利阿斯(左)。伊阿宋對釜下燃火添進柴薪，國王的女兒則在旁(右)，姿態訝異地看著。雅典水罐黑陶瓶繪，Leagros Group, 510-500 BC, inv.1843, 1103.59. © The Trsustees of the British Museum.

PLATE 6 (FIG.5.1) 寫實的青銅公羊像。這座實物大小的公羊塑像，雕塑者的靈感是否來自代達洛斯在科卡羅斯王時代為獻給阿芙蘿黛蒂所造的公羊像的故事？敘拉古青銅公羊像，西西里島，公元前三世紀。Museo Archeologico, Palermo, Scala / Art Resource, NY.

PLATE 7 (FIG. 5.5 右下) 運動員，公元前四到二世紀，一九九六年在克羅埃西亞海岸附近發現，Museum of Apoxyomenos, Mali Losinj, Coratia. Marie-Lan Nguyen, 2013 攝。

PLATE 8 (FIG.7.7上) 赫菲斯托斯(塞瑟蘭)和其助手伊圖勒正在製作人造馬(佩克斯)，伊特拉斯坎銅鏡，公元前四世紀，義大利澳爾耶維托(Orvieto)。BnF Cabinet des Medailles, Bronze. 1333.

PLATE 9 (FIG.7.8) 雅典娜以黏土塑造馬匹模型，她手捧黏土，腳邊也有一堆。上方左側可見鋸子、鑽子和弓鑽，而馬的後腿仍未完成。雅典紅陶酒瓶，大約公元前四六〇年。F 2415. Bpk Bildagentur / Photo by Johannes Laurentius / Antikensammlung, Staatliche Museen, Berlin / Art Resource, NY.

PLATE 10 (FIG.6.8) 普羅米修斯坐著，正在利用木槌將臂骨與第一具人骨的肩膀接合。紅玉髓凹雕寶石，年份不詳，可能是 Townley Collection, inv. 1987,0212.250 ©The Trustees of the British Museum.

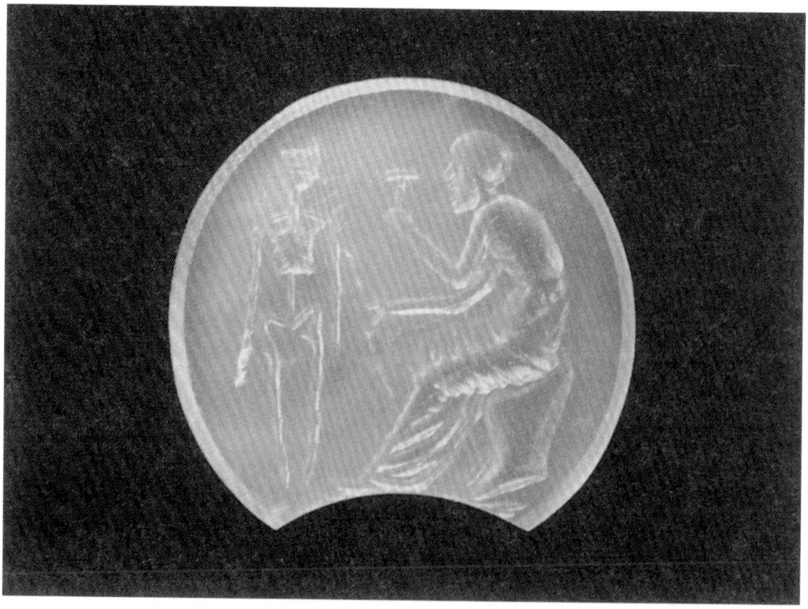

PLATE 11 (FIG.6.11) 普羅米修斯將臂骨與骨架接合。甲蟲形紅玉髓寶石，約公元前一世紀。Thorvaldsens Museum, Denmark, acc. no. 185.

PLATE 12 (FIG.8.3) 右方是艾比米修斯和潘朵拉，左方是彼此會心竊笑的荷米斯和宙斯。雅典紅陶渦形巨爵，約公元前四七五到四二五年。AN1896-1908 G.275 attributed to the Group of Polygnotos. © Ashmolean Museum, University of Oxford.

PLATE 13 (FIG.8.4) 宙斯握住潘朵拉，一旁是雅典娜(?)及荷米斯。雅典黑陶細頸瓶，狄奧索伏斯繪者(Diosophos Painter)，約公元前五二五至四七五年。Bpk Bildagentur / Photo by Johannes Laurentius / Antikensammlung, Staatliche Museen, Berlin / Art Resource, NY.

PLATE 14 (FIG.8.7) 眾神讚嘆潘朵拉。繪於大型紅陶巨爵上。尼歐庇德繪者，約公元前四六〇年, inv. 1856, 1213.1. ©The Trustees of the British Museum.

第三章
追尋長生不老

古希臘人對於青春永駐和長生不死非常癡迷，在神話、詩歌和哲學當中大量傾注了對於人類渴望長生不老的思考。不論如何，若能像天神一樣無齡與永生，便是追求人造生命的極致成就。然而古希臘人在相當程度上也意識到，若當真得此恩賜，會有何等嚴重後果。

對古希臘人來說，凡人男女的生命皆是以「chrono」為度量，這是區分為過去、現在與未來的時間。不過，人若是在「aeon」這無垠時間裡漂流，那麼人的記憶或是愛，又會有何變化？人腦演化到能容納七十至八十年的記憶，若是得儲存數世紀或上千年的回憶，又該如何處理？人類的記憶與愛，以及意識到壽命自有盡時這之間的相互關係，正是科幻電影《銀翼殺手》的中心主題。在反烏托邦世界裡的機器工人都經過基因工程設計，壽命不過四年——這時間短到無法發展出奠基於記憶的真正身分感，或是感受同理。在電影中，叛逃的複製人絕望地尋求讓自己配得的壽命能延長的可能。[1]

記憶、愛和終將一死的絲絲牽絆相互牽繫，這同樣出現在荷馬的《奧德賽》當中。特洛伊戰爭結束後，在漫長、艱辛、竭盡氣力想回到故鄉伊薩基島（Ithaca）的十年迢迢返鄉路上，奧德賽迫不得已地被寧芙女神卡呂普索（Calypso）扣留在她的島上，做為她的情人，長達七年（*Odyssey* 5.115-40）。奧德賽若是願意永遠留在島上，那麼卡呂普索答應能讓他永保青春，長生不死。然而卡呂普索無法置信，奧德賽竟拒絕了她如此大方的贈禮。其他眾神都堅持，卡呂普索應該尊重奧德賽想造筏返鄉，回到妻子、家人和朋友身邊，並在故鄉度過餘生的願望。奧德賽向卡呂普索解釋：「我知道吾妻潘妮洛普並無你的美貌，她不過是凡人。即便如此，儘管危險重重，我還是渴望回家。」

永生的卡呂普索並無同理心，無法理解奧德賽的思妻之情和鄉愁。正如古典學者瑪麗・雷夫柯維茲

（Mary Lefkowitz）指出的，這則古老的故事表現出「天神與凡人之間最重要的一項差異。人類彼此之間存有牽絆，」對故鄉亦然，而「這些牽絆由於無法長存，因而更加強烈」。哲學家瑞夫（C.D.C. Reeve）認為，奧德賽知道，如果他選擇獨自成為永生之人，那麼他會失去不僅對他自己、對於家人和朋友也十分珍貴的自我身分。[2]

追求長生不死也會引起其他深遠的顧慮。永生的天神與凡人不同，祂們不會改變或學習。「對天神來說，所有事情都那麼容易，」古典學者黛博拉．史坦納（Deborah Steiner）如此表示。除了少數例外，眾神做什麼都是「不費吹灰之力」。[3]沒有危險和死亡的威脅，自我犧牲、勇敢、如英雄般奮戰和榮耀等美德會變得如何？這些美德就和同理心一樣，都是人類特有的理想，這些理想在一個如同古希臘那樣的戰士文化裡，最是顯著。希臘神話當中永生的天神，不論男女無不威力強大，但沒有人會說眾神很「勇敢」。出於本質，這些永生的天神永遠不會以高風險為賭注，或是膽敢冒喪命之險奮力一搏，或是選擇英勇地力抗無法克服的逆境。[4]

•

吾等此生若是短暫——且願此生壯麗輝煌！

根據希羅多德（7.83）所述，公元前六到五世紀時，波斯帝國頂尖的萬人步兵軍團自稱為「永生之人」，不單是因為他們希望能永生，也因為他們知道這個軍團會永遠保持相同的人數。由於同樣英勇的武士會立刻取代陣亡者或傷兵，確保軍團的「不死性」，這個軍隊因而培養出凝聚力和榮耀感。如此概念持續不墜的吸引力，顯然從薩桑王朝（Sassanid）和拜占庭王朝的騎兵，拿破崙的帝國護衛，以及伊朗軍隊在一九四一到七九年間同樣也以「永生」為名當中見到。

在美索不達米亞壯闊的吉爾伽美什（Gilgamesh）史詩當中，恩奇都（Enkidu）和吉爾伽美什這對好拍檔英勇地面對死之將至，自我安慰地說至少自己的名聲會流傳萬世。這個觀念同樣也體現在古希臘「*kleos aphthiton*—不滅的光榮」的理想當中。在希臘神話中，真正的英雄不論男女皆不求肉身的永生不朽。確實，沒有哪個真英雄會渴望老死。儘管天神讓人有所選擇，但諸多英勇的凡人，例如阿基里斯，也不願此生安逸度日。能在和敵人高尚地對戰時漂亮地英勇戰死沙場，英年早逝，正是堪比神話的英雄主義真正的定義。即便是野蠻的亞馬遜人，在希臘神話中也達到這個被過度吹噓的英雄地位，大無畏地戰死沙場。事實上，沒有任何亞馬遜人會向歲月屈服，放任自己老死。[5]在一則則神話中，男男女女，各個偉大的凡人英雄無不冒著危險孤注一擲，毅然決然選擇攸關名譽與尊嚴、足以為人緬懷的短暫一生。

這樣的選擇正是高加索的納爾特人（Narts of Caucasus）傳說的重點；這群納爾特人生活在英雄的黃金時代。納爾特傳說結合了遠古的印歐神話和歐亞民間傳說。在一則傳說中，創世神問，你們希望自己人數少而壽命短、但能名聲鴻遠，足以永為後世典範？或者，你們寧願人數眾多，食飲無缺，長命百歲，但卻永遠不識戰事或榮耀？

納爾特人的回答「速度之快，如其思索」。他們選擇人口維持少數，但舉止大而無畏。吾等不願如牲畜度日，要以人類的尊嚴生活。若吾等此生注定短暫，那麼且讓我們聲名遠揚！[6]

另一個緩解對於追求永生期望的，是古典希臘時期能以平靜、甚至喜悅的心態看待宿命論的觀念。這般態度在公元前四五四年就直截了當地表現在詩人品達歌詠一位偉大運動員一生的詩作（*Isthmian* 7.40-49）當中。

追尋朝夕給予的所有喜悅
吾將踏抵平靜遲暮，和我配得的終結。

大約在六百年後，羅馬皇帝暨斯多葛學派哲學家奧里略（Marcus Aurelius），就將一個人接受自己大限將至的態度，與活出脆弱、短暫卻光榮的一生的責任連接在一起。「死，同為你我此生的功課」，他如此寫道，而價值就在於「誠實且正直地活過此生」。

•

有許多古代遊人都在遊記故事中描述了寓言般的烏托邦世界，而那世界裡的人無不健康、快樂、自由，而且長壽。在古希臘物理學家克忒希阿斯（Ctesias）的著作中便可見一個早期的例子；這位公元前五世紀的古希臘醫師住在巴比倫，著有曾談及印度奇景的著作。大約在同時期，希羅多德曾提及衣索匹亞人因為飲用牛乳、食用肉類，再加上習慣在帶有紫羅蘭花香的天然油泉中沐浴，因而能享一百二十歲的高齡。之後，一位不知名、住在安堤阿（Antioch）或亞歷山卓城（公元四世紀）的希臘地理學家，寫到了東方「伊甸園」卡馬黎尼（Camarini）。卡馬黎尼城中居民吃的是野蜂蜜與胡椒，可享一百二十歲的高壽；城中居民每個人都知道自己的大限之日，因此可依此預作準備。令人好奇的是，一百二十歲正是有些現代科學家聲稱的人類壽命極限。[7]

有一則關於古怪的漁人葛勞寇斯（Glaukos）的奇特小神話，正是埃斯庫羅斯和品達某部現已佚散的劇作及詩作當中的主題；奧維德、柏拉圖，和保薩尼亞斯的文字當中也可見到這主題的更多細節。故事裡的葛勞寇斯注意到，每當他把海中漁獲放在某種特別的草上時，離水的魚兒都會再現活力，溜回海裡。這位漁人希望自己能長生不死，於是吞下這種草，潛入水中，住居海底，變成全身覆滿帽貝和藤壺的先知或海妖。葛勞寇斯在另一則古怪的神話裡則有點不同，他是個溺斃、但被人救回來的小男孩，這是歐里庇得斯（Euripides）、索福克勒斯，以及埃斯庫羅斯劇作的題材（但三部劇作目前皆已失散）。這一個葛勞寇斯是克里特島的米諾斯國王之子；某天，小男孩在玩球（或追老鼠）時失蹤了，國王派出智者波里埃得斯（Polyeidus）去找出孩子人在何處。他們發現時，孩子已斷了氣——他掉進桶子，淹死在桶內蜂蜜當中。不過，波里埃得斯曾經觀察到有一條蛇曾啣回某種植物，讓牠已逝的伴侶復活。這位智者於是利用同樣的回魂植物，讓小男孩死而復生。[8]

老普林尼（Pliny the Elder）曾提及，印度有一群人的壽命已有千年。印度的蹤影亦可見於在亞歷山大大帝死後冒出的諸多傳說裡；這些故事有阿拉伯、希臘、亞美尼亞和各式其他版本，從公元前三世紀到公元六世紀，匯集成了《亞歷山大傳奇》（*Alexander Romance*）。這位年輕的世界征服者據說渴望永生，著迷於與印度智者進行哲學對話。當他問到，「一個人要活多久才是好？」這些智者答道，「只要此人莫視死優於生便是。」亞歷山大在征途中尋找永生之泉屢屢受挫，他曾遇過想像中的天使與智者警告他不應如此探尋。發現令人永生不朽的神泉，這個夢想依然存續在中古世紀的歐洲民間傳說裡。例如，傳說中的旅人故事傳述者祭司王約翰（Prester John）便說，浸浴青春之泉能讓人復返人生最理想的三十二歲之齡——而且隨時能如願再泡，再次回春。[9]

•

在世界彼端的古中國，傳說也談到人人皆以仙果為食的「不死之國」。[10]中國歷來有好幾位皇帝夢想能尋得長生不老靈藥，當中最著名的便是秦始皇；秦始皇生於公元前二五九年，約晚亞歷山大大帝一個世紀。道教傳說裡有「地仙」一說，那是一群在靈山或仙島上栽種特殊藥草，因而得以長生不老的人。公元前二一九年，秦始皇派遣術士徐福和三千童男童女出海前去尋找靈藥，但這群人此後音訊全無。

秦始皇找來各方法師和術士，提煉內含各種成分據信能令人長壽的藥湯，這些成分從百年龜殼到重金屬都有，尤其是亦稱赤砂或硃砂的「丹砂」（硫化汞）。水銀謎樣的液體型態和獨特的流動性，讓古人認為汞是「活生生的金屬」（用水銀驅動機械人，請參見第五章）。公元前二一〇年，秦始皇以相對過早的四十九之齡崩逝。他以身為首位一統中國的皇帝之名流傳後世而不朽：他建造了首座長城，宏大的靈渠運河，以及有六千兵馬俑護衛、墓穴內有水銀成河的宏偉陵寢。[11]

相對於秦始皇對死亡的焦慮，奧里略（*Meditation* 47,74）卻結晶出斯多葛學派的觀點，指出「亞歷山大大帝和他的騾車車伕都死了，而兩人遭遇並無二致。他們同遭吸收，成為此界的生命原力，併遭消融，俱為原子。」想想每個曾經生生死死的人類與生物，「如今皆已長存地底，對其又能有何傷？」亞歷山大大帝對於自己大限到來的接受態度，精簡地濃縮在一句名言當中；在艱困的印度戰役將盡時，幾位亞歷山大的立傳者記下了這句話。亞歷山大此前已征服了波斯帝國，雖身受無數沙場征戰之傷，但仍能倖存；一些隨行軍士甚至奉他為神尊。在公元前三二六年的一場激戰中，一支箭射穿了亞歷山大的腳踝。當同伴急忙趕來時，亞歷山大譏諷地苦笑，引用了一段荷馬史詩當中的著名段落：「朋友啊，你在此所見，是我的鮮血——而非從不死神人的傷口流出的靈液。」[12]

亞歷山大在三年後（公元前三二三年）英年早逝，而古典希臘時期的偉大英雄們正如亞歷山大，在人生最終都平靜地接受自己將死，安慰自己已贏得長存世人回憶中的「永生」——即使這意味他們得加入荷馬所說的「啾啾之魂」在冥界的行列。[13] 關於永生不死的古代神話傳達著一個關於「存在」的訊息：不僅死亡無法避免，人的尊嚴、自由和英勇精神也與人終將一死相互糾結。

追求永生不死有什麼內在缺陷，答案就彰顯在最無畏的凡人英雄神話裡。我們且以阿基里斯為例。阿基里斯誕生之際，他的母親海寧芙忒提斯（Thetis）先是以神界的仙饌神酒塗抹他的身軀，隨後再抓著他在火上烘烤，「燒去他的必死性」，企圖藉此讓阿基里斯能夠刀槍不入。根據一個更著名的版本所述，忒提斯將小嬰兒浸入冥河河水當中，好給予他不死之身。兩則神話裡的忒提斯都得握住孩子的腳踝，腳踝於是成了阿基里斯的弱點（Apollonius *Argonautica* 4. 869-79）。幾年後，這位首屈一指的希臘戰士儘管英勇，卻未能在特洛伊征戰中踏上他期待的沙場，與敵人光榮對決。阿基里斯死得不算光彩，因為躲在暗處的射手瞄準了他的腳跟，射出一支箭，那裡正是他身上最不起眼的弱點。同樣的，天神赫菲斯托斯與克里特島的米諾斯國王也沒預料到，青銅巨人塔羅斯竟然會因為美蒂亞在他腳踝處小小動了手腳，放出體內靈液，就頹然倒下。未能事先預見的弱點一向都是先進生物科技的「阿基里斯之踵——致命弱點」。

有許多遠古神話也詰問，長生不死是否也能保證人不受苦難與悲傷所困。例如，在美索不達米亞的史詩當中，英雄吉爾伽美什對只有天神能永生忿忿不平，他害怕自己終將一死，於是啟程去找尋長生之草。[14]但是，吉爾伽美什對於永生的渴望若是真的得到滿足，他將得永遠以悲戚之心面對自己的好夥伴恩奇都之死。

我們再仔細想想半人馬智者凱龍的命運。他是英雄海克力士的導師兼摯友。在一場戰鬥上，凱龍意外被海克力士的毒箭所傷，那支箭的箭頭沾有九頭怪蛇海卓拉（Hydra）的毒液，因此造成了永無痊癒可能的可怕傷口。由於承受著難忍的蛇毒劇痛之苦，人馬凱龍因此懇求諸神讓他能捨棄永生，換得好死。有些神話聲稱，盜取天火、並暗中教導人類用火之祕的泰坦巨人普羅米修斯願意與凱龍交換。宙斯懲罰普羅米修斯的方式可說是惡名昭彰，目的在永無止盡地凌遲他。他將普羅米修斯鍊囚在高加索山上，派出巨鷹日日啄食他的肝臟。肝臟的再生能力在古時已為人所知，[15]因此，這個不死的泰坦人的肝臟隔夜又會長回，巨鷹會再度飛來啄食，如此日復一日，直到永遠。

怪獸再生能力的恐怖感也驅動著多頭蛇怪海卓拉的神話流傳於世。海克力士和這隻盤繞、糾扭的蛇妖苦苦鏖鬥，欲除之而後快；他砍下每顆蛇頭，卻詫異地看到傷口上竟又長回兩顆。最後，他想到以烈焰燒灼蛇頸對付海卓拉，卻永遠都毀不掉這怪物正中央那顆不死的蛇頭。海克力士將這顆無法摧毀的蛇頭埋進地底，移來一顆大石壓在上方，藉此警告人類切勿靠近。不過，海卓拉的毒牙儘管深埋地底，還是汩汩分泌出致命毒液。這則神話讓海卓拉成了不死之身會無限出衍生後果的完美象徵。事實上，海克力士也因握有海卓拉蛇毒的生物科技而死。因為他用蛇妖毒液沾染箭頭，而源源不絕的毒箭底下有許多受害者，人馬凱龍不過是其中之一。偉大的海克力士自己最後也死得不甚光彩，他因間接染上海卓拉的毒液，劇痛而亡。[16]

這個猶如夢魘的再生主題還有一個有趣的變奏，就在一則有關以掃帚為形體的自動機器的古老故事裡。德國作家歌德（Goethe）曾在一七九七年時講述過「魔法師的學徒」這個故事，而在一九四〇年的迪士尼動畫《幻想曲》（*Fantasia*）當中，米老鼠所扮的角色又讓故事更加廣為人知。這則故事最早的文字版本，其實是在公元一五〇年由薩莫薩塔的琉善（Lucian of Samosata）所述；琉善是諷刺劇和推想小說（speculative fiction，亦即現稱的科幻小說）作家。[17]在他的《愛謊者》（*Philopseudes*）故事裡，年輕的希臘學徒隨著一位埃及智者行旅各地；這位埃及魔法師握有能將掃帚或搗杵等家中用品變成機械傭人、受命自動去執行任務的法力。某夜，小學徒在智者出門後企圖想自己控制木杵；他將木杵穿上衣服，命令它挑水回來。但小學徒隨後制止不了自動木杵人別再將一桶桶的水挑回來，客棧因此水漫四處，因為他不知該如何將機械人變回木杵。小學徒絕望之下拿起斧頭將停不下來的木頭僕人劈碎，豈料一片片的碎木杵又變成一個個的挑水人。好在智者及時返回客棧，讓場面化險為夷。

•

有幾則古希臘神話就警告，欺騙死神將會導致人間混亂，帶來嚴重的苦難。意指工作無益、不可能辦到的「薛西弗斯的任務」一詞雖已是陳腔濫調的比喻，但罕有人知道薛西弗斯（Sisyphus）為何永遠得將巨石推上山巔。傳說中的柯林斯城（Corinth）暴君薛西弗斯，以其殘酷、狡猾和奸詐為人所知。根據神話所述，他要詐擒獲了死神桑納托斯，將祂鍊住。這下子世間再無生物會死。薛西弗斯此舉不僅打壞了自然秩序，造成繁衍過度的威脅，而且人類無法以動物獻祭給眾神，或吃到肉食。如果世上暴君永世長存，那麼政治和社會又會有什麼變化？更有甚者，老弱病殘的男男女女被迫無止盡地承受苦痛。戰神阿瑞斯（Ares）對此更是憤恨，因為沙場上無人會有戰死風險，戰事已無嚴肅的冒險精神可言。在這則神話的某個版本中，戰神阿瑞斯放走了死神，並將薛西弗斯送進死神懷中。但隨後，狡詐的薛西弗斯一踏進冥府，便設法說服冥府諸神暫時將他放回凡間，好讓他去完成幾件未竟之事。薛西弗斯因此再度溜出了死神之手。到最後，薛西弗斯因為年紀老邁而亡，但他並不在飄遊於冥府周圍的一眾幽魂之列，而是在地底永無止盡地服著苦役。薛西弗斯的故事正是埃斯庫羅斯、索福克勒斯，以及歐里庇得斯悲劇作品的主題。[18]

於是，長生不死的狀態在神話領域裡，就對天神和凡人提出了一個進退兩難的問題。老邁的凡人埃森與珀利阿斯企圖逆齡反轉時間，最終仍不免一死，而塔羅斯、阿基里斯、海克力士等人的神話，也表明了在追求成為某種超越凡人的狀態的過程中，絕對無法預先顧及所有構想上的可能瑕疵。然而，追求無齡與永生之夢，依然長存人心。

•

厄俄斯（Eos）與提托諾斯（Tithonus）的神話，正是厄運暗藏在人類超越自然壽限的企圖中最具戲劇性的寫照。提托諾斯的故事相當古老，最早可見於《荷馬讚歌》（*Homeric Hymns*）當中，這是一組由三十三首多譜於公元前七和六世紀的詩歌集。這故事描述厄俄斯（Dawn或Aurora，晨光的「粉紅手指」女神）如何與特洛伊城年輕俊美的樂師兼歌手提托諾斯墜入情網。厄俄斯將提托諾斯帶進她位在世界彼端的仙界香閨，成為她的愛人。

厄俄斯難以接受她的塵世愛人終將一死，急切地想為提托諾斯尋得永生。在某些版本中，渴望長生不死的是提托諾斯自己。不論如何，諸神應允了這個願望。

不過，按照典型的故事邏輯，惡魔就藏在細節中。厄俄斯忘記再仔細說明要讓她的摯愛永保青春。歲月對提托諾斯來說是實實在在地流逝，當老邁年歲開始沉沉落在提托諾斯身上，厄俄斯徹底絕望了。悲痛的她將衰老的摯愛安置在黃金大門之後的廂房；提托諾斯就在那兒待著，直至永遠。房中的提托諾斯記憶盡失，也毫無氣力，只能永無止盡地含糊叨念著。在某些故事版本中，皺縮乾癟的提托諾斯化成了一隻蟬，那單調的唧唧蟬聲正是他只願一死的無盡懇求。[19]

據信，永遠年輕光燦的男女天神也會哀嘆自己與凡人所生的子女之死。神話中的厄俄斯與提托諾斯生有一子門農（Memnon），他是傳說中特洛伊人在特洛伊之戰裡的衣索匹亞盟友。門農在戰場上力抗希臘英雄阿基里斯，但仍死於阿基里斯手下。據

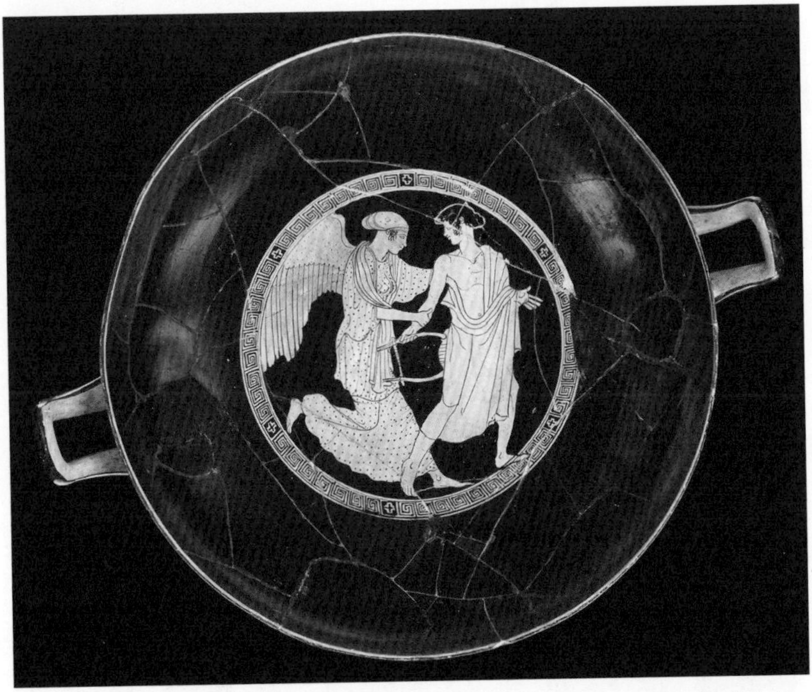

FIG. 3.1. 厄俄斯追著提托諾斯，雅典紅陶杯。Penthesilea Painter, 470-460 BC, inv. 1836,0224.82 © The Trsustees of the British Museum

FIG. 3.2. 厄俄斯與提托諾斯，依托斯坎青銅鏡。公元前第四世紀, inv. 1949,0714.1 © The Trsustees of the British Museum.

說，清晨出現的露珠正是他母親厄俄斯哀悼愛子的眼淚。宙斯對厄俄斯的喪子之痛心生憐憫，於是答應了她的請求，讓門農能永遠留在奧林帕斯山上。厄俄斯這回沒忘記要求宙斯讓愛子能永保死時那一刻的青春。[20]

在凡人哀嘆自己壽命有盡之際，諸神也會悲憐自己所愛的凡人終將一死。然而，諸神特別厭惡老年和衰老的自然進程，尤其那若是出現在祂們的俗世愛人身上。在《奧德賽》中，寧芙女神卡呂普索便苦澀地哀嘆，其他男神都妒忌她、還有厄俄斯與凡人男子的感

FIG. 3.3. 提托諾斯化為蟬，版畫，Michel de Marolles, *Tableaux du Temple des Muses*（Paris, 1655）. HIP / Art Resource, NY.

情。在古老的《荷馬讚歌》當中的《獻阿芙蘿黛蒂》（*Homeric Hymns to Aphrodite*）裡，這位愛之女神便冷酷無情地離開她的凡間愛人安喀塞斯（Anchise）。「我不會選擇讓你永生，承受如同提托諾斯的命運」，阿芙蘿黛蒂向安喀塞斯解釋。「你若是能永保現在的容顏和體態，那麼你我才能長相廝守。然而殘酷的歲月很快就會朝你襲去——無情的遲暮，我等眾神厭惡、如此可怕，如此生厭的老年。」[21]

提托諾斯的神話本已久遠，但數千年來的藝術家與詩人更是讓這個故事長存不朽。早期的現代藝術家常強調白髮老人與嬌豔如昔的清晨女神之間的對比。[22]然而暗藏在這則神話當中更黑暗的訊息，才是古希臘繪畫裡的焦點。瓶繪工匠描繪出這位年輕樂師緊張地想逃離慾望滿溢的厄俄斯的擒捕，彷彿已有預感這段故事必將以何種下場告終。無情的天神與俗世凡人之間的愛，必將以悲劇收場。類似的預感也影響了年輕處女瑪蓓莎（Marpessa）的選擇；瑪蓓莎同時受到俊美的天神阿波羅與凡人男子伊達斯（Idas）的追求。在神話中，伊達斯和阿波羅相互競爭，以期贏得佳人芳心；但宙斯讓這女孩自行從中選擇。瑪蓓莎最後選了伊達斯，因為她知道，阿波羅在她年老之際必將棄她而去（Apollodorus *Library* 1.7.8）。

偉大的詩人莎孚（Sappho，公元前六三〇至五七〇年）在莎草紙碎片上的殘存詩句，在二〇〇四年經人解譯出來，以提托諾斯或老年詩之名而為人所知。莎孚哀嘆自己年華已逝，她想起提托諾斯的故事，於是敦促一眾年輕女詩人，在猶有餘力時盡情陶醉在她們的音樂裡。依照這個相似的脈絡，公元前一世紀，羅馬詩人賀拉斯（Horace）在一首頌歌就提及提托諾斯和其他期望永生者的悲慘遭遇，警告長生不死的危險和不實誘惑，將會「導致比死亡更不堪的命運」。數世紀後，詩人丁尼生（Alfred Lord Tennyson）在一首寫於一八五九年的詩裡，就想像心碎的提多諾斯被永生不朽的無情詛咒消磨，不僅遭到有違自然的長壽拒於愛人的擁抱之外，而且人性也已無存。垂垂老矣的提托諾斯，一道因癡呆而孤立的可悲、幽黯人影，年輕的厄俄斯陪在一旁，這個景象就出現在史黛玲斯（Alicia E. Stallings）一首縈繞人心的詩裡（"Tithonus," Archaic Smile, 1999）。要不是這則關於「老化之恐怖」的神話當中的訊息會讓聞者心中暗自對自己難免一死生出些許寬慰感，否則這令人沮喪的神話早在數千年前就會為人遺忘了。藉著未來科學尋求無限回春技術的老年學家奧布里・德格雷（Aubrey de Grey）如此解釋。[23]

•

在想像中，男女眾神之所以能永保青春與活力，是因為飲食特殊之故。諸神是靠仙饌與神酒滋養，而這些食物生成的不是血液，而是神界的靈液。仙饌—ambrosia（這個詞彙衍生自梵文，意為「不死」）同時也是女神用來塗敷身體，有保護與回春之效的乳液（Homer, *Iliad* 14.170）。在《奧德賽》（18.191-96）當中，阿芙蘿黛蒂賜給奧德賽妻子波妮洛普的「仙界贈禮」內便包含了仙饌，以維持她的青春美貌。就和神祕的「生命之泉」一樣，仙饌神酒當中的實際成分從未見明確說明。諸神能將仙饌給予凡人，好讓他們得以不受侵害，就像阿基里斯的母親當初所為，或是讓選定的凡人得以凍齡以及／或者永生，例如海克力士當初的遭遇（第二章）。在埃里亞努斯（Aelian, *On Animals* 6.51）保存下來、殘存在伊比庫斯（Ibycus，公元前六世紀）詩中的有趣句子裡提到一則古老神話，說宙斯將「能迴避老邁的藥劑」，賜給向他打普羅米修斯小報告的凡人，以示獎賞。約在一千年後，詩人諾努斯（Nonnus, *Dionysiaca* 7.7）故作挖苦地抱怨，普羅米修斯當初應該盜取神酒才對，而不是天火。

坦塔洛斯（Tantalus）是另一個因為行為觸怒天神而遭永世懲罰的形象。他的罪行之一，就是企圖盜取天上的仙饌神酒，好讓人類得以永生（Pindar *Olympian* 1.50）。有趣的是，神話中得以青春永駐、長生不老的關鍵是養分：諸神自有一套特殊的維生飲食。而值得注意的是，在亞里斯多德的生物系統裡，營養正是最基本區別生物與非生物的共同點。亞里斯多德想釐清長壽之謎，因此在文論《青春與年邁，生與死，短命與長壽》（*Youth and Old Age, Life and Death, and Short and Long Lifespans*）當中，深入研究了老化、衰老、衰敗，以及死亡。亞里斯多德關於老化的科學理論，歸結出衰老是由繁衍、再生，以及飲食所控制。這位哲人指出，不生育或節慾的生物能比會在性行為中消耗精力的生物活得更長久。現代人研究延壽方法，同樣將焦點放在飲食營養和限制卡路里上，或許也就不足為奇了。亞里斯多德若是知道繁殖與長壽之間確實存在著一種演化上的此消彼長，相信他必是心滿意足，而且長期的現代研究也指出，在性事上禁慾能延長個體的壽命。[24]

在提托諾斯神話的所有重複轉述當中，不論古今，這位一度活力充沛的歌者最後的形象都是成了尊嚴盡失之人。人類因為醫藥進步而將自然所設的大限之期遠遠往後延遲，提托諾斯駭人的命運——「為生所棄，又遭死所拒」——就在此舉所產生的精神和現實層面的問題上，投映出一層濃厚的陰影。[25]

一如索福克勒斯在劇作《伊蕾克特拉》（*Electra*）當中所言，「死亡，是你我都需償付的債」。遠在兩千多年前，柏拉圖和蘇格拉底的討論就呼應了希臘神話的預言；蘇格拉底認為，如果人身功能不再，那麼讓人繼續存活是不對的。蘇格拉底聲稱，醫藥理當僅用於可治癒的疾病或修復傷口，而不該在人的天壽將盡之際用來延長生命（*Republic* 405a-409e）。然而，當前的回春術研究者和樂觀的超人類主義者都相信，科學能讓死亡變得可有可無。期望長生的現代人期盼能藉著飲食、醫藥和先進的生物科技，將人類與機械融合，或是將大腦上傳雲端（傳續給科技上的後代），繼而得到無限永生。[26]

然而，自然早已將人類細胞設定為會老化、會到期；人體也已進化成將基因傳予下一代後就會失效的容器。科學家將如此事實視為「提托諾斯的兩難」，那就是人雖能長壽，卻會面臨不健康、沒有活力的後果。讓人能永保生命，又不讓肉體與大腦屈服於神話中厄俄斯那可悲的愛人所遭遇的老邁與細胞衰敗問題，如此計畫確實甚受這個兩難問題所苦。奧布里・德格雷相信，現代人類需要克服他稱為「提托諾斯的錯誤」的問題，也就是卑微地默許老化與死亡來到。為了反擊「提托諾斯的兩難」，他在二〇〇九年創建了SENS（Strategies for Engineered Negligible Senescence）研究基金會，該組織的目的在於協助科學創新，以期在人類將死亡越來越往後延的同時，能不顧或阻斷細胞的衰老。科技的失誤激起了人類對於一個反烏托邦的未來世界、當中盡是如同提托諾斯那樣活死人的恐懼感；如此景象甚至比荷馬筆下眾鬼低語的冥府更像地獄。[27]

提托諾斯具體呈現出一則悲涼的故事：對人類而言，過長的壽命，不適當或不合宜的存活——活得太久——有可能比早逝更為恐怖，更像悲劇。永世長存剝奪了身而為人意義的回憶，一如記憶無法在過早戛然而止的人生續存。提托諾斯的故事和其他類似的神話吐露出世人對於「活得過久」、在自然大限之後仍繼續存在的焦慮感。正如我們所見，活得過久的問題也讓古時哲人甚為不安。那些過於長壽之人變得老廢、退化、可悲，就算能永保青春的無齡之態也難以慰藉。小說家安萊絲（Ann Rice）影響深遠的一系列現代哥德風小說《吸血鬼歷代記》（*The Vampire Chronicles*, 1976-2016）當中，以及賈木許（Jim Jarmusch）的電影《噬血戀人》（*Only Lovers Left Alive*, 2013）裡就充斥著這樣的想法。青春永駐、長生不死的吸血鬼是遊蕩人間的失落靈魂；隨著時間千年復千年地流逝，他們益發厭世、疲憊，煩膩。[28]

活得過久、過遠：諸多神話與傳說無不揭示了人類尋求永生的愚行。但是，如果逆轉老化、延遲自然死亡並不合理，也是禁忌，一如美蒂亞對伊阿宋的警告，那麼，凡人是否至少可以期待藉著什麼方法，去強化自己與天神相形之下實在微不足道的肉身能力？即便是某些不具思考能力的動物，也都天生比虛弱又易受傷害的人類更具美妙的能力。有另一個關於人造生命、引人深思的希臘神話主題，就深入探索了是否能藉生物科技讓本質「升級」，以及藉由某種方式打造出超人類的威力。

第四章

超越自然

借自諸神和動物的強化能力

人類怎麼會比野獸虛弱，而且容易受外界傷害？若依據柏拉圖所述，人類之所以能力有限，是因為為凡間創造物分配能力的普羅米修斯和他的弟弟艾比米修斯之故（*Protagoras* 320c-322b）。諸神在造出人類和動物之後，便指派這兩位泰坦族人負責為這些創造物分配能力。艾比米修斯（Epimetheus，意為「後見之明」）並不如哥哥普羅米修斯（意為「先見之明」）那般睿智；他要求哥哥讓自己分配各種能力，保證事後會再讓普羅米修斯檢核。

艾比米修斯開始依陸、海、空各類動物的本質進行分類，賜予牠們速度、力量、機敏、偽裝、毛皮、羽毛、大小、敏銳的眼力與耳力、靈敏的嗅覺、雙翅、獠牙、劇毒、利爪、硬蹄，以及尖角，以確保眾生物得以生存。艾比米修斯非常投入，最終竟大意地將所有生存能力在這些無能理性思考的動物身上全數分配殆盡。就在普羅米修斯要來檢核時，艾比米修斯才驚覺已經沒剩什麼能力可配給赤裸又毫無防備的人類了——而且這一天正是眾生物準備降臨凡間的日子。[1]

普羅米修斯「拚命想為人族找到生存方法」，於是從神界偷取了工藝技巧和言語的威力，還有天火，將之贈與虛弱的凡人，好讓人類男女至少能製造工具，弄懂該如何彌補自己不足的能力。正如布雷特·羅傑斯（Brett Rogers）和班傑明·史蒂文斯（Benjamin Stevens）在兩人就古典時期的希臘羅馬文學和現代科幻小說所做的比較研究中指出，普羅米修斯的神話可解讀成是早期「人類與科技間持續的關係之解釋及象徵」，是一個鮮少會被人以「工藝科學」眼光看待的遠古文化所想像出來的「推想小說」的例子。普羅米修斯給予人類的贈禮，代表了第一個「人類能力的強化」，可界定成是「藉由自然或人為方式，暫時或永遠克服人體限制的企圖」。[2]

正如希臘神話所述，宙斯判罰普羅米修斯承受巨鷹日日啄食肝臟的永世痛苦。但這位泰坦巨人帶給人類的贈禮依然延續著，而且同時潛藏著正面與令人擔憂的後果。「科技彌補了人類荒謬的能力不足，」研究機械人學倫理、人工智慧，以及強化人類科技學（Human Enhancement Technologies，簡稱HET）的哲學家派崔克・林（Patrick Lin）如此評論。「若非具備製造工具的智慧和聰敏機智，我們這些裸猿根本無法存活。」如今，諸如視力及聽力輔助器、鈦金屬關節、心臟起搏器、興奮劑及仿生義肢等強化人類能力的方法，早已是大眾司空見慣的尋常東西。[3]不過，某些因為用途可疑而招致抨擊的改進人類能力和超越自然的強化方式，至今仍有爭論。比方說，世人就開始擔心，當軍事科學家企圖藉由藥物、移植、像是塔羅斯計畫（第一章）的那種外骨骼、人類與機械混合、神經機器，以及複製動物令人忌妒的能力，以讓士兵「超越人類」，會有何後果。如同派崔克・林與同僚所警告，現代人企圖「升級」人體，研發出強化版的作戰士兵、軍用機械人、賽博格生物、無人駕駛載具，以及機械人工智慧輔助等，會導致現實與倫理層面的多重風險。[4]如今，當我們知道古希臘時期就已預示了如此企圖當中的某些為難之處，也就不足為奇了。

科技工藝，結合了智慧與勇氣——這是人類在這世界賴以存活的獨特贈禮。劇作家索福克勒斯優美地總結了這個古希臘的認知（*Antigone* 332-71）。他說，「人類如此傑出」，因為沒有其他生物具備這樣的技術及勇氣，能在波濤洶湧的大海上航行、犁地耕田、馴服牛馬、狩獵捕魚、制定法律、興起戰爭，以及興築城市，進行管理；沒有其他生物具有「足智多謀」的人類的語言能力，以及「快如疾風的思考」，沒有其他生物會像人這樣不斷設法擺脫自然。「人類發明技術的才能超乎預期，」這有時會驅使人向善發展，有時則朝惡前進。[5]

我們在美蒂亞、伊阿宋及代達洛斯的神話裡，會見到人類是何等渴望能強化、超越自身的能力，創造非自然型態的生命，以及駕馭人造生命——包含複製動物。正如我們所見，普羅米修斯將工具及天火帶給凡人，因而承受永世的痛苦折磨，坦塔洛斯也因為盜取仙饌神酒給人類，而得永遠付出代價。現在，且讓我們再看另一則人類增強自我能力的神話；在這個故事中，工於心計的美蒂亞將設法偷取神聖的靈液，以助伊阿宋抵禦更勝一籌的致命力量。

•

在阿爾戈英雄不斷的冒險行動中，美蒂亞調出一款藥劑，想出聰明的對策，以保護伊阿宋不受她父親的噴火銅牛和從龍牙犁過的土地裡冒出的恐怖大軍侵害。為了替愛人尋找超級靈藥，美蒂亞跋涉到高聳的高加索山巔，來到宙斯鍊住普羅米修斯的那片岩壁。她知道，就在普羅米修斯遭巨鷹啄食肝臟之處，有從靈液滴落處長出的珍罕花卉。割下這株奇花異草，它肉質般的根會泌流出含有那位不死的泰坦巨人身上靈液精華的烏黑汁液。美蒂亞以一只來自裏海的純淨白貝殼盛集這些汁液，調製出濃烈的藥劑。這款油膏名為「普羅米希安」，可讓使用者具備超人般的威力，讓烈火轉向，擋住敵方長矛。不過，這劑靈液神藥的功能雖驚人，但時效卻短暫，僅能維持一天。[6]

在《阿爾戈英雄記》中，這劑普羅米希安靈藥讓消極的伊阿宋有了猶如海克力士那般難以置信的力量與勇氣。一如美蒂亞保證的，伊阿宋突然感受到一股「不死眾神的無限勇猛與威力」。隨著藥劑開始在體內循環，他感覺到「驚人能量進入他身體」。他的雙臂開始扭曲、抽搐，他緊握雙手。伊阿宋就像一匹渴望急奔沙場的戰馬，「對於自己四肢突獲超人般的神力狂喜不已」。在靈液奔馳全身的影響下，伊阿宋「四處邁步、跳躍，揮舞著手上長矛，咆嘯猶如野獸。」[7]

《阿爾戈英雄記》對這藥劑效果的描述，會讓人聯想到人工合成的精神興奮劑，例如化學成分和巧茶（qat）植物當中的卡希酮（cathinone）相近、但藥效更強烈的地下藥物，就會讓用藥者自覺擁有超人般的威力，而且驅使他們做出凶殘之舉。今日的軍方藥理學家正在創造「強化人類能力」的混合藥

FIG. 4.1. 普羅米修斯的體內靈液，在巨鷹啄食其肝臟時滴落地面，拉柯尼亞陶杯。公元前六世紀 Vatican Museum. Album / Art Resource, NY.

物，能增強軍人精神和肉體上的能力，表現出如同受到普羅米修斯靈液影響的伊阿宋的威力。數千年前，在《奧德賽》（4.219-21）裡，特洛伊美女海倫曾調製出一款據想像是混合了鴉片與葡萄酒、名為「忘憂藥」（nepenthe）的靈丹妙藥，以驅散如夢魘般糾纏特洛伊戰爭退役將士的創傷回憶，和「憤怒與傷悲」。軍事科學家目前正在尋找可能的藥物和干預腦神經的方式，好讓作戰部隊能不眠不休，不覺肉體疼痛，更具攻擊性，對屠殺和酷刑毫無愧疚感，而且能抹去負面思想，消除戰時暴行的記憶。[8]

回到金羊毛的神話，我們會看到美蒂亞調製的藥劑如何在肉體與精神上賦予伊阿宋強大威力，力抗鍛造之神赫菲斯托斯為國王埃厄特斯所打造的一對機械銅牛。埃厄特斯命令伊阿宋利用這對噴火銅牛犁田，種下滿滿一頭盔的龍牙，接著要擊敗會從播下的「龍籽」中冒出的無敵大軍，而這些任務全都得在日落前完成。國王信心滿滿，就算伊阿宋有辦法不被燒死，而且種下龍牙，他和一眾英雄也會被破土而出、勢不可擋的機械大軍剷除殆盡。

破曉之際，另人生畏的銅牛從地底的牛棚現身眼前，黃銅的牛蹄刨扒著地面，直朝伊阿宋衝去，而牛鼻噴出道道烈焰，「彷若在隆隆聲中從銅匠的熔爐中炸開」。伊阿宋無懼地面對銅牛灼人的鼻息，將青銅牛軛套上了牛身。他一整天就犁著地，在廣闊的田地上播下龍牙。[9]

黃昏將至，刨過的犁溝開始翻騰，微微發光，「從地底生出」的衛兵紛紛全副武裝從田裡冒出。這些猶如機械人的戰士，正是伊阿宋在夜幕降臨前必須全數砍倒、「收成」的恐怖作物。在海瑞豪森令人嘆為觀止的《傑森王子戰群妖》電影當中，連續鏡頭將骷髏士兵從地底冒出的景象化為真實，是科幻小說和經典神話電影迷熱愛的場景。

《阿爾戈英雄記》形容這群士兵是包覆在青銅盔甲底下、猶如鬼魅的巨人，從土裡竄出，發動攻擊。好在美蒂亞事先已指導過伊阿宋該如何對付這不斷倍增的失控大軍。這批從土中而生的部隊缺乏一個至關重要的特質：他們不受命令與統御，而且無法撤退，只能不知變通地朝前行進、攻擊。隨著部隊行伍不斷膨脹、增生，這群武裝人型機械大軍齊步朝著伊阿宋等眼前的「敵人」攻去。

就像先前想到利用塔羅斯的機械弱點和「幾乎如人」的人工智慧，擊潰了克里特島的這個青銅機械人，美蒂亞現在也要好好利用這支龍牙部隊的內在設定。她建議伊阿宋先朝部隊丟擲石塊，好觸發士兵的反應。她知道，隨機的碰撞能引發一連串的骨牌效應，導致每個機械士兵開始攻擊近身的同袍，繼而摧毀彼此。

當這支恐怖的龍牙大軍第一伍開始朝阿爾戈英雄們前進時，伊阿宋朝行列中間投出一塊巨石。機械人感覺到青銅盾牌遭到撞擊，認為受到攻擊，於是有了反應。他們困惑又激動地轉向彼此，開始持劍互砍。伊阿宋和同袍此時衝向亂鬥的軍陣當中，解決了這群大軍，甚至包括一些下半身還在犁溝土內、正要破土而出的武士。[10]

逾兩千年前，懷疑論者帕拉法圖斯（*3 Spartoi*）在講述這則神話時說到，「這故事若是真的，那麼天底下每個將軍都會想要像伊阿宋那樣去種個田！」時至今日，這個故事的兩難之處依然犀利。機械士兵如何辨別敵友？他們有輕易倒戈的可能性，已下的指令又該如何取消或修正？研究學者據信這個比荷馬的年代還早的故事，是最早對於賽博格或機械士兵會有指揮和控制問題的一項觀察。[11]

鼻息噴火的銅牛會讓人聯想到塔羅斯可將青銅身軀加熱至通紅，將敵人炙烤至死的能力。在之後亞歷山大大帝的傳說中那些加熱後的青銅活動塑像，也有相似之處。《亞歷山大故事集》內與這位征服者有關的諸多發明傳說裡，就有兩則藉著布署灼燙的青銅塑像對付敵人的醒目案例。第一例出自拜占庭時期的《希臘故事集》（*Greek Romance*），亞歷山大想出一個可對付印度國王波魯士（King Porus of India）麾下威猛軍象的計策。他把從征戰搜刮得來、栩栩如生的青銅塑像全數堆聚在大火上；接著手下小心翼翼地將這些火紅熱燙的塑像布署在首攻的前鋒部隊。當波魯士派出戰象攻擊時，這些野獸認為眼前的銅人是活人士兵，於是衝向那灼熱的金屬塑像，因而嚴重燙傷。[12]

第二例呈現的則是一個科技更加純熟的噴火牛版本。在有關亞歷山大的波斯古代傳說裡，年輕的世界征服者希坎達（Sikandar, Iskandar, Alexander）心生一計，利用鐵騎兵擊敗了對手印度的獸皮國王（King Fur of Hindu）。一些波斯傳說認為亞歷山大此計是受大臣亞拉斯圖（Arastu，暗指亞歷山大的導師亞里斯多德）的建議。在菲爾多西的史詩《列王記》（Fiedowsi, *Shahnama* 14-15，依早期口傳歷史，寫於公元九七七年）當中，亞歷山大派出的間諜用蠟依比例造出波魯士戰象的模型，以表現這些陌生的野獸是何等龐大，何等駭人。亞歷山大於是想到一招戰術。他命令一萬兩千名手藝純熟的希臘、波斯、和埃及鐵匠，鍛造出一千座真人實體大小、內部中空的騎士與馬匹塑像。眾人焚膏繼晷了一個月後才完成這個任務。這些仿真的騎士像繪有真實的色彩，馬鞍以鉚釘固定，而且配有盔甲、盾牌、和中空的長矛。這些騎士像的臉部與當時的欽查人（Kipchak）和中亞山區的戰士通常會配戴的鐵質或銅質的詭異面具十分相像，這面具會讓敵方以為來者是一支金屬部隊，因而心生畏懼。亞歷山大的工匠們將鐵馬上色，看起來活像「花斑、栗棕、黑與灰色」的駿馬。鐵匠為這些鐵馬裝上輪子，接著，最狠毒的收尾一筆是，他們將中空的塑像體內灌滿從天然油井蒐集來、容易爆炸的石腦油。

亞歷山大的士兵在戰場上點燃石腦油，讓鐵騎兵朝敵方滾去。這群塗有顏色、引人誤認為是真實的恐怖金屬戰馬和騎兵大軍，從馬鼻和騎士的矛尖噴出橘紅烈焰，營造出一種駭人的毀滅戰力感。波魯士的戰象遭到燙傷，狂亂奔逃，部隊行伍四散。中古世紀時的蒙古文版《列王記》內就有一幅彩圖描繪出此番場景。[13]這些塑像本身雖沒有可動的部位，但因為就和帕西淮（Pasiphae）那隻惡名昭彰的人造牛（代達洛斯所造，見如下）一樣裝有輪子，所以能滾動。

鐵騎部隊混合著非自然的火焰，營造出一種說服力十足的真實感。這則傳說反映出歷史上蒙古人和其他遊牧族部隊的慣例；他們會布署這種利用石腦油易燃特性的騎兵部隊，以及使計將人偶架在活馬上，營造部隊看似壯盛的景象。[14]

人類以現代這種義肢假體的形式所表現的強化自身能力，手法打從古代就已達到高度水準，從植入、器官移植、義肢替換，到神經控制的人造手臂和腿皆然。合併人體與機械的義肢與仿生身體部位，不論是在神話或現實歷史當中，都有相當深厚的根源。例如在古神話裡的凱爾特國王銀臂努亞達（Nuada of the Silver Hand），就有一只由創造之神提安卡特（Dian Cecht）打造的手臂。北歐的女神弗蕾雅（Freyja）即是一種結合了血肉與金屬的「有機賽博格」。在古印度史詩傳統裡，女英雄維什帕拉（Vishpala）在征戰中斷了一條腿，瓦德利馬提（Vadhrimati）則是缺了一隻手，於是，諸神便以鐵質與金質的複製義肢為其換上。古希臘神話裡的天神赫菲斯托斯也造出一副象牙材質的肩胛骨，替換英雄珀羅普斯（Pelops）缺損的部位。[15]

人身部位假體最早的歷史紀錄，就出現在公元前五世紀的希羅多德所述（9.37.1-4）當中。來自希臘南部埃里斯（Elis）的赫格西斯特拉托斯（Hegesistratus），因為遭受斯巴達人的酷刑對待，腳部因此有了缺損。他設法逃出，用木頭為自己做了義肢；出於對斯巴達人的恨意，他之後加入波斯人的陣營，在公元前四七九年踏上普拉堤亞戰役（Battle of Plataea）的沙場。[16] 普林尼（7.28.104-5）曾講述羅馬人希盧思（M. Sergius Silus）的故事。希盧思是參加過對抗迦太基的第二次布匿戰爭（Second Punic War）的退役軍人，他從身受的二十三處創傷中復原，戴著鐵手，取代在戰場上失去的斷肢。亞歷山卓城的作家史基托布拉奇翁（Dionysius Skytobrachion，意指「皮革手臂」）會得此名，或許也正因為他的義肢之故。

目前考古挖掘已發現令人驚嘆的人工義肢與其他身體部位的早期證據，當中有些是出於美學考量，有些則是功能實際。例如，在法國有一只時間可回溯至公元前三千年的頭骨上，就附有以貝殼雕刻而成的假耳。在義大利卡普拉（Capula）一座公元前三百年的古墳裡，墓中骨骸就配有保存狀態好得驚人、上覆青銅薄片的木腿義肢。哈薩克有另一副同年代的骨骸也顯示，一位年輕女子戴著公羊羊骨和羊蹄所製的義肢生活了數年。[17]

古時有些義肢假體製作最為精良，同時卻也是最為古老。大約在公元前七百年，某位工藝技巧高超、對人體機能構造知之甚詳的工匠，為一位女子精細地雕刻出了人造腳趾；一九九七年，這位女子的木乃伊在埃及的盧克索（Luxor）出土。她的腳趾不僅在外觀上十分真實，也是專門為她量身打造而成，上頭保有修改痕跡。不論是赤足或腳踏涼鞋，她的腳趾義肢都有相當舒適的活動性。這只義肢是以三個木質和皮革構件組成，並藉鉸鏈提供關節的靈活性。

考古學家在伊朗的「焚毀之城」（Shahr-e Sukhteh）遺址曾發現一顆眼部假體。這顆做工精細、栩栩如生的人造眼球就裝在一位四千八百年前的女子遺體的左眼窩中。這顆眼球在解剖上的細節與真實眼球的相符程度令人驚訝，具有凸面、角膜及瞳孔，內部甚至以極為纖細的金絲模擬出覆蓋在眼球上的毛細血管。這顆眼球刻有光線線條、而且覆有金箔，能讓這位女子生前的「容顏極其出眾」。值得注意的是，現代人創造出幾可亂真的假體的企圖，曾促使機械工程師森政弘在一九七〇年提出「恐怖谷」（Uncanny Valley）的概念（有關恐怖谷理論的定義及深入討論，請見第五章及書末詞彙表）。[18]

某些古希臘神話說到有些人夢想能複製飛禽走獸的特殊技能，一如現代軍事科學家所願，以增強人類的能力。古希臘傳說中最出類拔萃的工匠非代達洛斯莫屬；他在仿生及生物科技的發明上堪稱才華洋溢。從荷馬的時代開始，古人便以「daedala」一詞意指所有超凡的藝術和工藝之作，也包含那些向代達洛斯致敬的作品。代達洛斯的豐功偉業梗概，在年份和地理區域上有諸多不盡相同的說法。例如，保薩尼亞斯（10.17.4）就相信，代達洛斯生活在「伊底帕斯是為底比斯（Thebes）國王的神祕年代」；其他人則認為他是米諾斯王國的宮廷中人，時間約是特洛伊戰爭之前一世紀。代達洛斯的工坊究竟是位在克里特島、西西里島，還是雅典，在諸多傳說裡眾說紛紜。對於這個創造力豐沛、四處流動，名叫代達洛斯的謎般「發明第一人」，我們可從浩瀚的文學及藝術資料中拼湊出他的行蹤。代達洛斯這個人物呈現的，是一個綜合了神話般的發明「英雄」與「工匠原型」的角色。「代達洛斯」是一個以真實人物為本的形象嗎？現代學者認為，代達洛斯的傳說不斷演變，不僅是對諸多相互衝突說法的折衷調和，同時也反映出他既是神話人物、也是一個在遙遠的過往歷史上真實存在的創新者，或說，一群創造者。19

有別於美蒂亞結合生物科技和魔法的巫術，代達洛斯的精巧機具和強化人類能力的設計物當中並沒有絲毫魔法成分。他是工匠及發明者，而非魔術師。代達洛斯運用人盡皆知的工具、方法、技巧和素材，發揮個人的創造長才和技藝，創造出引人驚嘆的成果。他的專長在於打造高度寫實的雕塑，以及「活生生的塑像」（見第五章）。不過，他最為人所知的或許是藉雙翼輔助的飛行之舉。代達洛斯打造翅膀的故事要從女巫帕西淮開始說起；她是美蒂亞的姑姑，也是克里特島的米諾斯國王之妻。

帕西淮王后對丈夫下了一個惡毒的魔咒：每當米諾斯王與其他女性燕好，射精時就會噴出毒蠍、蜈蚣和蛇蟒。[20]而宙斯回敬帕西淮的方式，是詛咒她會有想和國王的牛群當中一頭結實的公牛交和的慾望。帕西淮受詛後向代達洛斯這位宮中的傑出工匠坦承了她的心願。為了滿足帕西淮的要求，代達洛斯於是打造出一頭栩栩如生、身體中空的木牛，好讓帕西淮能蜷伏在牛體當中，四肢著地趴著讓公牛騎上來。

這段神話的文字紀錄最早見於公元前四世紀、對這個說法甚為懷疑的帕拉法圖斯；他列舉了幾個反對看法（2 *Pasiphae*）。帕拉法圖斯最主要的懷疑點在於公牛怎會被假牛愚弄，因為牛在交配前「會先嗅聞對方的性器」。不過其他作家——阿波羅多羅斯（Apollodorus, *Library* 3.1.4），許奎努斯（Hyginus, *Fabulae* 40），以及菲洛斯特拉托斯（Philostratus, *Imagines*, 1.16）——都回應了這個反對看法，點出代達洛斯從公牛的牧地取來一頭真實母牛的牛皮，覆蓋在他所造的木牛身上，好讓木牛呈現出公牛熟悉的外觀和氣味。現代的機械動物實驗已顯示，從貓鼬、猿猴到河馬等多種哺乳類動物，都會和披覆真正的獸皮、抹上各物種獨有氣味的逼真機械動物進行社會性的互動交誼。古典希臘時期有許多軼聞，都曾談及因為動物或花草的圖繪或複製品太過真實，因而騙到動物信以為真，進而與之互動的趣事。[21]

古希臘史料曾談及一起有趣的欺瞞詭計，是一支外觀和動作遠看都似真，近看就騙不了沙場戰馬的仿冒「戰象」部隊。這個計謀背後的主腦是亞述女王、女戰士塞彌拉米斯（Semiramis，有可能是以公元前九世紀的史實人物薩姆拉馬特Shammuramat為藍本）。這則故事最早是由克忒西阿斯在公元前四世紀所述，繼而又見於西西里的狄奧多羅斯（2.16-19）。這個計策中假大象的數量或許聽來誇張，但計策本身倒是真實可信。塞彌拉米斯面臨可能得正面迎戰配有數千戰象及強健騎兵隊、武力高人一等的印度大軍的情況，於是命令底下的工匠和技工屠殺三十萬頭黑色公牛，取其牛皮，將之縫製成內以稻草填充的真實大象模樣。一眾工匠在不為人知的隱密處費時兩年才完成這批象形皮偶。隨後，眾人將這些牛皮大象架在相當配合的駱駝上，由人坐在當中，以仿真的方式搧動象耳，擺動象鼻。塞彌拉米斯期待能藉由此舉占得便宜，因為印度人認為只有自家的軍隊才會利用大象作戰。也的確，印度軍隊指揮官在見到「戰象群群」朝戰場奔赴而來時大感吃驚。他麾下的騎兵部隊對大象相當熟悉，因此大膽朝前猛攻，然而在接近假大象時，戰馬嗅到了暗藏在牛皮象底下那駱駝的陌生氣味，因而大驚地飛奔折返。

阿特納奧斯（Athenaeus）也曾記述過幾個寫實的假動物的例子。他提到企圖和雌性同類複製品交配的公狗、鴿子和公鵝。有一個例子是在小亞細亞的沿岸城市普里埃內（Priene），有一隻青銅母牛散發的誘惑力實在太過強大，甚至被真公牛騎了上去（Athenaeus, *Learned Banqueters* 13.605-6）。

帕西淮和公牛交合這段令人震撼的故事，正是神話中有關生物科技讓人類得以做出超乎常人能力所及（或應該）之事的例子。儘管這隻母牛仿製品並沒有可活動的組件，模擬程度仍是栩栩如生，才能一推進牧草地就立刻吸引到公牛前來跨騎。代達洛斯這個原寸大小、逼真的「性玩具」呈現出了一種古代工藝兼色情之作的特別形式。巫女王后帕西淮對於公牛的慾望，與凡人女子和天神化身的動物之間那種從未闡明細節的奇怪關係截然不同；例如，宙斯化為天鵝讓麗妲懷了身孕。代達洛斯打造的木牛並非自動機械或機器，實際上，反倒是帕西淮自己成了一具小母牛「性機器」體內活生生的部分組件，而這個機具之所以打造出來，是為了讓她得以和公牛交合。帕西淮這個戀動物癖的神話情節，迫使聽者會去想像，代達洛斯精巧的仿生設計是如何讓這個怪誕的性行為得以成真的畫面。[22]

代達洛斯如何讓帕西淮的獸性得以實現，這故事在古希臘和羅馬時代流傳甚廣，也因為多位古代作家的描寫而得以不朽。[23]這段故事可見於濕壁畫、馬賽克、石棺和其他藝術作品的描繪上。例如，在土耳其境內安納托利亞的塔爾蘇斯（Tarsus）一只公元前一世紀的黏土杯浮雕上，就呈現出代達洛斯向帕西淮展示栩栩如真的木造小母牛的場景。這個場面也可見於數幅在龐貝和赫庫蘭妮姆（Herculaneum）古城出土的濕壁畫中（某幅壁畫中甚至可見到代達洛斯的弓鑽）。類似的神話場景也出現在某名羅馬貴族位在小亞細亞的佐依革馬（Zeugma）的別墅地板馬賽克畫上。中世紀時期對這個故事頗有共鳴，之後亦然。中世紀的縮小畫喜歡將焦點放在帕西淮與一頭溫柔又深情的公牛共譜的戀曲上，而現代繪畫和蝕刻畫則常表現淫蕩的帕西淮迫不及待地鑽進木牛內。[24]

如同菲洛斯特拉托斯指出的，神話裡隨後發生的事情不可能成真，因為不同物種不可能生衍出後代；再者，沒有哪個女子能承受得了與公牛交和，或是懷有帶角帶蹄的胎兒。神話中的帕西淮生出了一頭怪獸：牛頭小男嬰米諾陶。古人懷疑帕西淮如何為米諾陶哺乳；有人推測米諾陶的奶媽是一頭貨真價實的母牛。在一只從依特拉斯坎古墓中掘出、約是西元前四世紀的細緻紅陶杯上，就繪有帕西淮對腿上的小男嬰米諾陶皺著眉的圖案（fig 4.3）。帕西淮的手勢正暗示著她的驚訝或遲疑。最早描繪米諾陶的藝術作品比文字記述的神話還要早上數百年，可回溯到公元前八世紀，而在公元前六世紀左右，米諾陶更是瓶繪畫師最愛的主題。[25]

FIG. 4.2. 手持鋸子的代達洛斯正在為帕西淮打造一頭仿真的母牛，羅馬浮雕。公元一到五世紀。Palazzo Spada. Photo by Alinari.

FIG. 4.3. 帕西淮和小男嬰米諾陶。在武爾奇出土的紅陶基里克斯杯（kylix）。公元前四世紀。Cabinet des Medailles, Paris. Photo by Carole Raddato, 2015

王后產下牛頭男嬰，對米諾斯王而言，這震驚自是難堪。這則神話另有分支，述說米諾陶長大後成了食人魔怪，被囚禁在克里特迷宮之中，當然，這個層層隱匿、令人困惑的迷宮也是由代達洛斯設計，而每年必有一群雅典的少男少女會被送進迷宮作為獻祭，直到來自雅典的英雄忒修斯在迷宮中殺了這個牛頭人身的怪物。在米諾斯王的女兒阿里阿得涅（Ariadne）的協助下，忒修斯得以逃出迷宮。國王的女兒給了忒修斯一團羊毛線，告訴他將毛線一端繫在迷宮出口，讓線球滾散，以便殺掉米諾陶之後還能循線沿著原路返回。而將毛線球交給國王女兒，同時教她該怎麼通過這座迷宮的，正是迷宮設計者代達洛斯本人。[26]

米諾斯王深深覺得遭到代達洛斯的所作所為冒犯，因此將他和他的兒子伊卡魯斯（Icarus）雙雙囚禁在迷宮當中。那麼，代達洛斯會設計出什麼方式逃離？

•

代達洛斯凝望著遠方海天交會的水平線，憑空想像出一個大膽的計劃，能讓他和兒子逃離米諾斯王的迷宮。要是他們能像鳥兒那樣飛走呢？代達洛斯和伊卡魯斯乘著以真正的鳥羽和蜂蠟製成的雙翅翱翔天際的神話，是另一個藉著仿生科技之助，增強人類能力的例子。隨著世紀更迭，這個故事得到眾多講者傳述，也因無數藝術家而長存人心，是古典希臘時期最受喜愛的一則神話。[27]

代達洛斯收集了許多鳥羽，將之比照真實鳥翅翼梢的大小排好順序，利用蜂蠟（或膠水，這也是他的發明）黏合。他造出兩雙羽翼，繫在自己和兒子身上。代達洛斯教導兒子務必謹慎，不可飛得太高，以免太

FIG. 4.4. 代達洛斯坐在工作凳上，為伊卡魯斯製作翅膀，古羅馬浮雕。Museo di Villa Albani, Rome, Alinari / Art Resources, NY.

FIG. 4.5. 穿上翅膀的伊卡魯斯，小型青銅塑像，約公元前四三〇年。Inv. 1867,0508, 746 © The Trustees of the British Museum.

FIG. 4.6. 伊卡魯斯在漁船上方飛翔；米諾斯王在柯諾索斯（Knossos）城內。古羅馬油燈，公元一世紀。inv .1856, 1226. 470. © The Trustees of the British Museum.

陽的熱度融化了蜂蠟或黏膠，也不可低飛到貼近海面，免得水氣會讓羽翅四散。然而年輕的伊卡魯斯因體驗到了飛翔的快感而狂喜，他飛升得太高。當陽光融化了翼翅上的蜂蠟，羽毛隨之四散，年輕的伊卡魯斯也直墜落海而亡。[28]

悲働的代達洛斯繼續飛著，沿途在地中海數座島嶼歇停，最後飛往西西里島上由科卡羅斯王（King Cocalus）統治的卡米庫斯（Camicus）。有人說，代達洛斯在庫麥伊（Cumae）一座神廟內將他的羽翼獻給了太陽神阿波羅，神廟四壁繪有這位發明者的生平，而繪者正是代達洛斯自己。不過，有些抱持懷疑態度的作者，例如帕拉法圖斯（12 *Daedalus*）與保薩尼亞斯（9.11.4），就反對這個飛行的神話說法。他們認為，這個故事之所以生成，是因為代達洛斯事實上是帆船的發明者，而古人曾將風帆比做羽翼，讓船隻能在海上波濤間「飛翔」。在這個故事中，最後是海克力士將溺斃海中的伊卡魯斯葬於伊卡里亞（Icaria）島上。[29]不過，這則神話的主軸線仍持續進行著；科卡羅斯國王熱烈歡迎代達洛斯的到來，並提供庇護，保護他不受米諾斯王所害。眾人皆知克里特島的國王為追捕他脫逃的囚俘，正在地中海區域各個主要大城間追緝代達洛斯。

這個靠人力鼓動雙翼、逃離克里特島的故事，最早的史料並不是文字，而是藝術作品。最古老的圖像是在一九八八年出土，它特別迷人的原因有二。是伊特拉斯坎文化、而非希臘文化的證據，證實了早在公元前七世紀左右，代達洛斯乘翼飛翔的傳說就已藉著口語傳到了義大利；這個時間遠比首度見於文字記錄的時間還要早。在一只約公元前六三〇年所造的依特拉斯坎「布切羅」（bucchero）水罐上，有一個標名為「Taitale」、長著翅膀的人，這正是代達洛斯在伊特拉斯坎文化中的名字。水罐另一邊繪有美蒂亞和她的大釜，寫著她在伊特拉斯坎中的名字「Metaia」。這個水罐將代達洛斯與美蒂亞並列，在古代藝術中可說是空前絕後，此舉意味著依特拉斯坎人因為兩位神話人物神奇的生物工藝技術，而將兩人併連在一起。

許多依特拉斯坎寶石雕刻上都描繪了工作中的代達洛斯。另一個非比尋常的伊特拉斯坎工藝品，是一只公元前四七五年的美麗金質小盒，盒上飾有代達洛斯和兒子伊卡魯斯分列兩邊的場面，也標出兩人各自在依特拉斯坎文化中的名字（伊

FIG. 4.7. 代達洛斯在屍陳海岸的伊卡魯斯上方盤旋，轉繪自公元一世紀龐貝城古壁畫的插圖，十八世紀。Ann Ronan Picture Library, London, HIP / Art Resources, NY.

卡魯斯為Vikare）。他們戴著翅膀，手執鋸子、扁斧、斧頭和曲尺等工具，這些都是強調工藝和科技的小細節。

而最早出現在希臘的代達洛斯畫像，是在一只公元前五七〇年的瓶子上。他戴著翅膀，手執斧頭和桶子。而確信為伊卡魯斯的最早畫像，則是在一片約是公元前五六〇年的雅典黑陶碎片上，圖上顯示著一個男子的下半身，他腳上的鞋履附有雙翼，清楚標出「Ikaros」之名（其他的古代藝術作品中也可見到伊卡魯斯腳上有翅膀的形象）。一片約是公元前四二〇年的紅陶瓶繪碎片上顯示，代達洛斯正將兒子身上的翅膀固定好；而在另一只約是公元前四世紀的瓶身上，伊卡魯斯則是墜入海中。而在左圖這片公元前三九〇年的細紅陶瓶碎片上（fig. 4.8），絕望的代達洛斯正抱著他已逝的愛子。[30]

目前已辨識出、關於伊卡魯斯與代達洛斯的古代圖像已逾百幅，當中有許多都顯示代達洛斯身旁包圍著各式工具，而他正在製作羽翼；其他則顯示他正在為兒子戴好羽翼，或是伊卡魯斯的墜落情景。這個故事在古羅馬時期依然是藝術家喜愛的強烈主題，大量出現在寶石雕刻、黏土油燈座、青銅小塑像、浮雕和濕壁畫上。有大量古羅馬貝殼浮雕和琉璃都描繪了這個故事，龐貝城有幾幅壁畫也捕捉到伊卡魯斯之死的時刻，和代達洛斯在愛子殘破的身軀落躺的海岸上方盤旋。這個神話同時結合了樂觀與絕望，造就了它在中世紀成為教人為之感嘆的傳統寓言主題。儘管這個故事如今看來可能略顯老梗，但我們能理解當初世人是如何解讀的：我們對藉著人工科技強化自身能力所懷抱的高度期望，會被得意自滿、傲慢和意料之外的結果無情地粉碎。[31]

FIG. 4.8. 代達洛斯抱著愛子伊卡魯斯的遺體。亞普利亞（Apulian）紅陶大杯碎片，約公元前三九〇年，Black Fury Group, inv. 2007, 5004.1. © The Trustees of the British Museum.

然而，人類幻想能如鳥離地高飛的美夢，並沒有隨著伊卡魯斯之死而消逝。畢竟代達洛斯與伊卡魯斯在神話中確實成功地乘風翱翔天際，而且代達洛斯自己也有驚無險地飛抵西西里島，儘管他的發明讓他付出了如此高昂的代價。人類搭乘鳥禽或昆蟲飛翔的情節，可見於阿里斯托芬（Aristophane）的劇作，伊索寓言，以及古代波斯的傳說當中。琉善就寫過關於人類飛行、內容奇特的遠古「科幻小說」。在琉善廣受歡迎的《天空之人》（*Icaromenippus*）故事裡，哲學家梅尼普斯（Menippus）模仿代達洛斯，為自己打造了一雙翅膀，好用來飛往月球。這位哲學家在奔月途中發現世人就像小小螻蟻，鎮日汲汲營營於無謂之事。[32]

古代最令人難忘的一項飛行機具設計，就出現在《亞歷山大故事集》的傳說中。故事裡的亞歷山大大帝極其渴望能去探索兩個未知世界，一是蒼穹，一是深海。歸功於兩項發明，他握有能如鳥飛翔天際、如魚深潛入海的能力。其中一項絕對是魔術，但另一項就是精巧的科技裝置了。

亞歷山大的潛水鐘需要極富巧思的科技才能造出。他之前曾在海灘上發現巨大的螃蟹和碩大渾圓的珍珠，因此冒出想親身一探神祕的海底深處、看看居伏當中的生物的念頭。根據偽亞里斯多德的著作（*Problems* 32.960b32）的描述，古典希臘時代原始的潛水鐘已經能讓海綿採集者在深海底下吸取留在倒扣大釜內的空氣，潛水者因此能在水底下停留更久。故事中的亞歷山大解釋，他如何藉著將一個真人等身大小的玻璃大甕放進鐵籠裡，再以鉛蓋封住，打造出一只潛水鐘。亞歷山大爬進潛水鐘內，吸著留在玻璃甕裡的空氣，連著船上的鏈條沉入海底。在四百五十四呎到一千四百呎的深度，依版本而有別，他觀察到許多美妙的深海生物。

但他差點兒在探險過程中喪命。一隻巨魚突然啣攫住潛水鐘，將它連同船體拖行了逾一哩之遠。魚嘴咬碎了鐵條，最後將亞歷山大還在當中的玻璃大甕吐回沙灘上。亞歷山大在岸上氣喘吁吁，告誡自己別再「挑戰不可能的事」。[33]就像伊卡魯斯的墜亡，這則潛水鐘傳說的「寓意」，正對人類逾越自身極限的傲慢發出警告。但亞歷山大海底與蒼穹冒險當中的大膽無畏感，似乎模糊了這個訊息。儘管此行危險重重，一如代達洛斯的遭遇，這位大膽的探險者還是活著回來述說了這個故事。

亞歷山大「駕駛」著潛水鐘和飛行器的場景，確實出現在西元一〇〇〇年到一六〇〇年之間的數百件手稿、馬賽克圖、雕塑和壁毯畫面上。有別於潛水鐘的鐵金屬與玻璃的工藝結構，亞力山大的飛行器是以兩隻不明的白色巨鳥、禿鷹，還是鷹頭獅身的怪獸拉動，拉車的猛禽前方上頭的長矛掛有馬肝，好誘引巨鳥前行。這個想像運用了驢子受前方棍子上的胡蘿蔔誘引而前進的民間主題。[34]隨著亞歷山大越飛越高，空氣也益發冰寒，直到他低頭凝望如今看來像是一顆落在藍海大碗內的小小地球；而相較於蒼穹的廣袤無限，地球竟如此渺小。這個場景的預言性非比尋常，它預知了現代太空人和觀者首度見到從太空回望這顆小小藍色星球時心中的謙卑反應。這則故事闡明了亞歷山大對於超越人類能力極限的企圖，渴望尋得「超越塵世」的知識。從平流層鳥瞰世界後，亞歷山大心滿意足，於是返回地面。

代達洛斯也回到了地面。一如我們所見，他在西西里島著陸，得到卡米庫斯島上科卡羅斯王的庇護，不受米諾斯王所害。在下個篇章中，我們將循拾這位浪遊發明者偉大事蹟的縷縷絲線。

人力飛行

代達洛斯與亞歷山大大帝的實驗之舉，反映著人類對科技潛在可能性由來已久的癡迷；人類對此的想像就出現在早期的神話、傳說和民間故事當中；這個癡迷企圖超越人類的限制界線，透過人工創造出增強人類能力的可能性。模仿鳥禽自由翱翔天際的願望，仍不斷引領許多人試圖達到如同代達洛斯那般的成就。在希臘神話中，代達洛斯只靠模仿鳥兒、拍動穿戴在背部和雙臂的人造羽翼，就達成「不可能」的人力飛行。早在西元一世紀的中國，就已有人測試鳥翅形狀的風箏，和其他靠拍動雙翅飛行的機械。[35] 一篇公元四世紀的中國古文提及，曾有一部某個西疆民族造出的風力驅動飛行機，迫降在商王朝的國土（約在公元前一六〇〇年到一四六〇年間，黃河谷地）內。商王命人毀去飛行機械，以絕後患，但困在商國的飛行員重建了機具，隨後飛回故鄉。[36]

一五〇〇年左右，熟悉希臘神話的達文西不僅設計出潛水鐘和潛水服，也畫出幾幅靠人力發動的撲翼飛機（ornithopterm，以鳥和蝙蝠翅膀為藍本的機械性撲翅裝置）的計畫草圖。達文西的這項計畫並沒有實體樣品或試飛過的證據，但倫敦的維多利亞與艾伯特博物館在二〇〇六年為了一場關於早期飛行史的展覽，曾以達文西的草圖製作出實體。

單靠人力飛翔天際的宏大想像，啟發了無數勇敢的現代發明者去克服空氣動力學和動力與重量比例的問題。當中有一個機靈的提議是設法運用腳踏發動的能源。腳踏發動的飛行一向被視為行不通。航空工程師認為，沒有任何飛行機具能既輕盈到單靠如此有限的動力來源就能升空翱翔，同時又堅韌到能夠搭載飛行員，況且此人當然還得具備超凡的力氣和耐力。企圖藉腳力飛行的最早嘗試之一，是一架一九二三年組造的「腳踏飛機」，但該機只滑行了二十呎。一九七七年，由於材質進步，變得更強韌、更輕盈，一架腳踏人力滑翔翼在適當的十呎高度，飛行了稍逾一哩之遠。

思索遠古時代即已存在、或許可供代達洛斯選用的方法有哪些，甚為有趣，例如風箏，或是滑翔翼帆。中國史料曾記載，公元五五九年左右，一個名叫元黃頭的囚徒，就隨著梟形風箏（紙鳶）升空飛了一哩半之遙；這大概可算是非控制的原始「懸掛式滑翔翼」（第九章）。[37] 值得注意的是，在某些遠古希臘傳說中，代達洛斯據信就是船隻風帆的發明者。克里特島的米諾安人會以具有高抗張強度的粗亞麻製作風帆布，該地織紡工人的手藝精細素有盛名。亞麻帆布可藉著在布上塗蠟防水。利用自然材質，加上工藝技術，即可在古代造出一架簡易滑翔翼。利用在以巨型蘆葦（*Arundo donax*）的輕量枝條做成的框架上把塗蠟帆布攤開、黏合，便可將實驗性的簡易滑翔翼設計化為現實，這有點類似航空飛行員喬治．凱雷爵士（Sir George Cayley, 1773-1857）所造、可運作的滑翔翼；他在建造實際機具前曾先以較小型的模型進行測試。

神話裡的代達洛斯會讓人將之和紡紗、編織者的線球聯想在一起。古人注意到了蝙蝠翼翅上的薄膜，也艷羨蜘蛛能乘著纖細蛛絲飄遊，織就強韌的絲網。我們姑且在遠古科幻小說的疆域裡神遊片刻，想像代達洛斯神話的另類面貌；我們會見到，這位發明者正在編織強韌的蛛網，以打造一架輕盈的帆翼機具，一種遠古的滑翔翼。

早期版本的懸掛式滑翔翼因為升力和阻力比例問題而有限制，但現在因為有了鋁合金和覆有輕量層壓聚脂薄膜的複合材質框架，懸掛式滑翔翼只要稍微用力抬起其自身重量，就能靠模仿信天翁或海鷗的升騰能力，藉著上升熱氣流在數千呎高度滑行。靠著現代的滑翔翼和風力之助，任何一位「代達洛斯」都能從克里特島飛向西西里。

一九八八年，希臘的奧運自行車競賽冠軍卡內羅波羅斯（Kanellos Kanellopoulos）受到啟發，想重演古時代達洛斯在愛琴海上的飛行軌跡。他以一架名為代達洛斯88、靠腳力踩踏的超輕量飛行器，在愛琴海上空從克里特島滑向聖托里尼（Santorini）。這趟費時近四小時的緊湊踩踏，高度約在十五到三十呎的飛行，讓他創下七十二哩的紀錄。這項實驗之舉是由麻省理工學院的航空太空工程系贊助。二〇一二年，英國的皇家航空協會（Royal Aeronautical Society）創立伊卡魯斯盃，以鼓勵人力飛行運動的發展。不知代達洛斯若是見到他飛向自由的壯舉能持續流傳至今，會有多麼訝異。[38]

第五章

代達洛斯和活雕像

代達洛斯在安然抵達科卡羅斯王的宮廷後，又以西西里島的建築師、藝術家和工程師身分繼續他謎般的人生。根據當地的古老傳說，代達洛斯為國王在阿卡加斯（Acragas，約公元前五八二年所建，即現在的阿格里真托城Agrigento）設計出一座難以攻克的衛城。衛城所在的峰頂唯有靠一座窄小的迴旋通道才能抵達，與克里特島的迷宮相互呼應。這座要塞的設計巧妙，僅需三到四人即可防守。據說位在庫邁伊和卡普阿（Capua）的阿波羅神廟，也是代達洛斯的作品；此外，無數分散在從埃及到利比亞的地中海區域內的建築，據傳也是出自他的手中。

代達洛斯在「飛離」克里特島途中，曾在薩丁尼亞駐足。義大利薩丁尼亞島上星羅棋布的努拉吉時期（公元前十到八世紀）神祕石塔「努拉閣」（nuraghe），據知也是他的設計。薩丁尼亞島同樣是普拉瑪山上神祕的努拉吉文明巨石人像（第一章，fig.1.8）的故鄉；學者也將這些石像與克里特島上、造於公元前七世紀、所謂的代達洛斯風格雕像相提並論。考古學者指出，雕鑿薩丁尼亞巨人石像所用的各種工具，對一個遠古文明而言，可說先進到令人驚訝。這或許有助於解釋為何這座島會和代達洛斯扯上關係。這些雕塑上有使用精良的金屬工具的痕跡，像是刀鋒尺寸互異的各種石鑿、手執刮刀、銅雕尖筆，以及溝齒鑿（溝齒鑿這個工具要到公元前六世紀之後才會傳入希臘）。正如第一章所述，這些雕像的臉孔猶如機器人，T字部位有明顯的眉毛和鼻子，眼睛是兩個同心圓，和一條小縫表示嘴。要雕造出這完美的同心圓，需要使用圓規的工藝技巧——而且，考古學家確實也在薩丁尼亞島上發現了努拉吉文明的鑽子和鐵質圓規。[1]

代達洛斯為柯卡羅斯王設計了一座位在西西里島艾里斯山（Mount Eryx）的峭壁邊、以懸臂支撐的平台，用以建造阿芙羅黛蒂神廟。據說，為了崇拜這位愛神，代達洛斯造出一隻鍍金的公羊塑像，羊角、羊蹄和毛茸茸的身軀「如此完美，讓人信以為真」。聞名遐邇、出自西西里島暴君阿加托克利斯（Agathocles，第九章）宮中的一對「敘拉古青銅公羊像」，讓人能具體想像代達洛斯打造的公羊可能會是什麼模樣（fig. 5.1, plate 6）。這座愛神神廟內豐富的珍寶當中還有一件驚人寶物，那是一塊完美的金質蜂巢。[2]由於青銅公羊與黃金蜂巢這兩件物品的製作工藝精湛，大眾自然認為那是出自代達洛斯之手。

黃金蜂巢堪稱令人讚嘆的工藝傑作。凡人工匠怎能以金屬，將如此脆弱難永存的蜂巢上所有的細節、質地，以及幾何形狀，永恆地捕捉下來？

英國藝術家麥可・埃爾敦（Michael Ayrton, 1921-1975）曾經致力再造代達洛斯的傳奇工藝之作，使之重現人間。埃爾敦和一位金屬工匠合作，示範如何造出一塊精細的黃金蜂巢——儘管十分費工，而且需要高超技術——「但那對一位金工而言其實稱不上什麼神奇的成就，實際上並不如歷史學家以為的那樣難」。埃爾敦提到，歷史學者一向容易低估了古代工匠的智慧和工藝專精。[3]

第一章描述的脫蠟金屬鑄造技術，可用像是松果或貝殼等自然物件為核心，讓工匠以令人難以置信的精準細節複製出該物件。這個繁複的工序最早是由古埃及的金工工匠使其臻至完美。古埃及和克里特島米諾安人的貿易往來十分熱絡，因此希臘工匠或許很早就已習得這個工法。普林尼在他討論複雜的金工技巧的文中提到，「人類已學會挑戰自然！」埃爾敦在《迷宮製造者》（*The Maze Maker*）這本關於代達洛斯的奇特小說裡，藉著這位神話中的發明者之口，描述了鑄造黃金蜂巢的過程。由於蜂巢本身即是蜂蠟組成，因

FIG.5.1（PLATE 6）寫實的青銅公羊像。這座實物大小的公羊塑像，雕塑者的靈感是否來自代達洛斯在科卡羅斯王時代為獻給阿芙蘿黛蒂所造的公羊像的故事？敘拉古青銅公羊像，西西里島，公元前三世紀。Museo Archeologico, Palermo, Scala / Art Resource, NY.

此蜂巢本身就能做為脫蠟過程中的蠟模。代達洛斯先覓得一塊毫無缺損的真蜂巢，小心翼翼打開各個六角型窩室，將當中的蜂蜜排出。接著，他在蜂巢上仔細敷上一層細緻的薄泥。他在蜂巢覆泥的那一邊加上一個「小小的傾注孔，以及薄薄的蠟質滑槽，做為引流排出之用。」接著，他將這個東西放進窯內，待蠟質蜂巢燒盡、留下將被熔金填滿的精確模印為止。結果就是造出一塊蜂巢的完美金質複製品。[4]

古代建築師非常欽佩工蜂建造的蜂巢結構強度，例如，公元前六到五世紀，提洛島（Delos）和其他愛琴海島嶼上的神廟大理石塊，就刻有模擬蜂巢密集的模樣。金屬鑄成的蜂巢，就像愛神神廟當中的那一塊，亟可能在某種程度上曾扮演啟發石造建築嫻熟運用六角形「蜂巢」柱的重要角色。這項建築創新之舉最早的文字敘述，可回溯到公元前二世紀的數學文獻。約在公元前三十

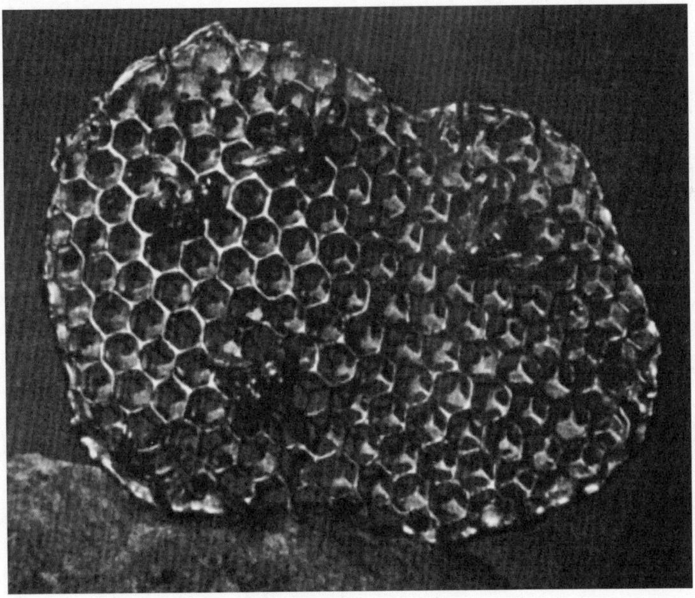

FIG.5.2 . 從真實的蜂巢鑄成的黃金蜂巢

年，古羅馬學者瓦羅（Varro）就曾描述過所謂的「蜂窩猜想」（honeycomb conjecture），認為六角形是最具高強度與體積簡潔之效的幾何形狀。逾兩千年後，數學家托馬斯．黑爾斯（Thomas C. Hales）更是在一九九九年以數學方式證實了瓦羅的推測。[5]

•

代達洛斯還為科卡羅斯王造出一套創新的網狀供水系統，以供讓人回復精神的蒸汽浴使用。代達洛斯這個溫泉水療的傳說和夏卡（Sciacca）當地的火山地熱溫泉有關；夏卡位在西西里島西部，鄰近塞利農特城（Selinunte）；造訪者現在仍能辨識出當初巧妙利用從山腰上流下的天然硫磺溫泉而鑿建的水療浴池洞穴的古老遺跡。[6]

代達洛斯在西西里島上的傳說並非平淡無奇。由於一心想為米諾陶之死報仇，米諾斯王在地中海區域四處尋人；他設計出一道難題，想藉此釣出代達洛斯。米諾斯王隨身帶著一只大海螺，同時提出豐厚獎賞，要給有辦法將絲線穿繞過海螺內部螺旋的人——這明顯暗示著代達洛斯當初的迷宮逃脫之計。

米諾斯王最終來到了西西里島，他向科卡羅斯王展示了那只海螺。科卡羅斯王一心想贏得這筆酬報，於是暗地將海螺交給代達洛斯。代達洛斯在海螺頂部鑽出一個小孔，並在螺口處滴上一滴蜂蜜；接著，他將一條細絲黏在螞蟻身上，將小螞蟻放進螺尖小孔當中。螞蟻為了蜂蜜，環環繞過螺中迴旋，最後帶著細絲出現在海螺口。當科卡羅斯將絲線從中貫穿的海螺交還給米諾斯，米諾斯立刻要求他把人交出來，因為這個難題唯有代達洛斯的聰慧才能解開。[7]

科卡羅斯中計之後，佯裝同意可將人交出，但他邀請米諾斯不妨先到他甚為珍貴的蒸氣浴池泡澡享受，放鬆一下，由公主們、也就是科卡羅斯的女兒陪同貴客共浴。讀者若還記得那位在美蒂亞的回春熱水浴裡泡湯的男人有何下場，此時必然已意識到了這模式當中的不祥氣氛。的確，米諾斯王在浸浴過程中慘遭科卡羅斯的女兒和代達洛斯殺害。他們利用夏卡溫泉的滾沸熱水將米諾斯王活活燙死，此舉讓人不禁聯想起第二章中珀利阿斯死於自己的女兒和美蒂亞之手。

古代有無數作家傳述著代達洛斯客居西西里島和謀殺米諾斯王的故事，當中包括索福克勒斯佚失的劇作《卡米庫斯人》（*The Camicians*），和阿里斯托芬同樣散佚的喜劇《科卡羅斯》（*Cocalus*）。[8]雅典的觀眾對代達洛斯甚為著迷，根據當地傳說，代達洛斯在米諾斯王死後浪跡各地，他的漫長人生在異地又進入了另一篇章，而那地方就是雅典。

•

隨著自家城市益發卓越，野心勃勃的雅典人想到一招，要將代達洛斯挪用成為自家的發明明星，為雅典城再添聲望。代達洛斯與雅典的關聯傳說也因此應運而生。代達洛斯在公元前五世紀左右，被人套上了與雅典的根源，據說還創造出螺旋鑽、長斧、鉛錘線等一系列的工具。雅典當時曾展示一張時髦的折疊椅，據傳也是他的發明。雅典人同樣「讓」他在這座城裡擁有一個大家庭。根據雅典人的說法，這位工匠收了自己姊妹的兒子做為學徒；很奇怪地，這姪兒的名字就叫雅典的塔羅斯（Talos of Athens）。

在雅典人故事的說法裡，這位塔羅斯的遭遇就足以自成一齣古典悲劇。年輕的塔羅斯因為天賦與舅舅代達洛斯不分軒輊，因而聲名鵲起。他發明了好幾樣精彩的設計：捏陶轉盤（轆轤）、圓規，還有其他靈巧的工具。年長的代達洛斯對這個小學徒的成就自然心生怨恨，而壓垮他的最後一根稻草，是徒弟竟發明出鋸齒鋸。年輕的塔羅斯某次在鄉間踏青時偶然見到蛇的下顎骨；把玩翻弄之間，他發現一排細小的鋸形蛇齒竟能輕易咬穿木棍，於是發明出以蛇牙為範本的鐵質工具。雅典人紛紛圍聚在市集廣場上，爭看塔羅斯展示這新工具如何俐落地鋸開木頭。

妒火中燒的代達洛斯在勃然大怒下殺害了自己的親姪兒。他遭人發現將姪兒推落衛城後，還暗地埋屍滅跡。雅典人對於損失一位如此傑出的年輕發明者哀痛不已：保薩尼亞斯（1.21.4）在公元二世紀造訪雅典衛城時，見到塔羅斯的墳依然在衛城南面的邊坡上，供人悼念。根據雅典人的傳說，他們依謀殺罪名將代達洛斯移送審訊，而亞略巴古議會（Council of the Areopagus）判定他有罪。代達洛斯趁隙逃往阿提喀（Attica），繼而航向克里特島——雅典人認為，他之後就是在當地的米諾斯王底下找到差事。根據新的雅典年紀，代達洛斯在克里特島的經歷正是始於此際（如第四章所述）。[9]

代達洛斯因為能以令人驚駭的真實感複製出生命，而在古時聞名遐邇。他的專長是做出栩栩如生、彷彿能自行動作的雕塑像。如前所述，當時會以「daedala」一詞形容「代達洛斯風格」的傑作，這些雕塑和畫面如此寫實，看似已超越人力所及的界限，似乎出自超人技術之手。據信出自代達洛斯手中的塑像，數量眾多。除了前述的青銅公羊像，還包括一對亞得里亞海的依雷克崔代伊島（Electridae islands）上、他和伊卡魯斯的錫質及青銅塑像，位在小亞細亞的卡利亞的摩諾季沙（Monogissa,Caria）的狩獵女神阿耳忒彌斯像；在埃及曼菲斯（Memphis）的赫菲斯托斯神廟內他自己的塑像；利比亞海岸一座祭壇上無比寫實的獅子與海豚像，以及希臘底比斯和柯林斯城內的海克力士像。[10]

根據阿波羅多羅斯記載（*Library* 2.6.3），神話中的海克力士也被樣貌與自己一模一樣、出自代達洛斯之手的塑像給騙到。某夜，海克力士意外撞見柱廊上自己的壯觀塑像，這位力大無窮的英雄嚇一大跳，立刻抓起身邊大石，朝這個「入侵者」扔去。

雅典的劇作家會在有關神話事件與角色的作品中運用古代傳說，同時加入原創的新解，這種手法是出了名的。代達洛斯的神話也不例外。所謂代達洛斯的活雕像，可見於無數的雅典劇作中；這些劇作大多早已失散，如今僅能在其他作者的引文中瞥見片段。我們知道，索福克勒斯和阿里斯托芬分別寫過同名的《代達洛斯》劇碼。兩齣劇中的角色都說，得將代達洛斯栩栩如生的雕像作品牢牢綁住，否則這些雕像會逃走。歐里庇德斯至今尚存的劇作《赫卡柏》（*Hecuba*，約公元前四二〇年）中，就將代達洛斯的機械人形與工匠之神赫菲斯托斯的作品相提並論；而他的喜劇《俄瑞斯特斯》（*Eurystheus*）也提及「代達洛斯風格」活靈活現的塑像。克拉提努斯（Cratinus）的喜劇《色雷斯女人》（*Thracian Women*，約公元前四三〇年）就開玩笑說道，有一尊逃跑的青銅塑像正是代達洛斯所造，而公元前四世紀菲力普斯（Philippus）的喜劇之作中，也有一尊出自代達洛斯之手的木雕像，不僅會說話，還能走動。雕像會逃跑於是成了雅典人普遍的笑話梗，甚至連蘇格拉底也用上這個主題（見第七章）。藝術家同樣也運用這個主題創作。一面依特拉斯坎的青銅鏡上，就刻有一群工匠正在打造駿馬塑像，但由於銅馬太過栩栩如生，因此還得鍊住馬腿才行的獨特場景（見第七章，fig 7.7 Plate 8.）。一群公元前六到五世紀的黑陶瓶繪師，也描繪出建築物上的人和動物雕塑活了過來，正要逃離建築框座的場景。[11]

•

現代學者常提到，代達洛斯的形象起源，最初可能是某個凡人和創造之神赫菲斯托斯形象的重疊。的確，雅典人為代達洛斯冠上一套譜系，讓他成了赫菲斯托斯的後人；雅典人除了尊崇女神雅典娜之外，對創造之神赫菲斯托斯也同樣敬重。[12] 雅典有一個區域是以代達洛斯為名，區內多是將他奉為守護神、聲稱自己都是代達洛斯後代子孫的工匠們。哲人蘇格拉底的父親是石匠，就曾兩度提到代達洛斯正是他的祖先。

蘇格拉底在柏拉圖哲學對話當中的隱喻裡，也曾提到代達洛斯。例如，在兩個例子裡，蘇格拉底就將飄移不定的論點，比做是代達洛斯那些有名的活動雕像（Plato *Alcibiades* 121a; *Euthyphro* 11c-e）。在另一個段落裡，柏拉圖筆下的蘇格拉底也將人解纜脫離理性的觀點，與代達洛斯靈動的塑像做為比較。蘇格拉底聲稱，一個人的想法或意見若有任何價值，那麼——就像代達洛斯的活塑像——就應該將之拴於柱基，否則這些想法就會像逃脫的奴隸一樣，逸逃而去（*Meno* 97d-98a）。[13]

古希臘將人型機械與奴隸相比，這在現代仍是一個帶有道德意義的概念。古時的希臘及羅馬主人要為自己的奴隸的行為負責。如今，有些人工智慧與機械人倫理哲學家具備先見之明，仍堅持有必要將人工智慧與機器人視為工具或資產——基本上也就是奴隸——而人工智慧與機器人的創造者必須為其程式設定和行為擔負

FIG.5.3　雕刻家菲迪亞斯（Phidias）正在製作一尊裸身像。皮薩諾（Andrea Pisano）作，十四世紀。Museo dell' Opera del Duomo, Florence, Alfredo Dagli Orti / Art Resource, NY.

責任。[14]

亞里斯多德約在公元前三五〇年，就在他的自然史文論中（*Movements of Animals* 701b; *Generation of Animals* 734b），討論透過工匠技術（弦線、重量、彈簧、齒輪，以及其他暫時、儲存動力的形式）而會動作的人型機械、玩偶和玩具，以及它們和動物動作的相似之處。亞里斯多德在《動物的動作》當中一段特別的段落裡，將精液比做是「賦予胚胎生命的」液體，類推到「雕塑家創造出」內建如發條、機關等內在動力的「塑像，或是人型機械」。亞里斯多德的討論指涉的雖是那些傳說中的活塑像，那些與代達洛斯有關的雕塑，但他或許也想到了貨真價實的自動機械，由當時發明者打造而成的「某種機械人偶」（第九章）。值得注意的是，亞里斯多德談到了「工藝品或許可模仿」一個活生生的實體，而且，他也將人型機械定義為「有能力自行動作的某種人偶」。[15]

亞里斯多德在《政治學》（*Politics* 1.4，更多討論詳見第七章）當中，就清楚談到那些像是赫菲斯托斯與代達洛斯所造的自動雕像。他在《論靈魂》（*De Anima* 1.3.406b）的一個複雜段落內，特別提到代達洛斯的自動雕像。這些雕像就出現在亞里斯多德對公元前五世紀的自然哲學家德謨克利特（Democritus，約公元前四六〇生）原子論的討論內容中。雖然德謨克利特所作的六十多篇論文早已不復存在，但從其他作品內的參考證據，後世知道他的生物及生物動作的理論，是建立在微小、不滅、眼不可見、「前後相互推擠的原子」存在上。在評論德謨克利特認為球形原子永不停歇地運動著的理論中，亞里斯多德提到了雅典當時的喜劇作家菲力普斯（如前述）聲稱的看法。這位劇作家認為，名聞遐邇的愛神塑像之所以會動，祕密就在於代達洛斯在塑像中空的軀體內灌入水銀。亞里斯多德此言的重點，是將德謨克利特的原子論說法，與水銀珠會自然地聚攏在一起的現象兩相比較。[16]

事實上，水銀游移的重量帶著力道，流向管子傾斜的一端後會改變重心位置，中世紀和現代早期的自動玩具常以這種方法驅動。亞歷山卓城的工程師希羅（Heron of Alexandria，公元前一世紀）曾運用沸水和滑輪，設計出會自動開啟的神廟大門；而且他表示，除了他之外也有人運用水銀加熱後的特性，做出另一套系統。古人會將水銀用於自動機具上算是合情合理；這個稱為「quicksilver──快銀」或被形容成「活生生的」謎般液體金屬能驅動雕像，古印度談及自動機械的文字當中也有這樣的想法。例如，有一隻木質巨鳥就是「靠一桶桶滾沸的水銀聚積的能量所驅動」，而能振翅飛翔，水銀在當中正是發動某種不斷動作的機械的關鍵物質。[17]

•

根據品達的一首短詩（*Olympian* 7.50-54 公元前四六四年作）所述，羅德島上就有一批會動的著名雕像，神似代達洛斯的雕塑作品。品達寫到，崇高的藝術之作「一路沿著大道」矗立，其工藝之精湛，甚至彷若有「氣韻吸吐和身體動作」。某位古時的注釋者點評此詩，稱這些塑像是「以精魂和生命的火花感動萬物」。這個例子並未言明造出塑像的人必然是代達洛斯或赫菲斯托斯，還是握有神奇的冶金知識的鍛金高手忒爾喀涅斯人（Telchines）；相傳他們是克里特島和羅德島的原始住民，會為諸神製作武器和一些小玩意兒，這和赫菲斯托斯的工作相類似，只是規模小一些。羅德島上這些塑像的威力，讓人想起護衛港口和邊界的青銅衛士像，以及克里特島的巨人塔羅斯，還有歷史上那尊羅德島的太陽神銅像（第一章）。[18]

就作為古典時期作家筆下的想像與真實的「人造生命」例子來說，那些被認為代達洛斯之作的傳奇活雕像至關重要。有許多人聲稱，代達洛斯風格的仿生雕像能轉動眼睛、發出聲響，舉起手臂，邁步向前。不過，關於「活雕像」本質的爭論也同時隨之而起。代達洛斯的雕像果真會自己動作？或者，那動作只是錯覺？古希臘有無數的記述都提到，木質、金屬或大理石材質雕塑像的頭、眼、四肢會動，甚至會出汗、落淚、流血，以及發出聲音。古人認為，雕像具有動力，尤其是具備神性的那些；這樣的觀念由來已久，早在公元前五到四世紀的藝術家開始創造異常仿真的塑像，而發明者也開始打造自動機具那時便已有如此觀念（第九章）。當時工匠是有可能打造出內藏機械裝置的雕塑像，能做出點頭、轉動內嵌的眼睛、舉臂，打開神廟大門等動作。雕像中空的體內附有腔室和管子，可讓祭司發出的聲音藉此擴散；而普魯塔克、西塞羅、狄奧卡西烏斯（Dio Cassius），琉善等作家，也曾討論到如何讓雕塑能看似落淚、出汗或流血。[19]

有些作家，例如西西里島的狄奧多羅斯（4.76）就斷言，代達洛斯的能力絕對「在建築藝術、金屬和石材之作上凌駕眾人」，而且以精巧手藝製作的雕像「與活生生的範本如此相似，讓人覺得，必然有某種方式將生命精魂灌注其中」。其他人則說，代達洛斯是第一位在作品中表現走路姿態的雕塑家。「這裡是代達洛斯的工坊」，菲洛斯特拉托斯（*Imagines 1.16*）寫道，「周圍滿是雕塑像，有些還只是大略形狀，有些已幾近完備，蓄勢待發，就像正要跨步向前，絕對會四處走動。在代達洛斯時代之前的雕塑製造技術還意料不到此般境界。」[20]另一方面，在同一時期（公元三世紀）的書寫當中，卡利斯特拉圖斯（Callistratus,

Ekphrasis 8）也描述了十四尊廣為人知的青銅與大理石雕塑像，他並將代達洛斯雕塑的動作，歸因於是某種「機械構造」在運作。

代達洛斯這個謎樣的發明者所造的雕像是否真的會動，答案的實質意義其實不大。重要的是，古人如何描述與想像這些東西。有些科學史家和哲學家主張，塔羅斯神話和其他關於「活雕像」的文字記述，不能當成是古人曾「想像組造機械構造的人形機器」的證據——因為在科技確實存在之前，人類是無法想像這樣的機械學概念的。對於想像和創新，貝里曼在古希臘思想中的機械學研究上採用一種拘泥於字面解釋的觀點：「我們不應預期古人在未具實際經驗的狀態下，有辦法想像機械能企及何等境界」。在這個實屬「贅述」的觀點裡，古代沒有任何人能「想像」出如此發明，「除非他們有過科技體驗」做為比較。那麼，換言之，在任何人想出可能造就出神話中描述的成果的技法和工具之前，世上必然有某種「既有的科技」。[21]

想像與現實、表述與實際之間當然存在著張力與鴻溝。人類創新之舉的漫長歷史，顯然仰賴著對於那些超乎既有與可能之外、此前未曾聽聞的科技的想像與思索。世人公認古希臘人確實是文化、文學、政治、哲學、藝術、戰爭和科學領域的創新者，而古希臘人也盡情擁抱著創意、新奇事物和想像。先進的技術和新科技確實就這麼無中生有地發生了，而希臘人將夢想、抱負、啟發、機敏、技術、努力、競爭及獨創性，視為是驅動所有領域產生改變與創新的動力。古希臘人在文學與藝術中能想像事物「可能發生」的所有方式。並非所有創意都得立基於既有的科技前例或物質資源。因為「古希臘的想像與經驗當中的驚人構想與新意」，那些「明顯不同」的概念與創新，就是這麼自然地「浮現而生」——亞蒙・德安古

（Armand D'Angour）在其作《希臘人與新事物》（*The Greeks and the New*）當中如此表示。此外，對於仍未存在的科技的幻想，一向是現代的希臘文與拉丁文學者認為可回溯到古典希臘時期、而我們如今慣以「科幻小說」稱之的推想小說的靈感泉源。「科幻小說領頭前行，哲學家與發明者隨即緊跟在後。」[22]

那些出現在古典傳說裡，利用尋常素材、工具和工藝，再加上超凡創意和專門知識造出的活動塑像和強化人類能力的裝備，成果雖然驚人，卻不是發展成熟的現代機器人和其它人造生命型態的如實原型。正如先前所述，神話中解說其內部運轉方式的語彙，讓這些東西成了世人眼中難解的「黑盒子」。但這些對我們仍有非凡的意義，因為這些描述顯示著古人確實對於人造生命有所想像，同時也思考著透過某種在當下仍屬未知或仍不理解的生物工藝技術，要將之化為現實的可能。神話表達了一種觀念，那就是或許仍有尚待發掘的方法，能創造出以人類或動物賦形的人造自然；以及在純粹的魔法或神意之外，還有造出人造生命的其他方式。[23]

「活雕像」的故事有一個引人注目的面向，就是古代哲學家、詩人和劇作家都告訴我們，當時那些寫實到驚人的圖像和雕塑，會喚起觀者強烈的內在情緒衝突。[24]公元前五世紀前後的希臘雕塑家作品，在解剖學上的逼真程度已臻至超凡境界，血管和肌肉組織刻劃細膩，而且面部表情豐富。此時的雕塑家開始表現過去在工藝技術尚未創新之前辦不到的寫實、流暢的自然姿勢。別忘了，當時的大理石和青銅雕塑像上都塗有寫實的顏色。普林尼就描述過一批傑出工匠的作品。[25]在他形容為「精細有如奇蹟，絕對栩栩如生」的雕塑中，一尊狗兒正在舔舐傷口的青銅塑像正是一例——這尊塑像如此珍貴，禁不起任何失損，當時甚至有保鑣銜命以其性命護衛。

同時，普林尼也特別指出雷焦的畢達哥拉斯（Pythagoras of Rhegium，公元前五世紀），這位雕塑家的聞名之處，就在於擅長表現肌肉強健、肌腱與血管清晰可見的運動員大理石雕像。他的《瘸腿男子》雕像腿上潰爛的潰瘍傷口，會讓觀者感受到同情的抽搐疼痛感。而雅典雕塑家德米特里厄斯（Demetrius of Alopece，約公元前四三〇到三六〇年）所造的凸肚、禿頭塑像，「活靈活現到甚至顯得難看」。[26]人類甚至發展出會想與甚具情色感的雕像發生性關係的慾念（見第六章）。

幾幅繪畫傑作當中此時也開始呈現驚人的景深與透視感。畫中說服力十足的3D立體效果讓人手

FIG.5.4 雅典娜造訪一位雕塑家厄帕俄斯（Epeius）的工坊，他正在製作寫實的馬匹塑像（特洛伊戰馬？）。雅典紅陶高腳淺杯，鑄造廠繪師作，約公元前四八〇年。Staatliche Antikensammlungen and Glyptothek Munich, Renate Kühling 攝。

或物品彷彿從表面跳了出來。普林尼在《自然史》（*Natural History*）中形容，公元前四世紀有個例子，便是描繪情緒功力深厚的底比斯的亞里斯提德斯（Aristides of Thebes），以及阿佩萊斯（Apelles）；後者畫筆下實體大小的駿馬圖像精力充沛，甚至能誘引真正的活馬因此嘶鳴。有幾位古代作家也讚賞薩摩斯島的塞翁（Theon of Samos）的畫作；塞翁的專精之處，在於「他們稱之為『phantasias』的想像畫面」，這些畫作帶有3D立體感，以及戲劇性的聲響、樂音和光線效果，藉此呈現寫實的「感官環繞」印象。另一位偉大的藝術家是帕拉西烏斯（Parrahasius），他栩栩如生到令人難以置信的運動者肖像，甚至看似正汗流浹背，氣喘吁吁。當時坊間謠傳，帕拉西烏斯繪製的巨鷹啄食普羅米修斯的生動畫像，絕對是因為他將一名奴隸折騰至死以做為模特兒才繪成。帕拉西烏斯的對手宙克西斯（Zeuxis），其畫作更是史無前例的幻覺畫例子。這些藝術家們相互競爭，紛紛創作出驚人的錯視畫作（trompe l'oeil）和物件，例如一串飽滿多汁到甚至騙過鳥兒飛來啄食的葡萄。[27]

正如我們將在第九章中見到的，希臘化時期有一群工匠曾以女僕、啼鳥、擺動的大蛇、飲水的馬等真人或動物為形體，設計、製造機械。過去只能在古時神話中想像的人造生命奇景，就在工程圖紙和發明者的工坊中化為了真實。

如同藝術家埃爾敦所言，現代的歷史學者總低估了精巧的科技工藝在古代作品當中的角色。普林尼在他對寫實藝術之作的概論所述中，就解釋了青銅塑像製作者如何利用真人製作栩栩如生的石膏（或蠟質）鑄模；這種工法能增加塑像的寫實程度。一些公元前五世紀的精細青銅塑像上，就有創作者利用石膏和蠟質人體鑄模，製作出逼真得驚人的塑像的具體證據。這些出人意料的工藝科技新發現，讓現代藝術界為之

FIG.5.5（PLATE 7）寫實的青銅及大理石雕塑像。左上：希臘化時期的奎里納萊拳擊手（Boxer of Quirinal）青銅像臉部。Album/ Art Resource, NY。右上：里亞切（Riace）青銅像A的鬚髯、嘴與銀齒；一九七二年在義大利卡拉布里亞（Calabria）的里亞切灣發現，據信是雅典的米隆（Myron of Athens）所作，公元前四六〇至四五〇年間。Museo Archeologico Nazionale, Reggio Calabria, Erich Lessing / Art Resource, NY。左下：擲鐵餅者大理石像的手臂細部，古羅馬人仿作自米隆在希臘古典時期所作的青銅像，約公元前四六〇至四五〇年。Museo Nazionale Romano, Rome, © Vanni Archive / Art Resource, NY。右下：運動員，公元前四到二世紀，一九九六年在克羅埃西亞海岸附近發現，Museum of Apoxyomenos, Mali Losinj, Coratia. Marie-Lan Nguyen, 2013攝。

震撼；我們早已習慣認為古典希臘時期的雕塑家具備無與倫比、驚人的精湛工藝技術，能在他們的青銅人像上表現出如此的寫實程度。這個由英國雕塑家暨藝術史學家奈傑爾．康斯騰姆（Nigel Konstam）在二〇〇四年發掘、解釋的技法，有助於解釋為何有許多青銅塑像的擬真特質能讓人為之瞠目結舌。[28]

•

如我們所見，汞，或說水銀，在古代是一種神祕物質。出於對能吸引鐵金屬的天然磁石的好奇，某些古人斷言磁石同樣具有某種生命或靈魂，會呼吸，當中甚至暗藏魔咒。磁石這奇特的礦物常被稱為「*ferrum vivum*—活鐵」，具備能移動、或讓鐵製物品彷若有了生命的迷人威力。創意如天馬行空的思考者因此開始想像，或許可利用磁石難以解釋、吸斥鐵金屬的能力來迷惑觀者。「活鐵」要是能讓鐵製人型漂浮在半空中，就像諸神或飛鳥那樣輕鬆地騰空升起，那會如何？[29]

托勒密二世（Ptolemy II Philadelphus），這位馬其頓希臘的埃及國王（公元前二八三至二四六年），在亞歷山卓城曾見識過許多史無前例的工程成就，當中就包含一尊女性人型機械人（見第九章）。托勒密二世娶了親姊姊阿爾西諾伊二世（Queen Arsinoe II）為妻，並在她死後追封她為女神。公元前二七〇年，托勒密下令要以她的容貌為全埃及的神廟再添光彩。普林尼描述，這位國王命令一位著名建築師為亞歷山卓城一座神廟打造一尊非凡的阿爾西諾伊塑像；普林尼稱此人為提摩克勒斯（Timochares），然而他意指的或許是為亞歷山大大帝服務、出身羅德島的狄諾克拉底（Dinocrates of Rhodes）；這位優秀的工程師不僅設計了亞歷山卓城，還打造出其他的壯麗奇蹟。托勒密二世的計畫需要在阿爾西諾伊栩栩如生的塑像上方，造出以磁石構成的圓拱屋頂，而這尊塑像要不是以鐵金屬製成，不然就得有個鐵質核心。這個計畫的構想是，王后塑像能神奇地在毋需藉助任何外力的狀態下升騰半空中，象徵她已登天界（Pliny 34.42.147-48）。目前現存的阿爾西諾伊塑像很寫實，帶有性感意味，多是裸身或僅著若隱若現的薄衣，因此您可想像，要為這座神廟打造的雕像也會是帶有情色意味的類似風格。然而這個宏大的計畫卻因為建築師之死而未能實踐，托勒密二世自己也在公元前二四六年辭世。

事實上，要設計出讓阿爾西諾伊塑像永遠、或暫時地在空中飄浮，根本是個不可能的幻夢。鄧斯坦・羅威（Dunstan Lowe）對於從遠古到中世紀的古人對「磁力的幻想」的歷史研究甚精深，他在研究中就點明，流傳甚廣的「漂浮雕像」之說是如何從古人對磁力物理學的誤解中生成。羅威指出，「實際上，一八三九年的恩紹定理（Earnshaw's theorem）至今仍無爭議之處：這個定理聲稱，一個固定的磁性物體僅利用強磁性物質去抵抗地心引力，繼而『平穩地往上升』，這在任何規模上都是不可行的。」在現代磁浮技術臻至完善的數千年之前，公元前三世紀托勒密時代的埃及人對於磁力的癡迷，就是古人在展現他們對先進科技的想像與實踐的企圖。[30]

然而，對於靠「活鐵」而動作的雕像，這樣猶如科幻小說的想像在古代則被當成一種「神聖的物理」，因而長存不朽。世紀更迭累積了無數記述，都宣稱有許多雕塑像，例如希臘—埃及神祇塞拉比斯（Serapis）、希臘太陽神赫利奧斯、神話中的雅典國王凱克洛普斯（Cecrops），甚至是長著翅膀的厄洛斯／邱比特（Eros/Cupid）確實都靠著天然磁石神奇地平衡懸浮半空中。值得注意的是，公元十二世紀，據傳有一尊以黃金、白銀，或許還有鐵金屬打造而成的穆罕默德塑像，就藉著四顆磁石的磁力，平穩地飄浮在一頂帳篷上，而且還靠風扇旋轉著——這個說法甚至夾帶著塑像旋轉的概念，但這同樣是不可能的。就算這些「漂浮的」偶像當初確實存在，也是要靠其他隱而未現的機巧手法撐持，但觀者看在眼裡會認為那就是科技奇蹟，將之歸因於某個經驗老道之人巧妙駕馭了磁力。[31]

把磁性比喻為性吸引力是一種遠古的概念。古人觀察到了磁石和鐵、兩顆沒有生命的石頭無法抗拒、神祕的相互結合。克勞狄安（Claudian，約公元三七〇年）就以一首近乎淫猥的詩作中的一對情慾雕像，活靈活現地描述這個現象。克勞狄安寫道，這磁石「因為鐵的堅硬而生機勃勃、蠢蠢欲動」，又因為「沒有它，而了無生氣」。而鐵則是深受磁石「溫暖的擁抱」而為之著魔。這首詩描寫的是某座神廟當中的兩尊雕像，一是磁石雕成的維納斯（Venus），另一則是以鐵打造的瑪爾斯（Mars）；兩者隔著一段距離，各自矗立著。這希臘神話中的愛神與戰神是一對激情滿溢的愛侶，克勞狄安描寫了神廟祭司如何以花束和歌謠讚頌祂們的非凡之愛。這兩尊雕像緩緩朝彼此趨近，突然間，維納斯和瑪爾斯朝彼此懷中飛去，旁人還得費勁才能將兩方分開。[32]

亞歷山卓城裡果真有這因為磁力而動作的雕像？或者，那不過是這位詩人臆造的想像之景？克勞狄安是亞歷山卓這座許多磁力幻想源頭之城的當地人。這首詩裡描述的景象並非絕不可能的升騰飛天動作，而是實際的磁力吸引。我們能輕易想像得到，在那座當時科技發展純熟的城市裡，確實可能造出一對小小的人偶供娛樂之用，就像現代的磁鐵小玩具。

古希臘藝術和機械科技上前所未有的創新和精湛工藝，在古人心中激發出了敬畏（sebas）、納悶（thauma），和驚奇（thambos）之感。有許多作者都描述了常人在面對栩栩如生的人造動物、甚至是仿真的人類複製品時，會體驗到「新事物的震撼」，那是一種兼具驚訝與歡愉——但也夾雜著迷惑、警戒與恐怖的劇烈感受。寫實的幻象，逼真的仿生，會動的人形或動物塑像，以及與實物相同的雕像，這些東西讓觀者心生不安的效果，都可視為是「恐怖谷現象」的古代類比。恐怖谷是一九七〇年界定、在機器人領域上的人類心理反應，是指人在面對不完全似人、但又幾近於人的詭異複製品或機械人時，心中所體驗到的不安及恐懼感受。當人類判別生命體與非生命體之間的界線崩解時，內在的焦慮感會急速攀升，尤其是在面對帶有人形的擬人實體，而該實體的動作或看似在動作的錯覺，更會讓觀者的負面情緒感受益發強烈。[33]

印度和佛教文獻資料當中保存的一類古代和中古時期的口述傳說，就描述了這種觀者因為見到超寫實的機械人形、繼而內心參雜著恐懼感的驚奇感受（這些人形機械在梵語和巴利語中分別稱為yantra和yanta，意指機械、機具；而打造這些機械人的工匠，則分別稱為yantrakaras或yatakaras）。這些口述傳說有梵語、巴利語、藏語、吐火羅語、蒙古語及漢語等各種版本，起源年代雖然不詳，但都在公元前三到一世紀間開始化為文字記錄。其中有一則就描述有一位技藝高超的發明者在仿生機器人的伴隨下，晉見某位異國君王；他向宮廷聲稱，那機械人是自己的兒子。這個仿生機械人身披優雅長袍，「儀態迷人，舞姿優美」。然而，機械人某天眼神輕挑地對王妃頻送秋波，暴怒的君王於是飭令手下速將這個「淫猥的少年」斬首為懲。發明家此時趕緊出面，提議由他親自教訓這個「兒子」。他將機械人的殼罩卸下，露出體內的機械裝置。眼前景象讓這位君王又驚又喜，於是給了這位發明者豐厚的獎賞（這個故事的古中國版本，請見第六章）。[34]

恐怖谷反應在古希臘文化裡最早的例子，就出現在《奧德賽》當中（11.609-14）。奧德賽在冥府遇上狂暴的獵獸和怒目瞪視的殺人者之際，他的反應是恐懼。他祈求那位殘酷的工匠切莫再製造如此駭人的景象。奧德賽之後描述了一只做工精細的胸章，胸章上描繪了獵犬撕咬一頭幼鹿的畫面。眾人驚嘆於這個活靈活現的圖繪，似乎捕捉到了獵犬在幼鹿吐出最後一口氣時極其精確的攫殺動作。[35]

在歐里庇德斯和埃斯庫羅斯作於公元前五世紀、但現已佚失的劇作當中有兩個戲劇性的例子；劇中老人被代達洛斯的活雕像嚇得魂不附體。在埃斯庫羅斯的《觀眾》（*Theoroi*）裡，有幾個半羊半人的薩梯（satyrs）被自己釘在神廟壁上的頭顱像嚇得大驚失色。其中一隻薩梯大叫，這些頭像太真實了，只差沒聲音，不然就像是活生生的。另一隻則驚呼，他兒子的複製頭像會讓他母親嚇得尖叫逃跑。如此戲劇感的趣聞暗指著希臘古典時期的觀眾對於寫實到令人不安的藝術作品並不陌生，而且他們還能想像出一個超凡的工匠或許有能力造出比觀眾自己體驗過的更加超自然的模仿物。[36]

代達洛斯在古人的想像中是位優秀的工匠，人造生命的雕塑家，是無數靈巧工具的發明者，也設計出強化人類能力的道具。這位發明者在神話裡不僅向鳥兒借來羽翼飛向自由，據信，他也創造出栩栩如生、能自行動作，或至少看似能動作的雕像。正如前述，代達洛斯和他的創作有時會和他在神界的兩個分身——普羅米修斯及赫菲斯托斯——相互重疊。我們將在隨後兩個篇章裡看到，這兩位天神靈手打造的奇蹟，如何讓代達洛斯的工藝在相形之下黯然失色。他們的巧手之作更為活靈活現，有些甚至還具備「智慧」。而想像中的普羅米修斯和赫菲斯托斯造物所運用的工具、手法和工藝技術，和凡人代達洛斯在他的工坊裡所用的並無不同。

第六章

比馬龍的活人偶與普羅米修斯造人

在古希臘神話中，欺瞞宙斯、幫助人類、特立獨行的普羅米修斯，其生平與出現年代可說是曲折幽迴。普羅米修斯最早是出現在赫希俄德約於公元前七五〇至六五〇年間所寫的詩作中。普羅米修斯與宙斯之間的關係時好時壞，他同時也是公元前五世紀三部劇作的主角——《被縛的普羅米修斯》（*Prometheus Bound*）、《米普羅米修斯獲釋》（*Prometheus Unbound*）、《盜火者普羅米修斯》（*Prometheus the Fire-Bringer*）；這三部劇作常被認為是埃斯庫羅斯之作。[1]

世人在將近二十多處的古希臘和拉丁文資料中，可見到古時對於普羅米修斯傳說的重述和修潤。在最早的版本裡，普羅米修斯是教導人類如何用火的恩人。在之後的神話中，他又將語言、書寫、數學、醫藥、農業、馴養動物、採礦、科技與科學贈予人類——換言之，就是文明的所有技藝。本章關注的是普羅米修斯造人神話的相承脈絡，不論是在人類誕生初始，或是杜卡力翁大洪水（Deucalion's Flood）浩劫之後。這段大洪水的傳說有助於解釋普羅米修斯為何會這麼關心人類，甚至為人類盜取天火。最早提及這則神話的資料，來自莎孚的殘存詩作。這位女詩人在約公元前六百年時寫道，「在造出人類之後，據傳，普羅米修斯盜取了天火」。[2]

普羅米修斯造出世上第一批人類的故事，是諸多顯示「人類一度被視為人造產物」的遠古傳說的其中一例。土與水兩相結合，繼而由神力賦予生命：這是人類最早對生命的隱喻。至於世上其他地方的傳說，從吉爾伽美什史詩到創世紀，當中的創造者或造物主會利用凡間物質，例如黏土、土泥、灰塵、骨與血，形塑出男女人型，讓其接受來自天神、風、火，或者其他自然力量的生氣。隨著之後百年普遍將人體視為是藉由能量和體液驅動的個體，以及希臘化時期在機械、水力和氣動工程上的新發明，這個泥土造人的譬喻也因此黯然失色。[3]

在古希臘神話中，普羅米修斯這位泰坦將土與水或眼淚混合，進而以土泥或黏土塑造出第一批人類男女。有些敘述說他同時也造出所有生物；而在某些版本中，女神雅典娜也參與了這個過程；另一些版本則說，宙斯命令風將生息賜予了這些土偶；又有一些詮釋則聲稱，是火這個元素才讓普羅米修斯的土偶有了生命。[4]

在保薩尼亞斯公元二世紀周遊希臘那時，普羅米修斯造人的傳說依然流傳當地。這位好奇的旅人耳聞，普羅米修斯當初的造人處就在非常古老的小鎮帕諾珀俄斯（Panopeus），該地位處希臘中部，鄰近奇羅尼亞的弗基斯（Phokis, Chaeonea）。保薩尼亞斯造訪了古鎮遺址附近傳說中的造人地點；他在溝壑中見到兩團碩大的黏土球，土球大到能塞滿一部手推車。「他們說，這就是普羅米修斯當初造人後所剩的黏土」，「土球上依然沾有人類皮膚的氣味」，保薩尼亞斯如此表示（10.4.4）。我們僅能憑空想像保薩尼亞斯察覺到的氣味如何；然而，岩石與黏土在受到熱、吹拂、刮擦時，確實會釋放出明顯的氣味，這些氣味正來自其化學組成與土中的氣泡。[5]

•

某些希臘傳說和其他文化的神話，都曾描述本無生命的物質、雕塑、偶像、船隻或石頭，因為天神或魔法之故而有了生命。這些人造生命的故事與前述的赫菲斯托斯以內在運作系統造出的青銅巨人塔羅斯，或代達洛斯所造的活雕塑（第一章及第五章）的例子不同。在這些或許能以「魔杖輕點」稱之的情節裡，本無生機的東西都是單單靠著神的旨意就有了生命，無須藉助任何工藝製程、內在構造或機械概念。本無生命的物體因神旨而有了生命的一個例子，就在宙斯降下大洪水的神話裡。杜卡利翁和妻子皮拉（Pyrrha）是人間大洪水浩劫後唯二的倖存者，兩人從神諭中得知該如何讓大地再度繁茂。杜卡利翁和皮拉各自將石頭朝後拋過頭上，這些石頭立即化為人類男女。

神旨讓雕像有了生命最廣為人知的經典例子，莫過於神話中的比馬龍和他對自己造出的象牙女子裸像生出的愛意。奧維德對比馬龍的描述最是細膩鮮明（*Metamorphoses*, 10.243-97）。年輕雕塑家比馬龍無法忍受常人女子的凡俗粗鄙，於是為自己雕出一個純潔少女。現代人常想像這尊雕像是大理石材質，但「她」在神話中卻是以象牙雕成，是一種更為溫潤的有機材質。象牙少女看來如此真實，比馬龍剎時對她燃起了「熊熊激情」，內心兼懷敬畏與慾望，愛撫著她的身軀，心想自己若是太過用力，少女恐怕會瘀傷。比馬龍殷勤以愛語澆灌這尊象牙雕像，他在神廟向阿芙蘿黛蒂祈願，懇求女神能讓他的「少女像」活過來。

比馬龍返家後再度向他綺想中的象牙女子示愛。他詫異地發現，雕像竟因他的吻而溫熱起來，她的身軀在他懷抱中竟也化為真實的膚肉。象牙不若大理石冰冷，這種一度「活生生」的材質質地更顯脂滑溫潤。古時的象牙雕像會微微染上自然的色彩，以比擬真實的膚色，那時的聽者會想像那是個細緻、無瑕、予人感官之美的女性形象。雕像在比馬龍的愛撫下甦生，有了意識，「嬌羞地紅了臉」。女神阿芙蘿黛蒂顯然回應了他的祈求。[6]

這裡要特別強調，比馬龍這個工藝之作並非組造而成的機械人形，寫實的雕像超自然地化為真實，靠的是愛神的力量。這段傳誦甚廣、涉及人造生命的古代羅曼史，在今日也有了新意義，因為這則故事預示了現代評論者針對仿生機械人，以及特意設計來與人類性交的人工智慧個體提出的道德疑慮。「是否可能和機械人進行雙方同意的性行為，甚至是對自身性傾向有其意識的機械人？」一位作者如此提問。[7]

比馬龍的神話儘管在現代常以愛情故事的浪漫樣貌呈現，這內容卻也是對西方史上第一具女型性玩具的描述。這個順從、沒有名姓的活人偶儘管會「臉紅」，但她是否具有意識、聲音或動力，我們不得而知。阿芙蘿黛蒂是否將這具完美的女性形體徹底轉化成了具有個人意識、活生生的真人女子，抑或她現在「只是擬真程度更顯完備」？比馬龍的象牙女子雕像是一位理想化的女性，完美遠勝所有真人女子，因此，這個仿製品「超越了人類的界限」，更像是《銀翼殺手》當中廣告的「比真人更像真人」的性愛複製人。[8] 值得注意的是，奧維德在《變形記》中並未形容她的肌膚和身軀有活人之感，反而將之比作蠟，在愛撫下變得益發溫潤、柔軟、具有延展性。奧維德形容，她的身軀「因被使用，而變得更加可用」。

奧維德最後以比馬龍和他的無名活雕像成婚為故事收尾。他甚至補述說兩人喜獲一女，取名為帕芙斯（Paphos），刻意藉著這神奇的生育事蹟表明這尊雕像確實已化為真真實實的女人。電影《銀翼殺手2049》當中也有複製人神奇產子的相似情節；複製人瑞秋自然產下一子，對人造生命個體來說，這是本應不可能成真的事情。[9]

奧維德重述比馬龍的故事，運用的是現已佚失的更早期說法。其中來源之一是亞歷山卓城的斐洛斯提法努斯（Philostephanus），他曾在寫於公元前二二二至二〇六年間的塞浦路斯史中，完整講述了這則神話。在一個稍後由信仰基督的作家亞挪比烏（Arnobius）所做的變異版本中，比馬龍雕出、並且示愛的是女神阿芙蘿黛蒂本身。呈現比馬龍神話的遠古藝術之作，沒有任何一件留存至今。但有許多中世紀繪畫都描繪出比馬龍和象牙雕像之間的互動，以做為某種反對淫慾和偶像崇拜的警示。十八世紀的歐洲人總算讓比馬龍的這尊象牙雕像有了名字——葛拉蒂雅（Galatea，意為「乳白」）。數千年來，這則神話增生出許多變異版本，也激發出無數童話、劇作、故事和其他藝術創作。[10]

•

神話中雕塑家比馬龍的象牙雕像「顯然是為了性而打造的人造物」。[11]然而，比馬龍的象牙女子並非唯一曾在古時引起觀者產生情慾反應的雕像。「Agalmatophilia—戀偶癖」一詞意指人對雕像產生性慾，此類情慾的歷史可說源遠流長。[12]琉善（*Amores* 13-16）和老普林尼（36.4.21）曾記述那些對克尼多斯（Knidos）城內美麗的阿芙蘿黛蒂裸像有所渴望的男子。這尊雕像是由手藝精湛的普拉克西特列斯（Praxiteles）約在公元前三五〇年所造，是希臘藝術中首座真人等身大小的女性裸像。這些男子往往趁夜深人靜之際潛進阿芙蘿黛蒂神廟，而遺留在女神大理石像腿上的精痕，揭露了這些男子的慾望。提亞納的阿波羅尼烏斯（Apollonius of Tyana）這位智者曾向一位愛上女神像的男子講述天神與凡人幽會的不幸神話，藉此對他曉以大義（Philostratus *Life of Apollonius* 6.40）。公元二世紀，智辯家安德羅斯的歐諾馬裘斯（Onomarchos of Andros），曾以一位「愛上雕像的男子」的虛構身分寫出一封信；這位遭到阻撓的愛人在信中「怨咒他摯愛的形體，期望蒼老歲月降臨在她身上」。[13]

在阿特納奧斯（Athenaeus，公元二世紀）所述的另一個聲名狼藉的例子裡，西利布里亞的克雷索伏斯（Cleisophus of Selymbria）這個男子躲在薩摩斯島上某座神廟內，想藉機和神廟中那豐滿性感，由泰西克勒斯（Ctesicles）所造的著名雕像交合。然而大理石的冰寒和硬梆梆的阻力讓此男子打退堂鼓；根據波多尼（Portnoy）所述，他「轉而和一小塊肉交合」。

絕大多數「戀雕像癖」的故事都是男性和女子雕像發生性行為，但有幾則遠古傳說則提到寡婦拉俄達彌亞（Laodamia，又名Polydora）的悲傷故事；她深愛的丈夫普羅特西勞士在特洛伊之戰中戰死沙場。這段故事最早的文字紀錄可見於公元前五世紀歐里庇德斯的悲劇，然而此劇如今已不復存在。奧維德的版本以這位女子寫給丈夫的書信形式講述了這個故事。當初普羅特西勞士趕赴特洛伊之戰（這場戰爭打了十年）時，他們倆才剛新婚。拉俄達彌亞苦苦盼望丈夫返鄉；她每天夜裡都情慾滿溢地抱著丈夫的等身蠟像，這蠟像本是「為愛所造，而非為戰爭」。這尊複製人像如此寫實，只差沒能開口說話，要不然就「等於普羅特西勞士本人了」。許奎努斯則講述了一個變異的版本。普羅特西勞士戰死時，眾神對這對年輕愛侶心生悲憫，於是允許他在前去再也無法復返的冥府之前，能有珍貴的三個小時和妻子相聚。拉俄達彌亞因哀慟而神傷，將自己獻身給丈夫的複製品，這回，那是一尊塗有色彩的青銅塑像；她以甜言蜜語和吻澆灌這塑像。某夜，僕人瞥見這位年輕寡婦激情地擁著某個男子的形體，那塑像如此寫實，僕人竟誤以為那是寡婦的情人，遂將此事告知拉俄達彌亞的父親。他衝進房內，見到已逝女婿的青銅塑像。這位父親不忍女兒再受思念之苦折磨，於是將塑像送上火堆焚毀，豈料拉俄達彌亞也隨之投身烈火當中，自焚而亡。[14]

我們可從希臘文和拉丁文資料檔案中，蒐集到十數個有關對雕像產生異性或同性之愛的傳述。鑽研中世紀機械人的歷史學者篤伊特稱這些傳說與故事，是關於「擬態造物之威力的寓言」，以及觀者會「混淆人造和自然之物」的可能。[15]

古典主義學者史柯比（Alex Scobie）和臨床心理學家泰勒（A.J.W. Taylor）指出，戀雕像癖這個特殊性「偏差」的出現時間，正是古希臘和羅馬雕塑工藝在寫實和理想之美的層次上達到高度成就的時代。從普拉克西特列斯開始，有「大量會讓觀者產生認同的人形雕塑」，這些真人等身大小的雕塑在外觀、色彩和姿態上非常自然。繪上寫實色彩的美麗雕像不僅在神廟和公共場所「隨處可見，而且觸手可及」，繼而催化了「大眾和這些雕塑產生私人的關係連結」。當時的古人常將裸身塑像視為活生生的真人看待，會為其沐浴穿衣，獻上首飾或贈禮。史柯比和泰勒兩人在一九七五年的著作中曾歸納，對以高度寫實感複製出如活人般的大理石（或象牙、蠟質）塑像產生性慾的戀偶癖，是古典希臘時代手藝高超的工匠以其超凡、精湛的工藝技術而帶出的病狀。正如兩人與藝術史學者喬治．赫西（George Hersey）在二〇〇九年猜測的，具有高度解剖寫實感的矽膠性愛人偶，內建人工智慧的仿生賽博格性愛機器人，這些先進的發展將會讓這種古時的性欲錯亂，進化成一種現代型態的「robotophilia—戀機械人癖」。[16]

•

古文明中關於性愛人型的故事，並非古希臘和古羅馬文明獨有。在《大事》（*Mahāvastu*）這部公元前二世紀至公元四世紀的口傳故事彙集中，某則佛教故事內就有一具教人難以抗拒的女型機械人。這則傳說的梵語、藏語、漢語以及吐火羅語版本，都說到一位機械名匠如何造出一具栩栩如生、甜美可人的少女像（yantraputraka，意指機械人偶），藉此展現其精湛手藝。[17] 名匠在自家招待一位備受敬重的仿真畫畫師，並以尊榮之禮款待這位來自異國的貴客。當晚，畫師回房休息時，驚見房內竟有一位美麗少女，正準備「服伺他」。嬌羞的少女目光低垂，不發一語，手臂卻向畫師伸去，將他拉向自己的酥胸。畫師注意到，少女胸前鑲有寶石的胸針似乎隨著她的呼吸起起伏伏。畫師相信眼前少女必然是個真女人——只不過，她是誰？她可是這主人的親人、妻子、姊妹，或是女兒？還是家中女僕？隨後就是描述畫師衡量和房中女子交歡所需承受的道德風險的長長文句。

畫師最終還是臣服於已被撩起的慾望，以「狂暴的激情」將少女擁入懷中。少女此時立刻崩解，「她的衣物、四肢、弦線和栓榫四散」。畫師明白自己是被機巧的詭計給戲弄了，顏面掃地之下於是心生一計，要向主人還以顏色。他取出畫具，費盡當晚所剩的時間，在牆上畫出一幅自己以勾繩上吊身亡的錯視畫。

黎明時分，被眼前畫像愚弄仍不知的工匠主人趕忙喚來國王和他的臣子，還有一眾市民，一睹機械人偶殘破碎散一地、而畫師自盡的悲劇場面。他命人取來斧頭，好斷繩卸下客人的遺體。這時畫師突然從隱身處現身，詐術於是真相大白，眾人哄堂大笑。

這則佛家故事反映出古代亞洲的畫師和機械人工匠所能企及的寫實程度（佛教故事當中有關機械人的情節，可見第五章和第九章）。這段兩位技藝高超的工匠利用超自然的寫實創造物相互競爭的主題，與普林尼（35.36.64-66）提及古典希臘時期的藝術家宙克西斯和帕拉西烏斯之間的一場錯視畫競賽趣聞有點類似（第五章）。然而，這則佛家故事也是一則哲學寓言，論及自制的錯覺，以及因創造人工生命而起的人類自由意志的永恆問題。研究出現在古印度文學當中的人造生命的席涅・柯恩（Signe Cohen）指出，這具沒有靈魂的機械女子人形，體現的正是眾生皆「無我」（soullessness）的佛教教誨，也就是你我本質上「皆是機械人」。[18]

•

比馬龍的葛拉蒂雅雕像，是一個本無生命的物件不靠機械工藝、而是藉著超凡的愛情或天神的超自然威力，為其徐徐注入生命的例子。因此，姜敏壽將之歸類到古代非機械人的第一種分類當中；「亞當與夏娃之創造的聖經故事」亦屬此類，同樣不被視為「科技」。的確，像是比馬龍象牙女子雕像這種靠「魔杖輕點」而賦生的神話，與「機械工藝之精巧」或「仿生機械」無關。這些工藝特徵確實和塔羅斯有別，而且也出現在某些將普羅米修斯視為首批人類的創造者的有趣寫實描繪當中。[19]

•

比馬龍的女性人偶，以及杜卡利翁在大洪水過後神奇地拋石造人的神話，有助於將顯然像是姜敏壽的第一類分類那些「魔杖輕點」的故事，以及神話想像中更複雜的人造生命和人型機械的故事做出區別；後者的敘述會提及工具和技法的運用，內在如何結構，有時甚至還有智能和動力。普羅米修斯如同工匠，以黏土這最常見的塑材造出活靈活現的男女人形——在這個最為人所知的造人傳說版本中，某位天神的最後一觸，成就了這位泰坦的作品。如此場景可見於描繪普羅米修斯在雅典娜／密涅娃（Minerva）的指引下，造出世上首批人類的藝術名作中；這位女神在此貢獻了以蝴蝶作為象徵的超自然生命火花。但要特別點明的是，這些廣為人知的形象都是古羅馬末期、基督教早期的藝術作品。

在古羅馬晚期—基督教時期，普羅米修斯就以人類創造者的形象，出現在公元三到四世紀那些精雕細琢的石棺浮雕、馬賽克和壁畫上。這些形象強調普羅米修斯和雅典娜（密涅娃）的合作互動。他造出寫實的小小男女人偶，這些人偶環繞四周，或臥或站，正等著受神力輕觸為其賦生，一如比馬龍的葛拉蒂雅雕像。如此場景和之後基督教在呈現亞當和夏娃的創造上有明顯的共同特徵，咸信對後者有所影響。普羅米修斯的造人場景大量出現在古羅馬石棺上，可能也象徵著新柏拉圖主義與基督教經文在創造亞當的概念上的對比；這些石棺浮雕打造之際，「亞當的創造」仍是當時宗教持續爭論的議題。[20]

不過，值得注意的是，早在古羅馬—基督教時期的石棺上普遍可見普羅米修斯形象的大約一千年之前，義大利早已有另一批藝術家以另一種極具創意的手法表現普羅米修斯造人。希臘化時期的依特拉斯坎藝術家在描繪普羅米修斯造人時，採用的是一種與人偶神奇地獲賜生命截然不同的表現手法。[21]在一批聖甲蟲形狀的寶石和紋章雕刻上，想像中的第一批人類不是等待生命火花降臨的土偶，反而是由工具打造、在骨架上逐片組合而成；這種手法更像是雕塑家先架起內部骨架，或逐部位建構出一尊塑像（見fig1.9, plate3）。換句話說，這些寶石刻繪指涉的是「biotechne」—生命因工藝而生，而不是單靠施展魔力就能創

FIG.6.1 普羅米修斯在密涅瓦／雅典娜的協助下造出人類。古羅馬晚期大理石浮雕，公元三世紀。Albani Collection MA445, Louvre, photo by Hervé Lewandowski, RMN-Grand Palais / Art Resource, NY.

FIG.6.2 普羅米修斯在密涅瓦／雅典娜的協助下造出人類。古羅馬晚期大理石石棺，公元三世紀。Capitoline Museum, Rome. Erich Lessing / Art Resource, NY.

造出生命。

依特拉斯坎文明，或仿效其風格的那些雕工繁複的寶石，從公元前四世紀就開始描繪工作中的雕塑家或工匠，以想像豐富的手法呈現神話或實際的工藝技巧。此處有幾個年代可回溯到公元前四或三到二世紀的圖案，在描繪普羅米修斯造人上可說是「原創性十足」。這些圖案就刻畫在私人的指環、章印、護身符、飾品和甲蟲輪廓的寶石上，有些上頭還可見以拉丁文、希臘文或依特拉斯坎文字刻出擁有者名姓。這些寶石珍品上的刻畫場景雖然非比尋常，歷來卻未受關注。義大利學者嘉布耶拉・塔西納里（Gabriella Tassinari）在一九九二年所做的研究，算是對這個主題最新近的關注。她的專題論文列出六十三件呈現創造者普羅米修斯的寶石，討論其中的風格差異和辨別年代的困難。這些寶石上的場景可分為兩類，而兩類都是以一個孤單的工匠正以工具、依循複雜的步驟，造出第一個男人（有時是女子）的形象，來表現普羅米修斯。[22]在第一類中，普羅米修斯是從人頭及軀幹開始，在支柱上逐塊將人造出；第二類就更令人驚訝了。他先造出一副人類骨架做為內在架構。

普羅米修斯是第一批人類的創造者——如此想法的歷史有多古老？公元前四世紀的希臘詩歌和劇作當中雖可見詳盡明確的文字，但口述歷史甚至可回溯到更久遠之前。[23]依特拉斯坎文明的工匠常以獨特的方式，在寶石、鏡子和瓶罐上詮釋希臘神話（第一到四章）。依特拉斯坎人對於普羅米修斯（他們稱他為普魯瑪特依Prumathe）非比尋常的描繪，靈感可能得自其他在地的口述傳說或藝術。正如依特拉斯坎文化研究學者樂瑞莎・朋方特（Larissa Bonfante）所說，「普羅米修斯顯然有某種特質，撥動了一條依特拉斯坎藝術家和其顧客的特殊心弦」。[24]

第一類圖雕中的普羅米修斯不像晚期古羅馬—基督教時期浮雕所示的那樣，是在女神密涅瓦的指導下以黏土塑出人形土偶，而是逐片組合出人體原型。普羅米修斯獨自形塑一具黏附在金屬或木棍撐起的骨架上、尚未完整的軀體——通常只有頭部和軀幹先完成。值得注意的是，普羅米修斯在此所用的，是古時工匠真正會用的工具和工法。他利用鐵槌或木槌、刮刀、小刀，以及「木棍或繩索，測量人像比例」，同時也使用鉛錘線量測作品。例如在圖6.3當中，普羅米修斯就在桿上未完成的人體模型上使用鉛錘組（鉛錘墜和鉛錘線）。[25]在圖6.4中，他則以繩索將半完成的軀體固定在桿子上。

FIG.6.3 普羅米修斯在骨架上組合造人時使用鉛錘線。紅玉髓寶石雕刻，公元前三世紀。IX B 755, Kunsthistorishes Museum, Vienna. Erich Lessing / Art Resources, NY.

FIG.6.4 普羅米修斯在骨架上塑出第一個人類的頭部與軀幹，紅紋瑪瑙寶石，公元前三世紀。Kunsthistorishes Museum, Vienna. Erich Lessing / Art Resources, NY.

博物館收藏的大量依特拉斯坎和古希臘羅馬寶石中，都可見到類似前兩個圖像的變化。有人就問了，這些圖案描繪的會不會是依特拉斯坎人在沙場上肢解敵軍戰士的「maschalismos」儀式。但寶石圖刻描繪的若是此舉，我們會看到一到兩名士兵揮劍將對方斬首，或斬斷敵人的四肢。這種罕見的場景和清楚展現工匠以坐姿利用工具塑造尚未完成的人形，兩者差異會非常明顯。[26]普羅米修斯逐塊造出人形的畫面，會讓人回想起描繪工匠鍛造、拼裝人形和馬形塑像的古典時期瓶繪（參見fig.1.9,plate 3; fig.5.4; fig.7.7, plate 8; 7.8, plate 9）。

第二類寶石雕繪呈現的，是另一種引人注目的造人過程。在這些非比尋常的刻繪中，普羅米修斯手中的第一批人類是先從內、再到外造起。他先從骨架這人類的自然解剖結構造起。骨架在古典時期的希臘和依特拉斯坎藝術中極度罕見。不過，正如塔西納里指出的，這些特殊的寶石刻繪主要重點並非骨架，而是「普羅米修斯以工匠身分所做的創舉」。[27]

兩顆年代約為公元前二世紀、一度曾屬諾伊亞公爵喬凡尼・卡拉法（Giovanni Carafa, Duke of Noia）收藏的寶石，就因為以凹雕描繪普羅米修斯造人的兩種類型，因而引人注意。圖6.5的這顆寶石顯示普羅米修斯正在「塑造以兩根桿子架起的一具蓄鬍男子的上半身軀體」；這個場景兩側各有一匹馬和一頭羊的前半身。馬與羊出現在此，反映著古人認為世上第一批動物也是普羅米修斯所造的傳說。[28]

卡拉法收藏的第二顆寶石如今僅以一幅一七七八年的蝕刻版畫為人所知。上頭的詭異場景描繪出一具架在人類骨骼、而非金屬或木桿上的人體部分軀幹。在圖6.6中，呈現坐姿的普羅米修斯右手手持工具，正在為男性後背和手臂塑形，而這具軀體正附著在一具可見頭顱、下段脊椎、骨盆，而且露出腿骨的骷髏骨

FIG.6.5 普羅米修斯正在打造世上第一個人類，左右各有世上第一隻馬和羊。公元前二到一世紀。寶石和翻模。© Collection of the Duke of Northumberland and Beazley Archive, Oxford University; photo by C. Wagner. C. 蝕刻版畫 *Alcuni monumenti del Museo Carrafa*（Naples, 1778）, plate 25. Courtesy of Getty Research Institute, Los Angeles（89-B17579）

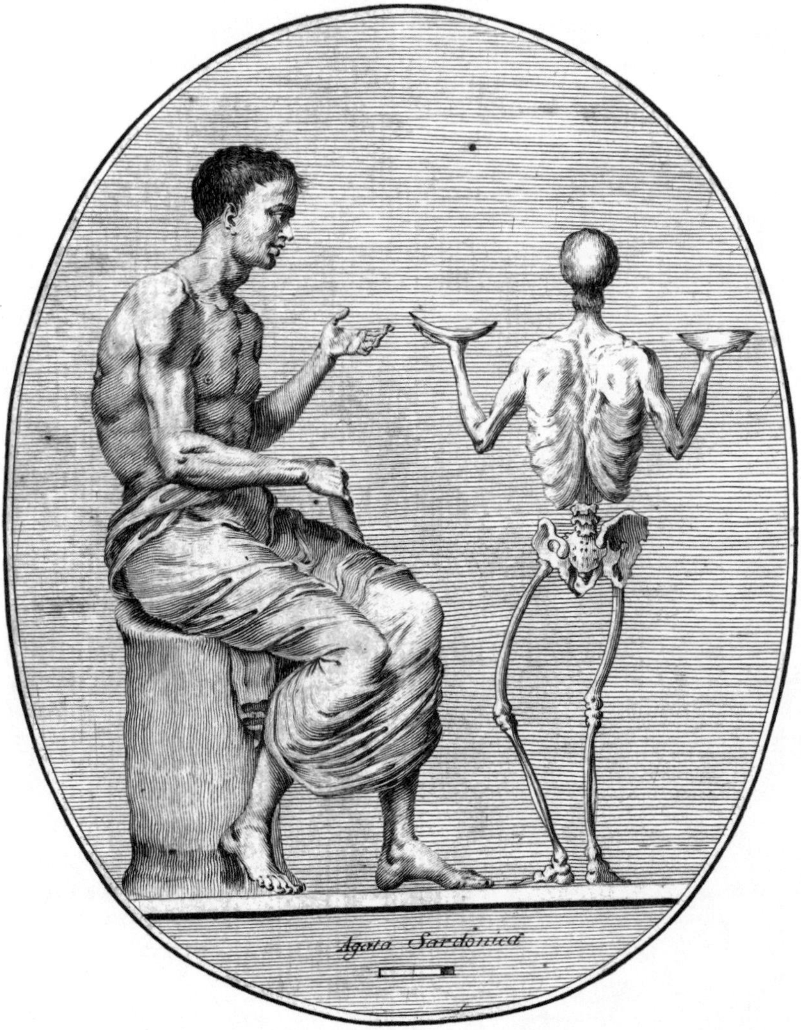

FIG.6.6 普羅米修斯打造世上第一個人類，半完成的軀幹附著在骷髏骨架上。蝕刻版畫。*Alcuni monumenti del Museo Carrafa*（Naples, 1778）, plate 25. Courtesy of Getty Research Institute, Los Angeles（89-B17579）

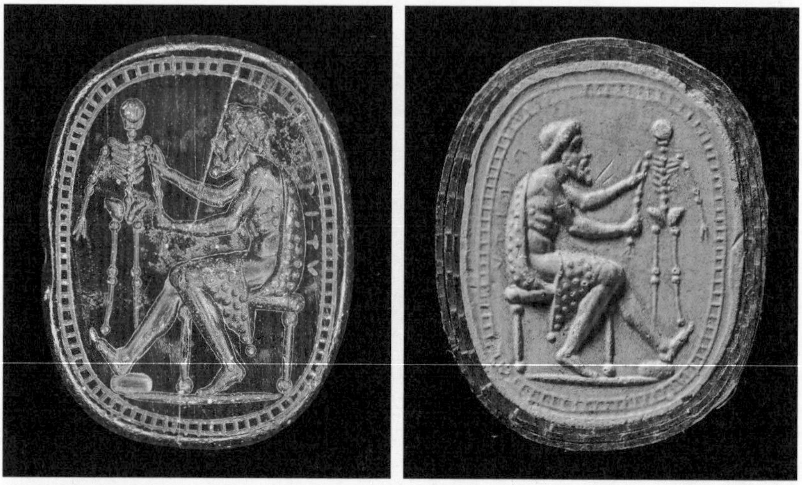

FIG.6.7 普羅米修斯坐著，正將臂骨接合到第一個人類的骨架上。上刻有PIPITU字樣，依托斯坎風格的寶石雕（邊框刻有影線），以及翻模。公元前三到二世紀（?）。Townley Collection, inv. 1814, 0704.1312 ©The Trustees of the British Museum.

FIG.6.8（PLATE 10）普羅米修斯坐著，正在利用木槌將臂骨與第一具人骨的肩膀接合。紅玉髓凹雕寶石，年份不詳，可能是Townley Collection, inv. 1987,0212.250 ©The Trustees of the British Museum.

架上。可見肋骨的肉身和露出骨頭的脊椎兩相交接的區域，就和另一顆寶石描繪的人體上半身未完成的窄腰頗為相似。這個未完成的人形雙手各持一只奠酒盤（phiale），那是作為奠祭之用的淺碟。

第二類寶石刻繪中的普羅米修斯形象，常是他正將臂骨接到人體骨架上的模樣，一如圖6.7到6.11所示。在圖6.8和6.11（plate10.11）中，普羅米修斯正利用木槌或鐵鎚將臂骨和骨架相互接合。[29]我們對此畫面的想像是，他隨後就會將肌腱和肌肉貼附到骨架上，添進內臟、血管、皮膚、毛髮等，依人體自然構造從內到外一路完成人類的原型。

在這個從內部解剖結構、再到外部特徵逐步建構人形的脈絡中，若以一則中國古代有關人造生命的傳說相比較，會甚具啟發意味。這故事描述了周穆王時期（約公元前九七六至九二二年間），一具由名工匠偃師所打造的機械人；這部人型機械是以具有功能性的寫實內在構造、從裡到外組建而成。這段故事出自道家思想家列禦寇（約公元前四百年）所著的《列子》湯問篇，儘管確切年份不詳。故事中，偃師向周穆王宮中嬪妃呈獻這能走動、舞蹈、歌唱，巧奪天工到能完美模仿真人動作的人造人。周穆王徹底為之著迷——直到此「人」和他的嬪妃調情。周穆王先是勃然大怒，隨後又在偃師揭露機械人內部那些「以人工形式精準複製出人體生理構造」的生物科技結構時大感驚奇。這具機械人就連最細微處也是栩栩如生，外在軀體是以皮革、木頭、毛髮、牙齒、膠水和塗漆組造而成；內部則有人造肌肉、關節相連的骨骼，同時帶有肝、心、肺、腸、脾、腎等臟器——而每個臟器都控制著這具人型機械特定的身體功能。

寶石刻繪上的普羅米修斯，偃師的這具從骨骼和臟器開始、在解剖角度上從裡到外精確建構的古中國機械人形，這個古老的主題日後又回魂出現在現代科幻作品內。例如在《銀翼殺手2049》裡，脫逃的複製

FIG.6.9 普羅米修斯坐在石塊上，舉起臂骨接合到第一具人骨上。雕刻寶石翻模，碧玉，公元前一世紀。82. AN162.69. Courtesy of the Getty Museum.

FIG.6.10 普羅米修斯將臂骨與骨架接合。甲蟲形紅玉髓寶石，約公元前一百年（黃金指環為現代所加上）。Boston Museum of Fine Arts, 62.184, Gift of Mrs. Harry Lyman.

FIG.6.11（PLATE 11）普羅米修斯正利用木槌打造骨骼。玉髓寶石，公元前一世紀。Thorvaldsens Museum, Denmark, acc. no.185.

人瑞秋的遺骸殘骨出土，便揭示複製人也具有「人類的」生理——甚至有孕育子嗣的可能。[30]

呈現普羅米修斯以骨架做為造人起始步驟，就是將他比擬為是在人骨模型上建構出塑像的雕塑家。古代雕塑工匠常以「Kanaboi」這個通常為木質的骨架型式，作為塑像內核，再在塑像第一階段將黏土、蠟或灰泥繞著內核貼覆上去。木質內核也會與冷鍛打造的金屬片合併使用，在保薩尼亞斯、波魯克斯（Pollux）、赫西基奧斯（Hesychius）和佛提烏斯（Photius）筆下描述鑄造青銅塑像的脫蠟法上亦然。普林尼（34.18.45-47）也曾提及這個工藝製作過程，他對古羅馬雕塑名匠芝諾多魯斯（Zenodorus）的工坊中，那些在塑像第一階段所用、作工精細的黏土模型和木質骨架稱讚不已。木質內範耐不了塑像鑄造時的高熱，但現代人研究幾具古代青銅塑像名作後，發現古人也會利用金屬材質的骨架。Kanabos就像是一種身體結構的3D立體圖解。[31]前述那些寶石上罕見的描繪畫面，就顯示普羅米修斯正利用工具和技法，從組合一具真正的骨架開始，造出即將成為第一個人類的生理結構。

亞里斯多德在他談及生物解剖和動作的文論中，就提到了kanabos。他將「展現出人體形狀」的血管分布，比擬成「就像藝術家在塑形時使用的木質骨架」。他甚至援引了一種在當時頗為普遍的機械娃娃或某種自動機械人形做為比擬，藉此解釋動物或人類的內在機械組成和運作方式。在談到骨架是讓人或動物得以動作的結構時，亞里斯多德採用了非常機械性質的用語：他指出，動物身上的肌腱和骨頭，作用就如同接合在栓塞上的索線，或人型機械內的鐵桿。[32]

藝術品呈現普羅米修斯架起骨架，逐片逐塊地拼組出人體，這正暗指藝術家和觀者能理解普羅米修斯的造人之舉是一種藉著工藝，創造生命的形式；他就像雕塑家，從內在骨架開始，造出將成為第一個活生生人類的人型。他在第一階段組成觀者能辨認出和自己體內相同的結構，符合邏輯地從內到外組造出人類的始祖。

•

在普羅米修斯造人神話的各式版本中，栩栩如生的人形化成了真正的實體，變成真人男女。這個自相矛盾的觀點，利用了人類認為自己某種程度上只是諸神操弄的人形機械的永恆觀念。人類有可能是受其他力量操控、沒有靈魂的機器，這個潛意識的恐懼引出了一個世人打從遠古以來就不斷反思與衡量的深沉哲學難題：你我若是諸神或其他未知力量所造的產物，我們怎能擁有自我身分、自主能力和自由意志？柏拉圖是最先思考人類其實並非自主的其中一人（*Laws* 644d-e）。他說，「且讓我們設想，眾生如你我皆是眾神以巧奪天工造出的玩偶」。潘朵拉，出自天神赫菲斯托斯之手的人造生命，如第八章所見，也讓人聯想起類似的問題。這個對於人類自主與靈魂的顧慮，同樣充斥在古印度、佛教以及道家關於機械人的傳說中（如第五章及上述）。例如，古印度傳說中相傳世上有一座城市，城內住滿靜默無聲、卻能動作的人與獸，之後真相大白，原來，這些全是栩栩如生的木偶，全是由宮殿王座上的一名男子操控著。[33]

認為人類不過是一個有缺陷、而且／或者邪惡的造物主手中操弄的機械或玩物，以及隨之衍生的意志與道德問題，這在古時的諾斯底主義（Gnosticism，公元一到三世紀）中表現得特別強烈。在現代，湯瑪士·赫胥黎（T.H. Huxley）和威廉·詹姆士（William James）在一八〇〇年代也討論過人類是否自主的問題。諾斯底主義的概念在哲學家約翰·葛瑞（John Gray）的著作《傀儡的靈魂》（*Soul of a Marionette*, 2015），和小說家菲力普·普曼（Philip Pullman）壯闊猶如史詩的《黑暗元素》小說三部曲（*His Dark Material*, 1995-2000）當中，也可見生猛有力的復甦，而前後兩部《銀翼殺手》電影也是一例，這些無不展現出科幻作品多麼懷疑人造人其實早已充斥人類世界——況且，一個人也不可能對自己進行圖靈測試（Turning test），以證明自己不是機器人。[34]

《銀翼殺手》裡有個複製人不斷重複說著「我思，故我在」這句法國哲學家笛卡兒（René Descartes）的名言。笛卡兒對歐洲當時靠齒輪和彈簧運作的人型機械並不陌生，而且也接受人體即是機械的認知概念。早在圖靈測試和其他測驗出現之前，笛卡兒就已預言，人類有朝一日可能會需要一種方法，用以測定某樣東西實為機械或人類。「如果有機械外在具有人類軀體的形象，而且能模仿你我的動作，」笛卡兒如此寫道，那麼，對其進行以行為或語言能力的靈活性為基礎的測試，或許能讓非人類的東西現形。[35]

柏拉圖提到（第四章），在普羅米修斯與艾比米修斯的神話中，世上生物是在造出之後被添附功能和防衛等「程式設定」，才使得彼此不會一併毀滅，又能在本質上維持均衡。可是，當所有動物都配得了「應用程式」之後，已無剩餘的能力可配給赤裸且無防衛能力的人類。普羅米修斯心生愧疚，於是將工藝技能和天火給了人類；從此之後，希臘神話就開始展現天界眾神如何上演祂們的權力遊戲，永遠在股掌間玩弄、阻撓、獎賞、懲罰世世代代的人類。人類很快就發展出想如同諸神創造和掌控生命的急切渴望。任性、草率、甚至堪稱邪惡的造物諸神在分配自然能力時漫不經心，而且還控制、或不顧祂們僅以掌中玩物視之的人類，如此想法在古人心中勾勒出了一種最令人膽寒的科學幻想型態，至今依然盤踞人心。[36]

公元前五世紀左右的雅典人非常敬重普羅米修斯這個神界的造反者，以及他帶給人類的珍貴贈禮。這位泰坦被雅典人供上神壇，與雅典娜及赫菲斯托斯並列，受人敬重；該處後來成為柏拉圖的雅典學院的樹林。雅典人會在該城最重要的慶典（泛雅典娜節（Panathenaia）上舉行接力賽，以示他們對盜火者普羅米修斯的敬意。跑者會從位在城外的雅典學院內的神壇起跑，繞行城中有陶匠和其他視普羅米修斯（及代達洛斯）為守護神的諸多工匠群聚的凱拉米克斯（Kerameikos）區。接力賽的高潮是最後一位跑者會在衛城內的雅典娜神壇點燃聖火。帕德嫩（Parthenon）神廟內宏偉的雅典娜塑像底座，就飾有普羅米修斯（以及赫菲斯托斯創造的潘朵拉）的浮雕。[37]

普羅米修斯的盜取天火之舉和隨後遭受的酷刑折磨，在中世紀和文藝復興時期昇華成了人類靈魂尋求啟蒙的象徵。從此以後，普羅米修斯便以象徵著創意、發明天才、人文主義、理性、英雄般的耐力和對抗暴政的形象，啟發著無數藝術家、作家、思想者和科學家。[38]

有兩部文藝作品便顯示普羅米修斯的創造如何影響著後世作家。在莎士比亞的《奧泰羅》（*Othello*, 1603）裡，奧泰羅說，一旦戴絲德夢娜（Desdemona）身體的「光芒」熄滅，他就無法讓屍身回復「普羅米修斯之熱」。如此暗示意指普羅米修斯藉著他從天上盜取而來的天火，將生命注入黏土人偶的概念。

一九三一年的《科學怪人》（*Frankenstein*）的電影中有一個撼人場景，則是以電力型態展現「普羅米修斯之熱」，讓以盜屍而得的屍塊拼組成的怪物動了起來。波里斯・卡洛夫（Boris Karloff）主演的這部電影是以瑪麗・雪萊的名著改編拍成。雪萊的《科學怪人》寫於一八一六年，並在一八一八年出版，這故事的型塑過程深受希臘古典時期的神話影響。瑪麗・雪萊的父親威廉・戈德溫（William Godwin）曾寫過一篇評論，談及追尋人造生命的神話人物，當中正包括女巫美蒂亞、艾莉克托（Erichtho），以及工匠代達洛斯和普羅米修斯。瑪麗・雪萊的友人詩人拜倫（Lord Byron）和珀西・雪萊（Percy Shelly）當時正在撰寫關於普羅米修斯的詩作。瑪麗・雪萊在小說中將她筆下的科學天才維克多・法蘭肯斯坦（Victor Frankenstein）形塑成是當代的「盜火者」普羅米修斯。她在書中也採用在當時甚為流行、有關煉金術、靈魂轉換術、化學、電力學以及人類生理的科學和偽科學概念。[39]

有些學者認為，瑪麗・雪萊的創作是受到駭人聽聞的約翰・帝培爾（Johann Dippel, b .1673）分屍解剖實驗傳聞影響；惡名昭彰的煉金術士帝培爾擁有的法蘭肯斯坦城堡，就位在瑪麗・雪萊寫下這故事的日內瓦湖畔別墅附近。一七九〇年代的社會大眾對於當時伽伐尼（Luigi Galvani）等人所做的電流刺激，以及引發的爭議並不陌生。她絕對也知道電流會讓動物或人類屍體詭異地「再度動起來」的病態實驗。例如，倫敦在一八〇三年就有一場對一具扭曲的受刑人遺體進行電擊的公開展示。一八一八年版的《科學怪人》並未言明讓拼湊的屍骸得以甦生的原理，但瑪麗．雪萊在一八三一年的修訂版中明白提及電療法。《科學怪人》的副書名是「現代普羅米修斯」，引用來源是哲學家康德（Immanuel Kant）一篇一七五六年的著名散文；康德在文中以富蘭克林（Benjamin Franklin）的「探索」電力之舉為例，對人類太過驕傲自負、「脫韁野馬般的好奇心」提出警告。[40]

瑪麗．雪萊講述了年輕科學家維克多．法蘭肯斯坦，以近兩年時間費盡心思打算造出一具聰慧的人造機械人。他利用從屠宰場和醫學解剖取得的「原料」，拼組出這個創造物。若根據這則「現代普羅米修斯」的故事，古代伊特拉斯坎文明的寶石刻繪中普羅米修斯拼組骨架與人體部位的舉動，似乎就成了令人毛骨悚然的預言。事實上，圖6.5和6.6卡拉法公爵的寶石收藏品的蝕刻版畫圖樣，曾在一七七八年出版過。在蘇格蘭版畫家兼古物收藏者詹姆士．塔西（James Tassie, 1735-99）大量的遠古和新古典時期的寶石收藏品當中，就有幾幅凹雕之作，顯示普羅米修斯正在進行尚未完成的軀幹和骨骼拼組工作。塔西的收藏品曾以兩卷圖錄的形式在一七九一年出版。[41] 瑪麗．雪萊和她的朋友圈極有可能曾經眼見或耳聞這些表現普羅米修斯以拼組身體部位的手法造人的寶石刻繪。

駭人的帖撒利巫女艾莉克托，有可能是另一個影響《科學怪人》的古典元素。這個巫女常在戰場與墳塚間遊蕩，找尋屍骸殘塊，以供自己施作巫術之用。艾莉克托的形象在盧坎（Lucan）公元一世紀的作品中最是著名；瑪麗．雪萊對於這位詩人的拉丁文詩作認識甚深。在描述凱撒與龐培之間鬥爭的《內戰》（*Civil War*）當中，盧坎描述了艾莉克托在硝煙仍盛的戰場上梭巡，駭人地尋覓肺臟仍堪用、好能讓它復活的屍體。在一個恐怖的場景裡，艾莉克托以動物屍塊與人體拼接，好讓屍身能動起來。在一個會令人聯想起美蒂亞的場景中，艾莉克托喃喃施咒，咬牙切齒，強迫死者回魂。這些屍骸痙攣地抖動著，繼而甦醒，而後走起路來「速度甚快，但四肢僵硬」，這難免讓現代人想起殭屍、活雕像、機器人走起路來關節僵硬的典型動作。這些活死人震驚於自己竟被這個女巫以違逆自然的手法招喚回魂，紛紛往火燃正旺的柴火堆裡投身自盡。[42]

在《科學怪人》這部常被認為是第一部現代科幻小說的故事中，科學家法蘭肯斯坦希望造出一具具備超然之美與靈魂的機械人，然而，最後造成的卻是具有知覺的醜陋怪物，怨恨自己被人從死中喚醒復生，繼而犯下種種大禍。有些早期的現代思想家認為，古神話中普羅米修斯遭到永無止盡的酷刑，其實是象徵他對自己當初是否真該造出人類、猶如囓其心肝般的懷疑。回應前述的康德所言，有些研究機器人歷史的學者認為，普羅米修斯的故事是一起警示，警告任何人若「企圖以人工手法創造生命，都是在逾越人類行為的界限，偏岔地走往神性的領域」。[43]一如在眾多的古代神話和大眾傳說中那些藉著超自然手法創造出人造生命的故事，《科學怪人》是一場扣人心弦的冥思，思考人類在未完全掌握知識和理解現實及道德後果的情況下，企圖超越自身限制和過度發展科學，將導致何等的嚴重性。

在某些敘述中，普羅米修斯是奉宙斯之命才造出第一批人類。雖是如此，但宙斯對他為了人類而盜取天火和天界工具也進行了報復（宙斯同時也另外想出讓人類永遠受懲的方式，我們將在下一章中見到）。在古人的想像裡，護著人類的普羅米修斯承受著宙斯的巨鷹啄肝折磨，時間從三十年、一千年到三萬年都有。根據許多藝術家曾描繪的一條神話線索，宙斯最後允許海克力士殺掉祂的「*Aetos Kaukasios*——高加索之鷹」，才讓普羅米修斯的極度痛苦得以終結。[44]

這隻日日折磨普羅米修斯的神鷹，牠的身世在各式神話版本中眾說紛紜。最特別的當屬許奎努斯所述；這位古羅馬圖書館管理員從無數希臘和拉丁素材中（多數現已佚失）蒐得大量神話資料，集結成《傳說集》（*Fabulae*）和《天文詩歌》（*De Astronomica*）兩部文論。許奎努斯檢視古代傳說寫道，「有人說，這隻老鷹是堤丰（Typhon）和厄克德娜（Echidna）所生，也有人說是產自蓋亞（Gaia）和塔耳塔羅斯（Tartarus）；但有諸多來源指出神鷹其實出自赫菲斯托斯之手。」（*De Astronomica 2.15*）。許奎努斯說，宙斯派去嚴懲普羅米修斯的這隻神鷹是由鍛造之神所打造，這不免讓人聯想到某種金屬的鷹形無人機，每天會定時導向飛去啄食普羅米修斯的肝。

值得注意的是，阿波羅尼奧斯對宙斯的這隻巨鷹曾有一段精彩決絕倫的描述，形容牠是一隻非自然、動作如同機械、會發亮的獵食猛禽。伊阿宋和阿爾戈英雄們曾觀察到這隻「閃亮的巨鷹每天下午都會發出刺耳嗡嗡聲響，飛過船上方，飛返高加索山的峭壁。儘管巨鷹翱翔雲端，但雙翼每次拍擊都讓船帆為之震動。牠的形狀與普通的鳥禽有別，雙翼上根根長羽起起落落，就像一排晶亮的船槳。」

還有幾條古代文字記錄，可做為這隻猛禽實為金屬材質的證據。例如，海克力士在「第六項功績」

中，殺光了斯廷法利斯湖的那群食人怪鳥（Stymphalian Birds）。這群怪鳥常被形容長有青銅羽毛，和能咬穿盔甲的嘴喙。中亞地區的史詩中，還可見另一種機械猛禽的形象。在關於格薩爾王（Gesar of Ling）的民間傳說中，邪惡的隱士拉塔納（Ratna）就打造出了三隻金屬巨鳥，要去暗殺英雄格薩爾。三隻猛禽巨大的羽毛是「鐵、銅材質的銳利薄刀」，而且「嘴喙如劍」；牠們俯衝而下攻擊格薩爾，但遭他以三箭射落在地。[45]

事實上，希臘人早在公元前五到四世紀就已造出機械鳥。奧林匹克運動會上會有一隻青銅老鷹飛上天際，昭告賽馬活動正式開始（Pausanias, 6.20.12-14）；還有一隻由科學家阿爾庫塔斯（Archytas）打造的飛天白鴿模型。如第一章所述，阿波羅尼奧斯在托勒密時期的亞歷山卓城內，也曾見過許多人型機械和自動機具（這些東西和歷史上的發明，可參見第九章）。[46]

正如後續章節即將揭露的，天神赫菲斯托斯打造的宙斯神鷹並非希臘神話和歷史中唯一為殘殺或折磨之用而造的道具。在赫菲斯托斯多如繁星的作品中，有大量「造出，而非生成」的精密自動機械與人為創造物。有些能為人節省勞力，但其他的卻是刻意要造成傷害。

第七章

赫菲斯托斯

神的道具與機械人

古希臘羅馬神話的眾神當中，只有一位擁有職業。這位天神不僅勤於勞動，甚至還會流汗。這位天神具有高度智慧，出自其手的工藝之作甚至讓人明白何謂奇蹟。這位辛勤的天神是赫菲斯托斯，鍛造、工藝和發明的超凡巨匠。

赫菲斯托斯是眾神裡的「邊緣人」，他不僅瘸腿，在某些傳述裡甚至沒有生父。他不僅遭生母赫拉（Hera）和妻子阿芙蘿黛蒂所棄，有段時間甚至還被逐出奧林帕斯山。然而，眾神對赫菲斯托斯敬畏有加；每當祂們需要什麼設計精巧、作工精細的物件，就會去委託這位鍛造之神。赫菲斯托斯以黃金和大理石打造破解不了的鎖，護衛眾神的宮殿，也為天神和英雄造出特殊武器、盔甲和裝備，當中包括為阿波羅和阿耳忒彌斯製作箭矢，為英雄佩琉斯打造美杜莎盾牌，為海克力士、阿基里斯、狄俄墨德斯（Diomedes）和門農製作盔甲，還有雅典娜的持劍和阿波羅的戰車。他也以象牙做出肩胛骨，供英雄珀羅普斯替換，為美蒂亞的父親埃厄特斯打造噴火銅牛，同時築造四座分別湧出美酒、牛奶、油脂和冷熱水的奇妙噴泉。赫菲斯托斯還被迫受宙斯命令，造出將普羅米修斯鐐銬於山壁的鎖鍊；這位鐵匠之神也打造了宙斯駭人的閃電，藝術作品常將這閃電描繪成是一捆有如標槍般可執射出去的拋擲物。宙斯手中的權杖也是赫菲斯托斯所造——據傳，這只權杖曾歸特洛伊戰爭中的阿卡曼儂王（King Agamemnon）所有，曾展示在奇羅尼亞（Chaeronea）某座神廟中，也是保薩尼亞斯（9.40.11-12）聲稱見過、應為赫菲斯托斯所造的幾件物品之一。[1]

關於赫菲斯托斯冶煉場的文字描述，最早可見於《伊利亞德》當中某個延伸段落。在那場景中，女神忒堤斯登門，要求赫菲斯托斯為愛子阿基里斯打造一套威風凜凜的盔甲（fig.7.1）。這位女神見到祂「因汗水而發著光」，正在青銅築起的住所內，利用無數不同的工具忙於鐵砧上的工作。赫菲斯托斯拿起海綿抹去眉頭汗水，擱下手上工作，將工具收進銀櫃裡，迎接這位來客。

忒堤斯希望打造一套青銅頭盔、紋飾豐富的盾牌，還有比赫菲斯托斯先前作品還更華美的護胸和護腿甲冑。文中隨後便是對各武器的詳細描述。正中央的盾牌「以上好的青銅、錫、銀和金打造」，同時「以五層鍛造而成」，帶有「三層圓

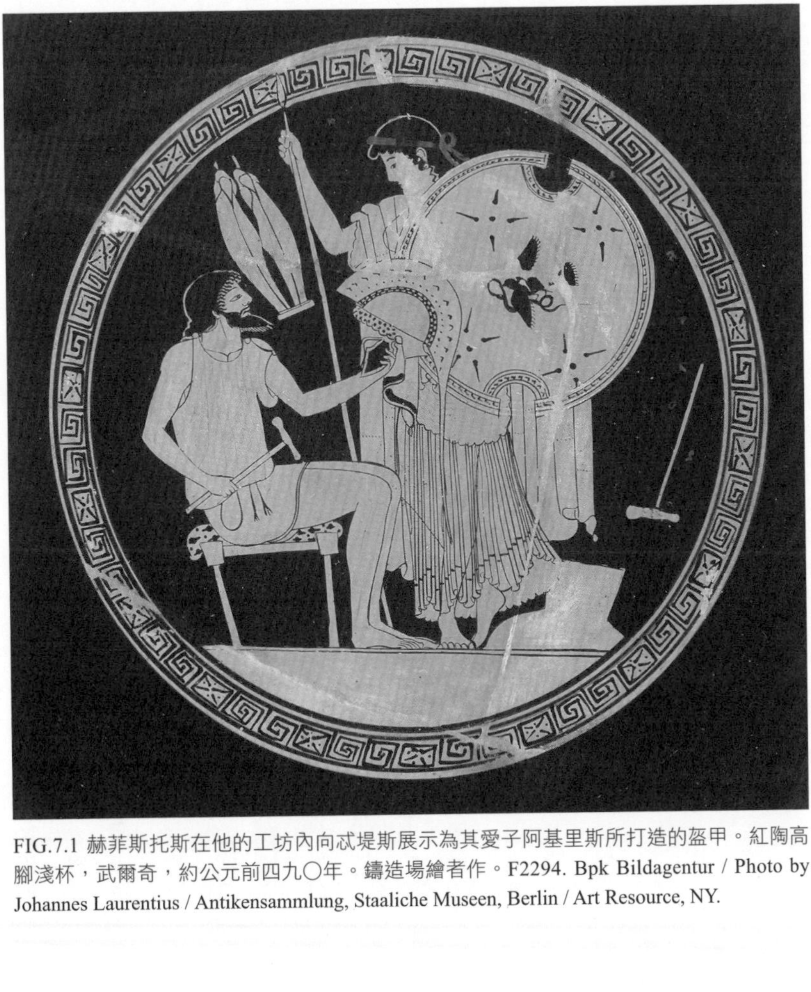

FIG.7.1 赫菲斯托斯在他的工坊內向忒堤斯展示為其愛子阿基里斯所打造的盔甲。紅陶高腳淺杯，武爾奇，約公元前四九〇年。鑄造場繪者作。F2294. Bpk Bildagentur / Photo by Johannes Laurentius / Antikensammlung, Staaliche Museen, Berlin / Art Resource, NY.

邊」。荷馬細膩描述造出這只盾牌的純熟工藝，讓現代的工程師甚受吸引，史蒂芬諾斯・派珀堤斯（Stefanos Paipetis）便是其中之一。派珀堤斯指出，赫菲斯托斯利用了複合材質，打造出「各自性能截然不同的接合金屬薄片」。這位天神的手藝代表著人類的冶金知識在荷馬當時（公元前八世紀）、甚至是口述傳說中那更早的時期，在「薄片合成結構的力學特性」上已達理想的完美程度。[2]

《伊利亞德》稍後寫到，做工精良的盔甲上那細密、複雜的浮刻景象栩栩如生，在特洛伊之戰中令阿基里斯和同袍們讚嘆不已。這只巧奪天工的盾牌上呈現的場景是「活靈活現，兼具動作、聲響和人物的人造世界」。[3]盾牌上場景內的人物好似在「會動的金屬影片」當中，「生氣勃勃地行動著；他們能感知、思考及爭論」，而且有聲音，「一如活生生的人類」。荷馬的描述讓人聯想到奧德賽在冥府所見、而且驚懼的逼真詭異景象，也預示了公元前四世紀的藝術家、薩摩斯島的塞翁所創造，結合了聲光和樂音的「虛擬實境」幻象（第五章）。荷馬在《伊利亞德》這個奇怪又矛盾的段落裡，強調了盾牌上場景的驚人寫實性，巨細靡遺地說明赫菲斯托斯在「建構不同人物」且「吸引人注意其工藝寫實性」上所用的不同金屬及工法。荷馬的如此描述讓人不禁思考，「若非參考過某些確實的物件，這些描述字詞怎能如此精確？」[4]

在我們繼續探看赫菲斯托斯的奇蹟之作和其他人造生命工藝之前，值得先稍停片刻，看看金屬盔甲這其實可算是最早能強化人類能力的道具。青銅盔甲的設計本意是要保護穿者軀體，使其不易受傷，但希臘古典時期的青銅盔甲最引人注目之處，是在它的形體。胸甲是一件盔甲最主要的組成，其外型是要讓穿者表現出以青銅鑄成、理想化的男性體格。這種「解剖學式」的盔甲又稱「英雄」盔甲或「肌肉」盔甲，最早出現在古希臘時期，並在公元前五世紀開始普及。這樣的盔甲通常會製成前、後兩件式，並以繫帶固定。錘打而成的青銅盔甲會打造得與穿者上半身軀體相符，同時帶有乳頭、肚臍，和形狀明顯的胸腹部肌肉等寫實浮雕細節，模擬出如同神話中強壯的海克力士那般「英雄」的裸身軀幹，而青銅護脛套也會

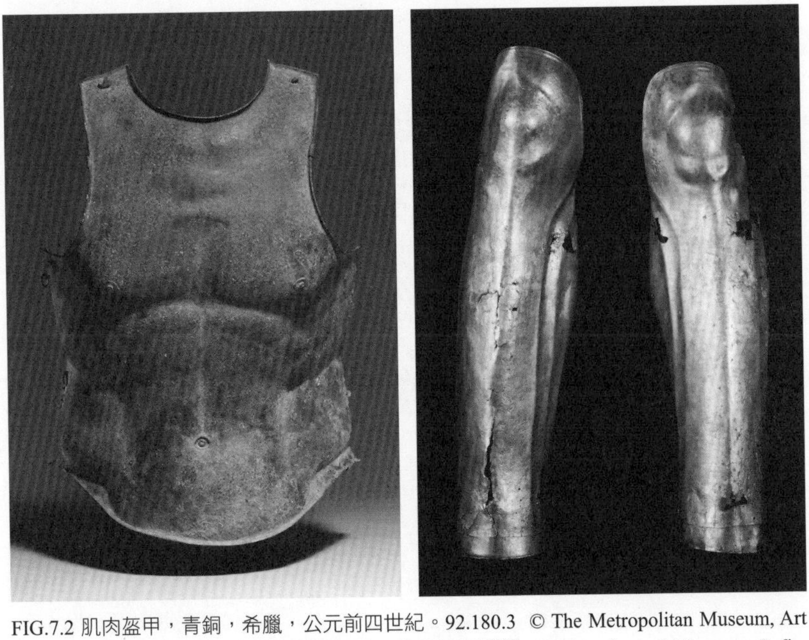

FIG.7.2 肌肉盔甲，青銅，希臘，公元前四世紀。92.180.3 © The Metropolitan Museum, Art Resource, NY. 護脛套，寫實的護腿盔甲，公元前四世紀。Archaeological Museum, Sofia, Bulgaria. Erich Lessing / Art Resource, NY.

做出膝蓋和小腿肌肉的形狀。

穿上青銅盔甲防護胸腿的重裝備古希臘步兵，就等於披上一付複製出理想化的裸身英雄青銅塑像外觀的外甲。值得注意的是，古代瓶繪上常人士兵所穿的青銅英雄盔甲（fig.7.3），竟與瓶繪上以黃白色畫出機械人塔羅斯強健的青銅身軀相類似（參照fig.1.3, 1.4, plate 1）。不論穿者原本體型如何，青銅胸盔和護脛能讓每個士兵皆化身為滿身肌肉、令人畏懼的戰士。一群穿著肌肉盔甲的希臘重裝步兵朝前行進，發出噹啷金屬響聲，如此方陣呈現的將會是一堵由超人般的青銅戰士組成的移動高牆。[5]

之後，古羅馬人也採用了這種英雄盔甲，讓自己能如同海克力士那般強壯。他們甚至更進一步為這儀式性的盔甲再添裝飾，有時還加上寫實的銀質面具，讓穿戴者在外觀上更像是全金屬的超級戰士。有些尚武的古文明在打造盔甲時，會刻意以鐵人大軍的模樣唬嚇敵軍，中亞的欽察人詭異的鐵面具即是一例（中世紀伊斯蘭傳說中關於亞歷山大的鐵騎大軍故事，可參見第四章）。原本當成金屬外甲來穿的盔甲，在歐洲中世紀時期已演化成騎士在揮劍或持矛決鬥時會穿的那種精細、沉重的全身板甲。而現代的軍事科學家也正如我們在第一章所見，正以塔羅斯形象為藍本，要將高度先進的外骨骼構想化為現實，甚至還加附電腦和感應器，以進一步強化其功能。

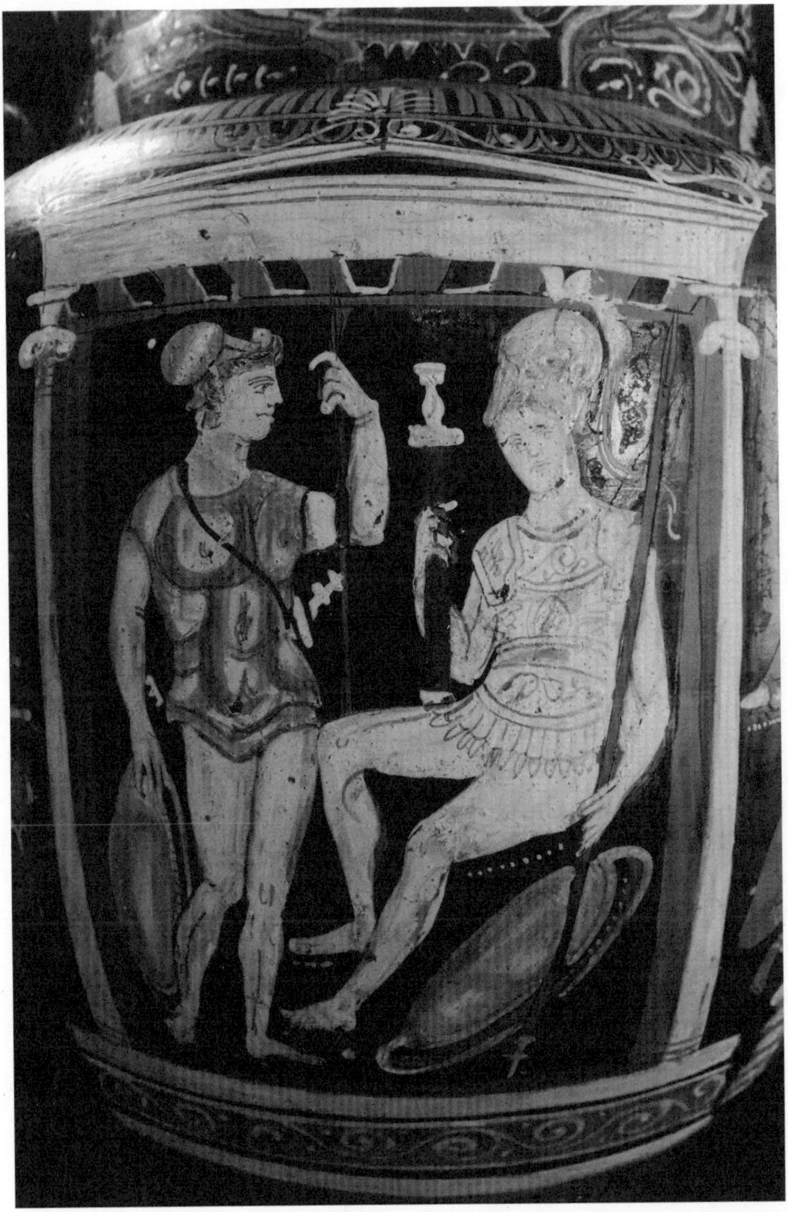

FIG.7.3 瓶繪上的「英雄」盔甲，公元前三二五年。National Archaeological Museum of Spain. Photo by Marie- Lan Nguyen.

赫菲斯托斯因為身為天神，手藝和能力之精湛，程度遠非凡人工匠所能企及。他的工藝之作展現出驚人創意和技巧，超越了俗世的同儕代達洛斯。不過，就像代達洛斯和普羅米修斯，世人想像中的赫菲斯托斯在工作時所用的，也是凡人鐵匠等工匠會用的工具和技法。古代藝術和文學中呈現的赫菲斯托斯形象，也和代達洛斯及其他工匠一樣，身旁有各式工具和半完成的機具或雕塑圍繞著。在古希臘瓶繪和古羅馬壁畫上（赫菲斯托斯在古羅馬文化中的名字為兀兒肯Vulcan）描繪工作中的鐵匠和雕塑家的情境，也詳實反映著赫菲斯托斯在鍛造場內工作的典型情景。6

赫菲斯托斯的作品有許多都是特意為天上眾神而打造。例如，為了讓眾神能輕鬆駕著雙輪戰車進出奧林帕斯山上的居所，他造出能以絞鍊自行旋轉開闔的大門；研究古典希臘文化的學者丹尼爾．孟德爾頌（Daniel Mendelsohn）便笑稱，這項發明「比現代人的車庫自動門還早了將近三千年」。7

赫菲斯托斯設計了兩樣道具，對付他不忠的妻子阿芙蘿黛蒂和當年棄他於不顧的母親赫拉。在一則神話中，他以強韌、卻又細到不可思議的金屬絲，造出一張幾近隱形的密網，用來抓姦正和戰神阿瑞斯在臥榻上交歡的妻子。為了報復母親赫拉當年棄他而去，祂向她展示一張黃金寶座，這寶座內機巧地暗藏了某種可能是彈簧或槓桿等機械零件構成的陷阱，只要她一坐上去，就會立刻被困住。上座的赫拉果然動彈不得，直到赫菲斯托斯放了她。有幾幅古代瓶繪就描繪出這個場景，其中一只就呈現赫菲斯托斯正在鬆開腳鐐的畫面。8

赫拉並無她兒子那樣的工藝能力。要對付丈夫宙斯，她利用的是一個名為阿耳戈斯（Argus）的超自然生物作為警衛。阿耳戈斯的特殊能力可視為某種神性的人工強化能力。在赫希俄德詩作《埃奎米俄斯》

FIG.7.4（PLATE 4）鐵匠手持工具工作中，紅陶高腳淺杯，公元前六世紀末。1980.7. Bpk Bildagentur / Photo by Johannes Laurentius / Antikensammlung, Staatliche Museem, Berlin / Art Resource, NY.

（*Aegimius*）的殘存片段和後續文字中，巨人阿耳戈斯受赫拉命令，嚴密看管化身成為一頭小母牛的寧芙伊俄（Io），好讓她不受宙斯糾纏。阿耳戈斯別名帕諾托斯（Panoptes，意指「全見」），他從不睡覺，眼睛能看四面八方，而他的眼睛數量又因傳說來源不同，而有四顆到一百顆不等的說法。公元前六到四世紀希臘瓶繪上的阿耳戈斯全身覆滿眼珠，一如阿波羅多羅斯的描述。希臘北部的亞非堤斯（Aphytis）古城近期有一只潘神繪者（Pan Painter）繪於公元前四七〇年的細緻酒壺（lekythos, fig.7.6）出土，壺上那形似人類的阿耳戈斯全身就覆滿眼睛，而且長著一顆看往兩個相反方向的雙面神亞努斯（Janus）形狀的頭。[9]

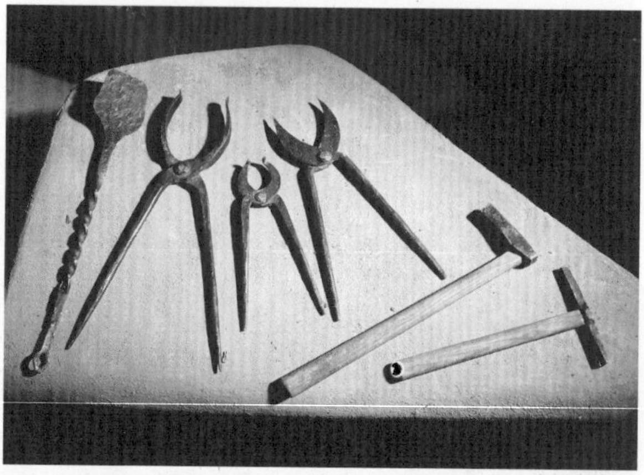

FIG.7.5 上圖：鐵匠工具，約公元前二五〇年。Museum für Vorgeschichte, Asparn, Zaya, Austria. Erich Lessing / Art Resource, NY. 下圖：在捷克的Byci Skala洞窟中發現的古代鐵匠工具，公元前六到五世紀。Naturhistorisches Museum, Vienna. Erich Lessing / Art Resource, NY.

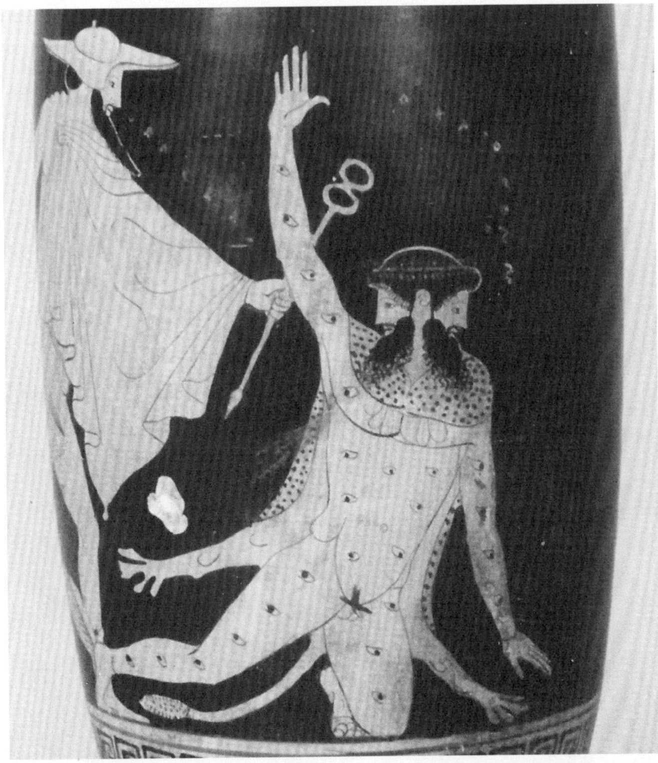

FIG.7.6 多眼、雙面頭的阿耳戈斯。亞非堤斯出土、潘神繪者所造的雅典紅陶酒壺，約公元前四七〇年。© Hellenic Ministry of Culture and Sports, courtesy of Ephorate of Antiquities of Chalcidice and Mount Athos.

這個永遠不睡覺、能從各個角度監看、隨時高度警戒的看守者的遠古神話，不僅啟發了邊沁（Jeremy Bentham）為公家機構和監獄而造的圓形監獄（panopticon）設計概念，也預示了監視攝影機在現代世界將會無所不在。這也是為何有無數保全系統都是以Argos或Argus為名。前述美軍研發的那套強化士兵感官能力、電腦化的盔甲TALOS，也有如同阿耳戈斯眼睛般的「複眼」功能；其他科學家也正研發能讓士兵如同赫拉的守衛這樣可以不眠的方式。[10]

在赫菲斯托斯打造的眾多機具中，最令人著迷的莫過於那些極度逼真、軀體身形模擬自然，而且具有某種類似心識之物的自動或非自動機械人。我們先前已見識過赫菲斯托斯幾樣會活動的創造物：克里特島的青銅巨人護衛塔羅斯，伊阿宋用以犁田的噴火銅牛柯爾奇斯（Khalkotauroi），以及宙斯派去折磨普羅米修斯的巨鷹。其他出自赫菲斯托斯之手、栩栩如生的動物，還包括馬、狗，以及一隻獅子。除了塔羅斯之外，現存的所有文字史料中，都不見對這些金屬奇物的機械構造或內部運作方式的描述。[11] 但它們顯然都是來自以科技工藝打造出塔羅斯和其他機械人的發明之神手中。

關於赫菲斯托斯的動物型機械的描述，絕大多數都非常古老。但拜占庭時期的詩人諾努斯（*Dionysiaca* 29.193）記述的故事是例外；他想像赫菲斯托斯打造了一對會動的青銅駿馬，好用來拉動卡比洛斯（Cabeiroi）、也就是他兒子們堅固的馬車。這對駿馬就和那對銅牛一樣，口中也會噴出火焰。「牠們的銅蹄踢土揚塵，發出巨大聲響」，這馬型機械甚至會「從喉頭處發出沙啞的嘶嘶馬鳴」。諾努斯所處的公元五世紀那時，有許多發明者在這數世紀以來已造出真正能自動的機具（第九章）。這些真實的創造物當中，可能有幾項確實啟發了諾努斯，在詩中將噴火馬想像成是古神話中的那銅牛的分身。

赫菲斯托斯的銅馬有一項年代更早的藝術品證據，就在一面公元前四世紀、奇特的伊特拉斯坎銅鏡上。銅鏡上所刻的駿馬塑像和銘文讓研究伊特拉斯坎文化的學者及古典藝術史家非常為難。我們知道，伊特拉斯坎人在口傳希臘神話時自有其詮釋版本，這面銅鏡上是一匹寫實的金屬駿馬塑像（標名為佩克斯

FIG.7.7（PLATE 8）赫菲斯托斯（塞瑟蘭）和其助手伊圖勒正在製作人造馬（佩克斯），伊特拉斯坎銅鏡，公元前四世紀，義大利澳爾耶維托（Orvieto）。BnF Cabinet des Medailles, Bronze. 1333, Photo by Serge Oboukhoff © BnF / CNRS-Maison Archéogie & Ethnologie, 2011. B. Woodcut of mirror, Victor Duruy, *History of Greece*（Boston,1890）, redrawn by Michele Angel.

Pecse），塑造者是塞瑟蘭（Sethlans），這是赫菲斯托斯在該文化中的名字，以及一個手執鐵鎚、名為伊圖勒（Etule）的助理（fig.7.7, plate 8）。

有些學者認定，這匹標名為佩克斯的馬正是特洛伊木馬，但如此詮釋也引出了幾個疑點。佩克斯是天馬佩加索斯（Pegasus）在伊特拉斯坎文化中的稱呼，但銅鏡上這匹馬並沒有翅膀，而且在希臘神話中，天馬也不是赫菲斯托斯所造，而是從蛇髮女妖戈爾貢（Gorgon）被砍下的頭當中誕生的。銅鏡上這匹馬沒有輪子，但特洛伊木馬在最早的希臘藝術品形象中是附有輪子的。[12]在既知的神話裡，沒有任何一段曾談及赫菲斯托斯與特洛伊木馬有所關連。根據荷馬所述（*Odyssey* 8.493），特洛伊木馬是由一位名叫埃佩歐斯（Epeius）的希臘工匠以木材建成，與赫菲斯托斯無關，而且造馬過程也沒有得到雅典娜之助，或將之獻給雅典娜（這段故事可參見fig.5.4的瓶繪圖案）。

那麼，伊圖勒又是誰？伊圖勒有可能指的是埃佩歐斯，但如果這是伊特拉斯坎版本的特洛伊木馬傳說，那麼，他就是受赫菲斯托斯的指導或啟發，而不是雅典娜。埃佩歐斯確實和義大利有淵源：他曾是梅塔蓬托（Metapontum）這座古希臘在南義大利殖民地想像中的建城者。據說，當地人曾將埃佩歐斯的工具陳列在城裡的雅典娜神廟內。[13]

在這面銅鏡上，塞瑟蘭／赫菲斯托斯正將某種材料團團繞在馬頸上，右手也拿著同樣的素材，看似正在添補或刪去一些黏土，製造塑模，一如古代的青銅鑄造工法。在一只更早期、約是公元前四六〇年的雅典紅陶瓶繪上，有一個畫面可做為對照比較。這只瓶繪上的場景非比尋常，一個顯然不是赫菲斯托斯的天神竟然正以手工打造一個栩栩如生的生物。圖7.8（plate 9）顯示的，是雅典工匠的守護神雅典娜正在塑造一

FIG.7.8（PLATE 9）雅典娜以黏土塑造馬匹模型，她手捧黏土，腳邊也有一堆。上方左側可見鋸子、鑽子和弓鑽，而馬的後腿仍未完成。雅典紅陶酒瓶，大約公元前四六〇年。F 2415. Bpk Bildagentur / Photo by Johannes Laurentius / Antikensammlung, Staatliche Museen, Berlin / Art Resource, NY.

匹馬（特洛伊木馬）的黏土模型。這匹馬兒的後腿尚未完成，而且馬身依然粗糙；在女神身後有鋸子、鑽子和弓鑽，這些是代達洛斯、赫菲斯托斯，以及其他工匠在作坊中都會用上的工具。雅典娜腳邊有一堆黏土，她正將手中黏土敷覆在馬頭上。雅典娜在這只希臘古典時期瓶繪上以黏土造馬的畫面，和伊特拉斯坎銅鏡上塞瑟蘭／赫菲斯托斯將黏土敷於馬頸的景象非常相似。[14]

再細看這面青銅鏡上的圖像（fig.7.7, plate 8），你會注意到這匹栩栩如生的人造馬前腳還拴著縛繩。對一座沒有生命的雕塑而言，這是個奇特的細節。這縛繩乍看雖然有點奇怪，但只要回想古時雅典人會戲稱得將「活雕像」拴綁起來，免得它們逃跑（第五章），這細節也就不足為奇了。馬腿上的繩鍊能強調出這匹人造駿馬究竟有多真實——或者，它可能暗示著塞瑟蘭／赫菲斯托斯及助手打造駿馬塑像，顯然是在演示一個不明的伊特拉斯坎傳說。

•

除了青銅守衛塔羅斯之外，赫菲斯托斯還為米諾斯王打造了兩份禮物。其一是永遠不會錯失目標、而且箭矢源源不絕的箭筒。另一樣就更有趣了，是一隻行動敏捷、永遠不會錯失獵物的超自然獵犬（牠的形象就出現在克里特島描繪塔羅斯的硬幣反面）。這隻謎樣的犬型創造物有許多傳奇，牠有時被視為機械狗，有時又被當成獵捕能力一等的神犬。這隻狗常被稱為拉耶普斯，就出現在一個要從米諾斯王開始說起的故事裡（*Epigoni*，是荷馬史詩已佚散的一部分）。

我們記得，米諾斯王的妻子巫女帕西淮曾詛咒他在偷歡射精時會噴出毒蠍，想藉此讓丈夫對她忠心不二（第四章）。米諾斯王最後是藉另一位名叫普羅克里絲（Procris）的女巫下了一個反向的毒咒，才治好這個怪問題。國王於是將狗兒拉耶普斯送給這位女巫，以示感謝。普羅克里絲的丈夫刻法羅斯（Cephalus）隨後把狗兒帶到了希臘的玻俄提亞（Boeotia），打算去獵捕那隻永遠無法為人捕獲的惡狐透墨索斯（Teumessian

Fox）。這場想像中的神犬獵惡狐行動於是衍生出一道在希臘神話和哲學中眾所皆知的矛盾難題。捕捉獵物永不失手的獵犬和一隻永遠抓不到的狐狸對決，這個尷尬的矛盾難題就在宙斯將兩方化為石頭後，才得以化解。底比斯城附近遠古時有一雙狐狸和獵犬形狀的岩石，曾是當地名勝。[15]

獵犬拉普耶斯的故事常與金獵犬（Golden Hound）的神話相互糾纏、混淆，令人困惑。宙斯的母親瑞亞（Rhea）命令這隻以黃金打造而成的機械獵犬，保護在克里特島上躲避生父克洛諾斯（Cronus）的宙斯；克洛諾斯想殺掉襁褓中的兒子。那麼，是誰以黃金打造出這隻守護犬？有人說，這隻金獵犬是稱作柯瑞特（Kouretes）或達克堤利（Dactyloi）的地精或代蒙（Daimon）鍛造出來的，他們身負在克里特島上保護小嬰兒宙斯的責任。（他們也與打造羅德島上活雕像的忒爾喀涅斯人有關；參見第五章。）但另有一說，聲稱這隻金獵犬是赫菲斯托斯一手打造。無論如何，當宙斯日後拿下奧林帕斯山上的大位時，祂命令這隻金獵犬繼續留在克里特島，守護祂兒時在島上的神廟勝地。根據一條神話線索，潘達瑞俄斯（Pandareus）從神廟中竊走了這隻珍貴的金獵

FIG.7.9　荷米斯尋回赫菲斯托斯打造、遭潘達瑞俄斯盜走的金獵犬。黑陶杯，約公元前五七五年。Heidelberg Painter, Louvre A478. © RMN-Grand Palais / Art Resource, NY.

犬，但天神荷米斯（Hermes）隨後將之尋回。荷米斯為宙斯找回金獵犬的這段過程，就出現在一幅公元前六世紀初的古老瓶繪當中（fig.7.9）。

公元前二世紀時，克羅豐的尼坎德（Nicander of Colophon）這位詩人將眾多故事相互交織，以讚揚行動敏捷、在真實世界深受古希臘狩獵者喜愛的摩洛梭（Molossian）及夏歐內（Chaonian）獵犬的身世起源。尼坎德寫道，「據說，這些獵犬全都是一隻狗兒的後代，」一隻由赫菲斯托斯打造的狗，而牠是「以代蒙的青銅鑄造，其中注有精魂」。尼坎德描述，米諾斯王將這隻獵犬送給了巫女普羅克里絲，又轉送到刻法羅斯手上，最後被宙斯化為石頭。尼坎德使用「據說」語句，幻想一隻金屬狗能和活生生的狗生衍後代。這位詩人翻玩了一個概念——人造的動物能如此「真實」，真實到甚至能繁殖後代，就像之後古羅馬時期一些作家，想像非胎生的象牙少女葛拉蒂亞和潘朵拉這麼「像人」，像到竟然能夠生育。尼坎德運用這個詩意的誇張比喻，為古時最優秀的獵犬賦予了神性的血統脈絡，就像雅典的工匠無不認為代達洛斯正是自己的祖先（第五章）。[16]

關於赫菲斯托斯以金屬打造的動物，已知最早的故事就出現在《奧德賽》當中（7.91-98）。荷馬在該場景中描述了一金一銀的一對狗兒，守護著阿爾喀諾俄斯王（King Alcinous of the Phaeacians）位在先進而神祕的腓埃基亞王國裡的壯麗宮殿。奧德賽對這兩隻「以精湛技巧打造」、站在裝飾華美的大門前護衛宮殿的猛犬讚嘆不已。

荷馬以「不死、無齡」形容這兩隻永遠處在警戒狀態的獵犬。有些神話詮釋說這兩隻大狗會起身攻擊、甚至噬咬入侵者，但對於狗兒是怎麼個動法並未詳述，荷馬也未做說明。另有一說是這對金犬和銀犬曾經幫助過海神波塞頓（Poseidon），海神而後將牠們送給了阿爾喀諾俄斯王。[17]

赫菲斯托斯曾打造出一隻青銅獅子，守護列斯伏斯島（Lesbos），這段神話先前有三個混沌不清的版本，但在一九八六年終於真相大白，敘述就出現在一張公元二世紀、但破損情況嚴重的莎草紙碎片中。碎片上的資料似乎可回推到公元前三世紀，根據其上記載，這隻青銅獅子平時就藏匿在列斯福斯島的海岸，抵禦來自安納托利亞（小亞細亞）大陸的攻擊。這故事符合遠古及中古時期認為青銅塑像可充作守衛和「魔盾」的看法（第一章），而某些雕像、例如塔羅斯或金獵犬，在想像中甚至還具有「行動能力」。

列斯伏斯島的青銅獅子塑像是以兩個步驟製成，也讓人回想起先前詩人尼坎德提及置入青銅獵犬體內的「精魂」。敘述中的赫菲斯托斯鑄造出中空的獅子後，接著將某種能源物質放進其中。這個賦予生命的物質「對人類有益」。[18]這步驟讓人回想起第二章中美蒂亞在中空的女神阿耳忒彌斯塑像內灌入威力強大的靈藥的場景，以及塔羅斯體內以靈液型態存在的內在動力（第一章）。這個受「對人類有益」的能量驅動的人造青銅獅子，似乎預見了艾西莫夫在一九四二年提出的機器人學第一定律：機器人不得傷害人類。儘管塔羅斯和其他古代機械人早就打破了這條定律，研究機器人倫理學和人工智慧的現代專家仍和這條定律互有共鳴。在二〇一七年由生命未來研究所（Future of life Institute）起程、為確保人類倫理價值不因人工智慧發展而遭破壞而簽署的「阿西洛馬人工智慧原則」（Asilomar AI Principles）條文中，總數二十三條條文的最後一條便表明，「超級人工智慧只能為……全體人類的利益而發展」。[19]

當女神忒提斯登門來訪時，赫菲斯托斯正忙著鑄造二十只架在黃金輪子上的青銅三腳鼎；他正將握柄和大釜鉚接在一起。在古典希臘時期，以三腳架將盆子或釜立起來的青銅三腳鼎是隨處可見的日常家具。儀式用的三腳鼎裝飾華美，常用於神廟獻祭上，或做為獎賞與贈禮。赫菲斯托斯發明的這組三腳鼎大隊非常奇特，會在眾神的盛宴上自動穿梭，在席間為眾神運送仙饌與神酒，宴席散後再返回赫菲斯托斯的工坊（Homer *Iliad* 18.368-80）。荷馬並未提及這些三腳鼎的內在運作方式，但它們能自行遊走、改變方向，確實符合機械的定義。

《伊利亞德》裡描述三腳鼎和奧林帕斯山上自動門的段落（5.749；18.3766），是古希臘字「*αὐτόματον*」最早出現的地方；該字意思是「依其自我意志而行動」。亞里斯多德曾在四世紀時引用荷馬詩句，並將這三腳鼎小車視為機械人（*Politics* 1.1253b）。值得注意的是，菲洛斯特拉托斯（公元一七〇至二四五年）也描述了逍遙學派的賢者提亞納的阿波羅尼烏斯，曾在公元一或二世紀時，在印度見到許多奇異景象（*Life of Apollonius* 6.11）。在他所見的奇景中就有自動三腳鼎，以及穿梭在皇室宴席間的自動斟酒機械人。正如許多現代歷史學者指出的，奧林帕斯山上那些能自行移動、伺候眾神的三腳鼎，會讓現代人聯想到掃地機器人，無人駕駛車輛，以及軍工機械人。荷馬筆下的神話提醒了我們，人類對於「自動化」的渴望可說源遠流長。[20]

然而在現存的古希臘藝術品中並不見帶輪三腳鼎的蹤影，考古上也未曾有過實例發掘。不過，在幾處歷史可回溯到公元前十二至十三世紀青銅時期的地中海區域，倒是曾掘出許多用來搬運大釜、裝飾華麗的四輪青銅貨車。現代人或許能推測出，荷馬描述中的自動三腳鼎，內部或許有軌道、彈簧、齒輪、弦線、滑輪、砝碼、曲軸或是磁鐵等組成的運作系統。的確，在希臘皮耳勾斯城（Pyrgos）附近的寇沙納斯古希臘科技博物館（Kotsanas Museum of Ancient Greek Technology）內，就可見到一組自動三腳鼎的運作推想模型。這組模型用上了鉛錘、砝碼、繩索和橫銷等零件組成，是之後由費隆（Philo）和希羅這兩位在亞歷山卓城工程師研發出來的技術（第九章）。[21]

公元前三世紀左右，埃及的亞歷山卓城挾其宏偉的圖書館和博物館，成為當時機械科技的創新中心。或許是受到《伊利亞德》裡帶輪三腳鼎的啟發，生於希臘拜占庭（Byzantium）、但在埃及亞歷山卓城生活的費隆，研發出了一款女形伺酒機器人。這個機器人本身雖不會動，但能輕易地在裝上輪子後在坡道上行進，而且設計簡單，只要運用在古典希臘時期可取得的材料、技術和科技便能成型。[22]之後，在阿爾圖格王朝（Artuqid）統治東小亞細亞期間，創意力十足的工程師加札利（al-Jazari，公元一一三六年生），就曾在他寫於公元一二〇六年的文論裡，描述這具附輪女僕機器人。在這個設計中，酒液會從頂部管子注入，滴入凹槽，直到注滿凹槽後再流進機械人手中的杯內。杯中重量隨後會讓機械人滑下斜板，朝酒客前去。[23]

這些自動三腳鼎和其他類似神話的重點在於，早在遠逾兩千五百年前的荷馬時代，由技藝超凡的工匠打造、設計精巧、可自動推進的小車，儘管內部運用的科技並不明，但古人至少已能在神話領域上想像出這樣的東西。[24]

雖然古希臘藝術品中不見滾輪三腳鼎的蹤跡，但一只約於公元前五〇〇至四七〇年間製成的瓶子上，卻有一個驚人的飛天三腳鼎圖像；據信這美麗的瓶繪（fig.7.10）是出自極具天分又富創意的「柏林繪者」（Berlin Painter）之手。瓶上畫面顯示天神阿波羅坐在一只帶有翅膀的三腳鼎上，飛過可見海豚躍起的海

FIG.7.10 阿波羅坐在他的三腳鼎上，飛過可見海豚和其他海底生物的海面。雅典紅陶水罐，約公元前五〇〇至四八〇年，柏林繪者。Vatican Museums, Scala / Art Resource, NY.

面。眾所周知，阿波羅的女祭司在進入德爾菲神諭（Delphic oracle）的出神狀態時，會坐在三腳鼎上。古時有一則黃金三腳鼎的傳說，相傳金鼎是赫菲斯托斯打造，曾是特洛伊美女海倫的身邊物；德菲爾神諭指定這只金鼎應歸全天下「最睿智的男子」所有。根據神諭所示，三腳鼎會自行前往最睿智的男子那兒。這只金鼎略過了古希臘七賢者（Seven Sages），最後來到阿波羅身邊。[25]這個奇特的傳說是否與瓶繪中阿波羅的三腳鼎「化為一具美妙的飛行器」有某種程度的關聯？瓶繪上的畫面極為獨特，描繪

FIG.7.11　特里普托勒摩斯坐在他的飛天椅上。在武爾奇出土的雅典紅陶杯，亞伯頓繪者（Aberdeen Painter）約公元前四七〇年。Louvre G 452, Canino Collection, 1843, photo by Marie-Lan Nguyen, 2007.

的神話也不詳。[26]這樣的飛行機具或許也是由造出黃金鼎、為作弄生母而造的陷阱椅，以及穿梭諸神席宴間的自動三腳鼎大隊的赫菲斯托斯所造。確實，有許多文字和藝術證據也顯示，古人會將飛行「機器」想像成是帶輪戰車的模樣，這在當時可說蔚為風潮。

在呈現飛天椅或戰車的諸多瓶繪中，有三只是出自柏林繪者之手；而既知最早的一個例子，是一只約在公元前五二五年由「天神繪者」（Ambrosios Painter）所畫的瓶子。這個畫面顯示赫菲斯托斯坐在帶著翅膀的輪椅或戰車上（赫菲斯托斯是瘸子），該圖描繪的故事不明。其他幾只瓶子則呈現與狄蜜特（Demeter）和厄琉息斯祕儀（Eleusinian Mysteries）有所關聯的特里普托勒摩斯（Triptolemus）；這位天神已坐在、或正要登上他的飛天輪椅戰車（fig7.11）。這段神話描述的是女神狄蜜特指派特里普托勒摩斯，搭乘飛天戰車下凡傳播農耕知識。在眾多古老資料中，有一齣如今已佚失的索福克勒斯劇作（公元前四六八年）殘篇中，就描述了這位天神坐在祂特殊的椅子上翱翔四方。但這段文字沒有提及翅膀，車上翅膀是後來的瓶繪藝術家才加上的，藉此意指飛行。我們可由此推測，阿波羅和赫菲斯托斯的飛行機具會添上翅膀也是出於同樣原因，以顯示這神奇的交通工具不僅自動，而且還有飛行能力。[27]

赫菲斯托斯創造的三腳鼎是不具思想能力的機器，但這位鍛造之神也以人形打造出具備特殊能力的奇妙機械人。品達詩作的殘篇中便有一例。殘存的詩句說到赫菲斯托斯如何為音樂之神阿波羅在德爾菲打造一座青銅宮殿。這座宮殿的山形牆上有六座「*Keledones Chryseai*—黃金魅型」，因而更顯光彩；那是六尊會歌唱的黃金女型雕像。公元二世紀時，雲遊四方的希臘作家保薩尼亞斯（10.5.12）曾想查明這些會歌唱的雕像是否真的存在過。他造訪神廟舊時所在，但發現青銅神殿和雕像早已因一場地震而塌垮，墜入深淵，或在大火中熔毀。[28]

赫菲斯托斯打造的另一組機械人，則體現了機械複製人令人驚嘆的「創新大躍進」。[29]在《伊利亞德》描述女神忒堤斯造訪赫菲斯托斯的場景中，忒堤斯在工坊內注意到讓她大感驚奇的東西：這位工匠有一群自動、會思考的女形機械人助手。這些女形機械人的功能遠甚奧林帕斯山上的自動門、會行走的三腳鼎、德爾菲神廟上的歌唱雕像，甚至還比似乎具備自主能力和意識的青銅巨人塔羅斯還優秀。《伊利亞德》當中寫到，「這些僕伺是依少女型體以黃金打造，行動敏捷，猶如活人在主人身旁來回奔忙。」（18.410-25）。正如數百年後菲洛斯特拉托斯所述（*Life of Apollonius* 6.11），「赫菲斯托斯以黃金打造少女，讓黃金有了呼吸。」

不過，這些人型機械助手不只是超寫實、能移動的黃金「活雕像」而已。赫菲斯托斯「打造了機械女僕」，接著再連同眾神的技能和知識，將「noos, phrenes, aude, sthenos—心智、機敏、聲音和活力」置入當中。[30]於是，這些助手不僅行動自如，還能預測出他的需求做出回應。同時，她們也受賦了意識、智慧、理智、學習和表達能力等人類的特徵（前述的阿基里斯盾牌上的人形雕刻，也被賦予了同樣的能力）。「赫菲斯托斯的黃金少女為人造生命立下了標準」，一位研究古典和現代科幻小說的學者如是說。這些黃金少女具備「人類的智力，以及與實物幾無差異的身軀」，是極其優越的「超凡工藝之作。雖是以金屬製成，卻具備人類的能力」。這些神話中的黃金助手，似乎預示了現代人對於藉思想操控的機械和人工智慧的概念。不過就像赫菲斯托斯所造的其他人型機械，這些黃金少女內部如何運作，仍是神祕難解的「黑盒子」。[31]

這些黃金少女近似於人的特質，可視為古代版本的「人工智慧」。[32]她們受賦的能力其實可視為人工智慧專家所說、依「大數據」和「機械自我學習」建構而成的「augmented intelligence—擴增智慧」。《伊利亞德》在一個或許看似誇張的神話例子中，描述這些機械人是某種收存了所有神聖知識的寶庫。[33]在現代脈絡中，特定用途的人工智慧個體通常不需要具備供解決問題之用以外的知識。它們僅須具備常用知識，無需大量、龐雜的「data dump—數據轉儲」。但是，就像現代研發者難以精準預測出人工智慧處理的複雜任務會涉及哪些知識領域，又或者過程中會突然需要哪些知識，荷馬神話於是想像，眾神自然會以大量超凡的知識，灌滿赫菲斯托斯的機械人。[34]

•

《伊利亞德》當中的這些自動機械人，並非所有古代文學想像中唯一具備某種形式的智能和動力的自動個體。《阿爾戈英雄傳》中的亞果號船上就有一根不可思議的橡木橫梁會說話，甚至預言。不過，就古代版的「人工智慧」而言，還有一個更令人信服的例子，是腓埃基亞人的船隻；腓埃基亞人是奧德賽（7-8）在歸鄉途中遇到的一座科技先進之島的島上居民。這個島民的船隻無須船舵或船槳，也無須由人領航或駕駛，單靠意識操作即可行駛。在荷馬的想像中，這些船隻是由某種中央系統控制，能存取遠古世界的所有「影像」地圖、航海圖的大量資料庫。該島統治者阿爾喀諾俄斯王炫耀他不沉的船隻能在各種天候和海相下遠航他方，而且在當天返回。國王解釋，這些船隻能「理解我們在想什麼、要什麼」，而且「識得世上所有城市及國家，即便迷霧滿布，也能越海遠航，因此不會有遭逢船難或損傷的危險」。若要讓船載送奧德賽返鄉，僅需對船「說出他的城市和國家，它們就會據此設定航線」。於是，無人駕駛的腓埃基亞船就載著奧德賽渡海返鄉，讓他在航程中對其平穩和迅捷如鷹讚嘆不已。看到這裡，我們難免會將它與現代的全球衛星定位系統、自動駕駛功能，以及導航系統相提並論。[35]

順帶一提，古埃及曾有傳說描述船隻藉著人造划槳手滑動。這些敘述文字就出現在托勒密－羅馬時期（公元前四世紀到公元四世紀）的莎草紙殘片上。這些故事講到拉美西斯二世（Ramses II）時期的邪惡巫師如何以蠟造出船隻和划槳手模型，並且命令這些蠟偶執行任務。有趣的是，這些划槳的蠟偶不僅會動，而且值勤時顯然具有獨立思考和行動能力。[36]

•

自動三腳鼎和女僕機械人激發了機器人歷史學者的興趣。赫菲斯托斯這兩項發明的光芒，蓋過了鍛造工坊裡其他較不起眼的自動物件，雖然這些東西在工坊裡也有特殊功用。[37]古時發明用來打送更多空氣、以增加燃燒程度和熱度的風箱技術，對需要高溫烈火的冶金技術發展至關重要。之後在《伊利亞德》的場景裡（18.468-74），赫菲斯托斯架起二十具會根據他的需求而自動運作調節的風箱。他「將風箱轉朝向火，下達運作指令。風箱開始對著坩堝吹風，將增強的風從四面八方對著赫菲斯托斯需要升溫或降溫的任何地方吹去，並跟著手持重鎚和火鉗在大鐵砧上作業的他，在工坊內來回走動。」就像奧林帕斯山上自行開闔的門扉，會自行移動的三腳鼎以及黃金少女助理，這一列為鐵匠助燃爐火的自動風箱也是想像中能為人省力的機械設備，擔起不然就得靠真人助手或奴隸去做的勞務。[38]

•

經濟因素是創造機械或機械人的一項關鍵動機。透過執行制式的勞力工作，機械讓人得以從冗長而乏味的勞役中得到緩解。如此想法的脈絡讓亞里斯多德在公元前三二二年左右開始思索，發明如同希臘神話中那些機械人的社會經濟含意（*Politics* 1.3-4）。亞里斯多德先是將奴隸比做是用來滿足主人意志的工具或機械人。他指出，人的生活若要過得安適，可仰賴「一些活人，以及其他不會動的工具」。也因此，「對一艘船的領航者而言，舵柄並無生命，但船員則是活生生的人」。亞里斯多德繼續說道，「僕傭在許多方面就像工具，而奴隸則是會動的工具——然而，能自己照料自己的僕傭或奴隸，比任何工具都更具價值。」

亞里斯多德的這番討論，有部分是在捍衛他的奴隸觀。不過，他隨後在一個特別的段落中提出了一項或許可杜絕奴役的情況。亞里斯多德若有所思地表示，無生命的工具若是能自動執行工作，那麼奴役制度或許就可廢除。「如果每樣工具皆能在指令下、或如期望所需地執行工作，一如那位詩人所述的代達洛斯之雕像，或赫菲斯托斯的三腳鼎那樣，往來諸神集會之間」，而且「梭子及撥片若能照此自動織布，彈奏七弦豎琴，那麼工匠就無需僕役，主人也無需奴隸。」[39]

古人對於機器能讓工人不再苦於勞役，而且可取代奴隸的想像，如今在世上大多數地方都已是司空見慣的實況。然而諷刺的是，如今工業機械人的科技發展卻威脅了人類受薪工作者的生計，產生大量失業、亦無收入的工人。

在此同時，反烏托邦的科幻作品也描繪出「奴隸階級」的機械人最後將會起身造反，對人類堪稱夢魘的情節。這種認為出自優勢主宰者手中的創造物可能會起而造反，對抗其製造者的觀念同樣非常古老。早在捷克作家恰佩克（Karel Čapek）創造出「robata」這個衍生自「奴隸」一詞的字彙的兩千多年前，在上述亞里斯多德的文字中就已清楚可見奴隸與機械人的關聯，在蘇格拉底評及要將活雕像拴住，以免他們逃跑的敘述裡亦然（第五章）。小說作家舟・華頓（Jo Walton）的科幻三部曲也延續了這個主題。這故事設定在古典希臘時代，女神雅典娜按照柏拉圖的《理想國》（*Republic*）概念，建構出一座實驗城市。女神從未來引進了一批不具心識的機械人，以供這座城市做為勞動奴工，但蘇格拉底發現，這些機械人不僅具有意識，甚至渴望自由。[40]

•

在認定神話中那些會動的人或動物塑像，自動三腳鼎，赫菲斯托斯的唱歌雕像、機械女僕以及其他青銅作品是否可定義為機械人的問題上，研究機器人學和人工智慧歷史的現代學者仍是以淺薄的眼光視之。例如，貝里曼就主張不可將赫菲斯托斯的黃金女僕和三腳鼎想像成是「材料科技」的產物，因為「荷馬時代的科技」並沒有進步到能讓人想像到自動機械人的概念。「將遠古『會動的雕像』想像成如同現代的機器人，如此描述讀來或許甚具誘惑感」，貝里曼如此表示，但這樣的想像「無憑無據，除非可證實當時已有如此科技」，能想像出這樣的東西（貝里曼的論點略過了青銅機械人塔羅斯）。[41] 杜伊特的中世紀機械人史簡略地談及赫菲斯托斯的三腳鼎和黃金女僕，但也沒談及塔羅斯。[42] 姜敏壽在為希臘神話中的機械人所做的四個分類上，提及自動三腳鼎，卻漏了赫菲斯托斯那些具備意識、力量、知識和聲音，更具意義的女形機械人。[43]

當然，這些想像中的機械人雖然都出現在神話中，而且流傳至今的古代文本並沒有詳述它們如何運轉，但思考古代的文學及藝術何以構思出這樣的存在，並將之視覺化，並無不妥。從古時倖存至今、有關神話機械人的文字資料的確不完整，而且多有矛盾，現存的藝術品證據數量相較於古時有過的，也僅是滄海一粟。即使如此，如拾穗般竭力收集從荷馬時代到古羅馬晚期的點點滴滴資料，試著從中理解古人對於人造生命的所有想像，此舉仍然有其價值。所有在古時描述中是製造出來——造出，而非自然生成——的人型或動物型態，都可歸類為是「生物工藝」產物，是工藝造出的生命，因此值得嚴肅地將之視為是人類對於人造生命的最初想像來看待。古人甚至常藉神話中許多人造生命的形象，引導世人去思索不同世界，從中帶出有關自我、奴隸等道德及哲學問題。

即使只是過往的丁點碎片，那些留存至今的文學和藝術證據都顯示，人類早在荷馬和赫希俄德時代的最初書寫中，就已想像出活雕像和神奇的自動裝置的觀念。這些神話早在科技確實能讓想像成真之前，就展現出機械人具備思考能力；有些（但不是全部）栩栩如生的複製人甚至因為得到超凡的神力之助，實現了擁有生命的願望，比馬龍的象牙少女正是一例。但正如我們所見，許多自動「機械」及人造生命都是神話或傳說中那些手藝精湛、技術超凡的發明者以黏土或金屬打造而成。這些證據顯示人類在將近三千年前，已經能透過神話語彙表達這種想法——或許有某種特殊科技，能運用尋常的素材、工具和工法，創造出既模仿自然形體、但功能和運轉方式又超越常人理解的活動物件。

•

大抵在荷馬描述奧林帕斯山上那些赫菲斯托斯所造的黃金少女的同時，詩人赫希俄德也用相近的語彙，描述了這些黃金少女的同類——潘朵拉。潘朵拉一樣是「造出，而非生成」的。只不過，這個女形複製人是因為身負某位天神交派的任務，因而下凡來到人間。

第八章

潘朵拉

美麗、神造、邪惡

宙斯為了懲罰人類收下普羅米修斯盜自神界的天火，於是命令赫菲斯托斯打造一個以美麗女子為形體的「陷阱」，而這女子便是潘朵拉。這則古代神話的文字紀錄，最早分別出現在公元前八到七世紀赫希俄德所做的《神譜》（*Theogony*）與《工作與時日》兩首詩中。一向護著人類的普羅米修斯，和他粗心大意的弟弟會與宙斯藉生物工藝手法懲罰人類的這則神話有關連，其實並不令人訝異。

我們上回見到這兩位泰坦時，他們正在依宙斯要求，塑造最原初的人類和動物，同時為其分發各種自然能力（第四章）。宙斯的報復最後是以海克力士讓普羅米修斯得以從遭到鏈囚的峭壁脫身，重獲自由收尾。普羅米修斯和艾比米修斯如今已和人類結盟，站在同一陣線。深具遠見及理智偏執狂的普羅米修斯告誡行事一向魯莽的弟弟，萬萬不可接受任何來自宙斯的贈禮。艾比米修斯之名意指「後知後覺」，他也正是人如其名，見到潘朵拉時完全忘了哥哥的警告。[1]

宙斯對於天火被盜大為惱怒，於是心生一計，打算透過鍛造之神的協助，將永恆的詛咒偽裝成贈禮送給人類，那便是「*kalon kakon*—美麗的邪惡」。赫菲斯托斯造出了一個假人，一個女性形體的假像或模擬物。此時，雅典娜和其他眾神紛紛前來，將各種特質灌注在「她」身上，這個女形假像因此有了「Pandora—潘多拉」之名，意思是「所有的贈禮」（這個名字具有雙重意義，同時可指給予者或收受者）。宙斯接著將大量邪靈封進廣口瓶中，指派潘朵拉帶著這個惡毒的「禮物」下凡，成為日後世上人類所有不幸與苦難的來源。[2]

就像舊約聖經中夏娃與蛇的故事，潘朵拉神話也指責女性是人類苦難的起因；這兩者之間的相似性，也在宗教與道德上引起許多對古今文化中的父權制和兩性關係的反思。這兩則故事都提出了有關神義論

（theodicy）、邪惡的存在、全知（omniscience）、圈套（entrapment），以及人類的自主、誘惑和自由意志的深刻疑問。[3]不過，這些傳說還是有明顯差異。創世紀神話裡的夏娃是後來才有的創造物，用以陪伴寂寞的第一個人類亞當。造物主從亞當的肋骨造出夏娃，並告誡他們不可吃下樹上禁果，一連串導致人類原罪的事件也就此啟動。而在赫希俄德等人記述的希臘神話裡，潘朵拉是幸災樂禍的宙斯刻意設計用來報復人類的狡詐詭計。

FIG.8.1 赫菲斯托斯打造潘朵拉。這只波蘭貴族波尼亞托夫斯基王子（Prince Stanislaw Poniatowski, 1754-1833）委製的現代新古典風格寶石飾品，呈現了赫希俄德筆下的潘朵拉神話。Beazley Collection, photo courtesy by Claudia Wagner.

夏娃和潘朵拉最關鍵的差別，在於潘朵拉並非受神召喚才有生命，她是赫菲斯托斯打造而成的，這位工匠之神也製造青銅機械巨人塔羅斯、會自行移動的三腳鼎，以及工坊內的黃金少女助手等其他精巧的機械人。確實，正如許多古典時期的評論者點出的，潘朵拉神話的各式版本無不彰顯著她是被「製造出來」的本質。製造潘朵拉，以及她的人造狀態特質，同樣是相關古代藝術品表現的重點。[4]

在《神譜》（507-616）中，赫菲斯托斯依照宙斯的指令，造出一個體態成熟的少女。他為女孩戴上一頂精美絕倫的黃金頭冠，冠上飾有雕工細密、栩栩如生的海陸怪獸形象，這些怪獸活靈活現的程度，彷彿正在糾扭、嚎吼。這頂特殊的黃金頭冠會讓人聯想到赫菲斯托斯為阿基里斯打造的那面也有如此聲影效果的神奇盾牌，以及讓奧德賽在冥府驚嚇不已的鮮明幻象（第七章和第五章）。[5] 雅典娜接著為還沒有名字的少女披上微微發出光芒的長袍和頭紗，在她髮梢插上初春的鮮花。宙斯的報復之計有賴這名少女以天仙般的軀體之美和華美裝飾「騙過」人類。當宙斯將妝點完備的潘朵拉帶到群聚的眾神面前時，眾神無不目瞪口呆，如此反應正與古籍中描述人類在目睹寫實到堪稱巧奪天工的雕像時心中升起的那種詭異情緒無異（第五章）。[6]

「愚蠢至極」的艾比米修斯收下了這位「造出的少女，來自宙斯的贈禮」，興致勃勃將她迎入家門。《神譜》沒有提及那只裝滿災厄的廣口瓶，潘朵拉在當中也沒有名字。赫希俄德在此表現出強烈的厭女態度，將潘朵拉表現成是寄生在男性勞動和財力底下的懶惰、貪婪女子，如同蜂后吸光工蜂儲存的花蜜。赫希俄德最後以這句悲嘆收尾，「與凡人男子共生、該死的女性一族」，會為男性帶來永無止盡的悲慘。

但在比較長篇、而且戲劇性強烈的《工作與時日》則有另一種不同的調性。宙斯在此仍是報復心強烈的暴君，以施計行惡為樂，要讓人類永遠都得付出取得天火祕密的代價。祂狂笑著命令赫菲斯托斯，要祂以少女形象造出毀滅人類的人型機械，儘管她的迷魅足以激起人類的慾念與愛意。赫菲斯托斯以黏土塑出一具帶有絕塵之美與光芒的少女形體。一如比馬龍的象牙少女，這個「製造而成的潘朵拉」之美，遠遠超越過往人間的所有女子。赫希俄德的描述清楚表明潘朵拉並非真人，而是「建構而成的東西」。[7]

宙斯指示赫非斯托斯，為這個令人銷魂的女型造物灌注可自行活動的動力，以及如同人類的氣力和聲音。接著，奧林帕斯山上眾神紛紛應宙斯的命令前來，將獨特的天賦、能力和特徵賜予這個人型。雅典娜以閃亮的服飾妝點潘朵拉，教她手藝；美惠女神（The Graces）和佩托（Peitho）給了她魅力和說服他人的能力；阿芙蘿黛蒂為她注滿教人難以抗拒的性吸引力（潘朵拉會激發「pothos—痛苦的慾念和渴望」）。騙子信使，違法與盜竊之神荷米斯賜給她的，是無恥和欺詐的天性和虛偽矯情的詞語。「依眾神為毀滅人類而給她的賜予，她名為潘朵拉」，[8]為這人型取名潘朵拉的正是天神荷米斯。「這個陷阱如今已完成，」赫希俄德寫道，「世人與諸神的天父指派荷米斯將這份大禮送給艾比米修斯」。

艾比米修斯認為，眼前的潘朵拉想當然是

FIG.8.2 荷米斯將潘朵拉帶給艾比米修斯。翻模自波尼亞托夫斯基王子委託製作的新古典風格寶石飾品，呈現出赫希俄德筆下的潘朵拉神話。Beazley Collection, photo courtesy by Claudia Wagner.

個真女人。這讓人聯想到特洛伊木馬這神話中的另一起狡猾詭計。這份由希臘人送給特洛伊人的戰爭詐術之禮，在某些版本說法中是會動的雕像，還帶有寫實的關節和會轉動的眼珠子。特別的是，有些故事還描述了檢測這匹巨馬究竟是真或詐術的方法。測試方式就是刺穿馬皮，看看會不會流血。然而遠古時代沒有難解的謎題或神話版本的「圖靈測驗」，可供凡人辨識出「人工智慧」。[9]赫希俄德寫道，粗枝大葉的艾比米修斯忘了哥哥的警告，「收下這份禮物，才明白一切都已太遲」。

「造出，而非生成」，潘朵拉是非自然的存在。她是一個沒有過去的摹本，沒有意識到自我的起源和來到人間的目的。身為一尊「活動精巧的雕像」，她存在於生命誕生的「自然循環」之外，「沒有成熟，不會衰敗」。儘管天神沒有年齡，也不會死去，但祂們仍是被生下來的；天神具有記憶，也會有子嗣。但潘朵拉就像比馬龍從象牙雕刻出來的葛拉蒂雅，以及《銀翼殺手》中一造出即是成人的複製人，她沒有父母和童年，沒有過往和記憶，沒有情感深度，也沒有自我認知或靈魂。儘管有時被認為是「第一個女人」，但她無法生育，也不會老化或死去。[10]

當然，就傳統的創造信仰脈絡來說，「所有人類都是潘朵拉，都是神的非凡造物。」[11]但在希臘神話想像中，潘朵拉的形象化有別於生物上的女性；她是女人的摹本，是「以可愛少女為型體」的一團黏土，是以一般工匠在雕塑或製造其他物件時所用的相同材料和工法所造。扮演出甜美細緻的適婚少女形象的潘朵拉，受賦的智力並不高（根據赫希俄德的《工作與時日》（67）所述，荷米斯賜給她的是「小母狗般的心智」）。我們並不清楚她是否有能力自主學習、做出選擇或行動。潘朵拉下凡的唯一任務，就是打開那只廣口瓶，為世間帶來苦難和災厄。

赫希俄德詩作的特殊之處，在於他對赫菲斯托斯創造潘朵拉的描述，竟類似荷馬在《伊利亞德》對這位鍛造之神工坊裡那些自動、會思考和說話的女型機械人的形容；《伊利亞德》寫成的時間大約與《工作與時日》相同，但這兩例都未提及這些造物的內部構造和運作方式。不過，赫希俄德使用的語彙讓潘朵拉顯然「在本質上有別於」荷馬筆下的黃金機械女助手。潘朵拉「源自無生命的物質；不是黃金，而是黏土」，潘朵拉在此成了一具帶有心智、語言以及力氣，以及諸神所賜的工藝知識和行動能力的「人型機械」。[12]

古代描述潘朵拉神話的藝術圖繪，多將重點放在赫菲斯托斯創造潘朵拉的過程和諸神賜贈的特性上。公元前五世紀一群名為「貓頭鷹柱族」（Owl Pillar Group）的伊特拉斯坎藝術家所造的一只坎帕尼亞雙耳瓶（Campanian amphora）便是其中一例；他們模仿雅典瓶繪所製的成品，技法雖然笨拙，卻也有一番迷人的拙趣。瓶子一邊是立站的宙斯看著潘朵拉的廣口瓶（fig.8.11），另一邊則是赫菲斯托斯倚著鎚子，站在半完成的潘朵拉旁。[13]

在另一個約為公元前四五〇年的雅典瓶繪上（fig.8.3, plate 12,），標名為艾比米修斯的蓄鬍男子詫異地盯著潘朵拉，而潘朵拉則是高舉雙手，輕佻地將頭向後仰。潘朵拉身著新娘華服，但舉止並沒有少女含蓄的端莊感。他們的目光交會，小小的愛神（象徵性慾）振翅飛向艾比米修斯，強化了兩人之間的情慾張力。在他們身後同樣有兩個人物目光相接。賦予潘朵拉所有邪惡特質的荷米斯正回頭望著宙斯，兩位天神互換眼神、心領神會之際，臉上浮現的是似笑非笑的表情，這讓觀者不免聯想起隨後將會發生在倒楣的艾比米修斯和所有人類身上的奸計。[14]

這只瓶繪上有個細節啟人疑竇：艾比米修斯為何拿著本該是赫菲斯托斯招牌的鎚子？一只波留克列特斯等人（Polygnotus Group）所造的瓶子顯示出一具顯然是潘朵拉的女性上半身軀體，左右有手執錘子的薩梯圍繞。另一只公元前五世紀、由彭忒西勒亞繪者（Penthesilea Painter）所做的瓶子上也有類似場景，顯示薩梯和潘神圍著應是潘朵拉的少女上半身軀體跳著舞。隨後會談及的一只尼歐庇德繪者（Niobid Painter）描繪潘朵拉神話的大瓶上，也以一圈薩提跳舞的飾帶做為裝飾。為什麼是薩梯出現在這裡？研究學者認為，這些圖像可能是在描述索福克勒斯一齣名為《潘

FIG.8.3（PALTE12）右方是艾比米修斯和潘朵拉，左方是彼此會心竊笑的荷米斯和宙斯。雅典紅陶渦形巨爵，約公元前四七五到四二五年。AN1896-1908 G.275 attributed to the Group of Polygnotos. © Ashmolean Museum, University of Oxford.

朵拉》或《鍛工》（*The Hammerer*）的薩梯劇作。這齣劇作如今已佚失，世人僅能從斷簡殘篇中得知，揮舞著槌子的薩梯合唱團會在劇中的工坊場景裡從旁協助赫菲斯托斯打造潘朵拉。[15]

上述的兩只瓶繪還有另一個值得注意的特色，那就是當中的潘朵拉軀體都是從地底冒出來的。然而潘朵拉並非來自冥府的女神或陰間人物。正如某些學者的結論，潘朵拉的上身之所以從地面冒出，反而是在刻意指涉她是赫菲斯托斯藉著手藝從泥土塑形而生成。[16] 這樣的詮釋可由第六章中伊特拉斯坎寶石上那些普羅米修斯以黏土造人的類似圖像得到佐證。工匠在寶石上刻畫的第一個人類，正是一具高舉雙手的上半身軀體。

•

其他瓶繪強調的，則是潘朵拉在眾神圍繞下有如雕像或人偶般僵直的外觀。這些圖像中的潘朵拉還在製造過程中，雖然已灌滿諸神賜予的人類特質，但仍無法自行動作，或是尚未啟動。狄奧索伏斯繪者（公元前五二五至四七五年）的一只黑陶雙耳瓶上的潘朵拉形象，有可能正是她最古老面貌；這是這只瓶子在一八三二年首度曝光時，研究古希臘陶瓶的德國學者提奧多・帕諾夫卡（Theodor Panofka）提出的詮釋之見。

在圖8.4（plate 12）當中，我們看到宙斯站著，手中拿著一具小巧的女形人偶，貌似正在欣賞赫菲斯托斯的巧手之作；一位女神拿著花冠要為人偶戴上，而荷米斯則邁步向右。狄奧索伏斯繪者作品的著名之處，在於他的風格有別於常人，但這圖中兩排銘文其實是沒有意義的文字，因此要辨別這些角色的身分又具難度。一八八五年時，德國考古學者阿多夫・福特萬格勒（Adolf Furtwängler）表示，那尊直挺挺的小雕像可能是雅典娜；雅典娜從宙斯頭上誕生時，身上就已配有頭盔、長矛和盾牌。不過和其他描繪雅典娜誕生的瓶繪有別的是，這個場景裡並不見頭盔或武器。遞出花冠的女神反倒可能才是雅典娜，她正在裝飾潘朵拉的小雕像，就像在其他瓶繪上那樣（參見fig. 8.5, 8.6）。陪同潘朵拉下凡的荷米斯出現在此也有其意義。因此，這個瓶子描繪的極有可能正如帕諾夫卡的見解，就是潘朵拉。[17]

塔爾奎尼亞繪者（Tarquinia Painter, 470-465 BC, fig. 8.5）的大淺缽則清楚呈現出潘朵拉打造完成的情景；這只淺缽當初可能是為了展示在雅典娜神廟內、充

FIG.8.4（PLATE 13）宙斯握住潘朵拉，一旁是雅典娜（?）及荷米斯。雅典黑陶細頸瓶，狄奧索伏斯繪者（Diosophos Painter），約公元前五二五至四七五年。Bpk Bildagentur / Photo by Johannes Laurentius / Antikensammlung, Staatliche Museen, Berlin / Art Resource, NY.

FIG.8.5 赫菲斯托斯（右）與雅典娜（左）在為潘朵拉（中）進行最後收尾。諾拉（Nola）陶鉢，約公元前四七〇到四六〇年。塔爾奎尼亞繪者（Tarquinia Painter), inv. 1881,0528.1. ©The Trustees of the British Museum.

作獻禮而製作。鉢上銘文讓潘朵拉有了另一個不同的名字Anesidora，意指「釋出贈禮的她」。不幸的是，淺鉢白底上的黑、棕、紫色圖繪已受損，但仍能看出潘朵拉如何處在較為高大、生動的雅典娜和赫菲斯托斯之間，像是一個「被造出、不會動的物件」，被動地站立起來；這兩位天神正在為他們的創造物進行最後修整。[18]潘朵拉的雙腳併攏，「雙手無力地懸垂在身側」，她就像一具「沒有生命」的人偶，轉頭朝向雅典娜。[19]雅典娜在將潘朵拉袍子的肩部固定好，而赫菲斯托斯正為她戴上頭冠（手上還握著鎚子）。這個場景重現了古希臘人會為雕像穿上華服、獻上禮物，而且以首飾妝點的行為。[20]

在一只尺寸超大、高逾一呎、由尼歐庇德繪者（fig.8.6-8.7, plate 14, 約公元前四六〇年）所造的宏偉巨爵上，潘朵拉的形象甚至更引人注意。潘朵拉僵直的姿勢和臉部表情，強化了她的人造人身分和致命的吸引力。她站在一個由長矛框出的V字形內，而V字形在瓶身上方的滾邊飾帶中又不斷重複出現。這個飾帶有一個罕見的主題圖案，是一組類似在其他瓶繪中赫菲斯托斯和其他金匠會使用的工具和鉗子（參見fig.7.4, 7.5）。這個獨特卻又相襯的細節，強化出潘朵拉是「造出，而非生成」的看法。同樣的工具裝飾主題，也出現在一只約於公元前四四〇年描繪青銅機械人塔羅斯之死的大瓶滾邊飾帶中，而塔羅斯同樣是出自赫菲斯托斯之手（參見fig.1.3）。[21]

在這只尼歐庇德繪者的瓶繪上，潘朵拉像是一尊不動的原始雕像（xoanon）木偶，或雙手垂在兩旁的大理石雕，目光直視前方。研究希臘古瓶的學者夏皮洛（H.A. Sapiro）將這個潘朵拉比做是一具等待上緊發條的「發條人偶」。圖上的潘朵拉周圍是慌忙的眾神，雅典娜正從側邊走來，遞出手中花冠，而波塞頓、宙斯和伊麗絲（Iris）則依序站在她身後。我們在潘朵拉的另一邊看到阿瑞斯、荷米斯，以及赫拉（或阿芙蘿黛蒂）。這個隊伍中還有幾位是赫希俄德在描述潘朵拉的塑造過程中並未提及的天神。而且諸神看似正在交談，而不是在將各種能力灌注給潘朵拉。此番場景可能是在描繪赫希俄德作品之後的段落，「宙斯在將她強送給人類之前，先讓眾神看看他的這個新玩具」。[22]

此處的潘朵拉目光直直瞪著前方。在希臘傳統瓶繪圖像中，天神、凡人、以及動物的臉幾乎一向是僅以側面或露出四分之三的手法呈現，非常罕見會從正前方看到人臉。在古希臘藝術中，一張完全正面的臉象徵的是某種無意識狀態，多用於表現死者或無生命的人物，尤其會用於表現面具或雕像上。正面的觀看角度同樣也可意指用來迷惑他者的催眠目光。值得注意的是，尼歐庇德繪者這位以優雅簡潔的古典風格著稱的畫師，在他另外兩個瓶繪名作中，就運用畫出正面臉孔的手法，表現死者和垂死之人；其一是在該塔巨爵

FIG.8.6 眾神讚嘆潘朵拉。繪於大型紅陶巨爵上。尼歐庇德繪者，約公元前四六〇年, inv. 1856, 1213.1. ©The Trustees of the British Museum.

（Geta krater）描繪希臘人殺了亞馬遜人，另一則是他的招牌瓶繪之作，畫出尼歐庇（Niobe）的孩子們慘遭屠殺。[23]在這個飾帶別具一格，描繪潘朵拉神話的作品中，潘朵拉面部朝前的站姿，似乎更強化了呈現她的心智空洞，而且直瞪眼神能懾人心魄的效果。

這個場景還藏有另一個值得注意的元素。扮鬼臉、皺眉、微笑，展現情緒的臉部表情在古希臘瓶繪中同樣非常罕見。瓶繪中的人臉通常不會有表情，而是藉著人物的姿態或動作暗示內心情緒。[24]但這個破格的潘朵拉不僅臉部朝前，目光直視觀者，她甚至還在微微笑著。潘朵拉的微笑傳達著什麼訊息？處子新娘臉上這明顯的笑意，讓觀者感覺不甚妥當，但請記得，赫希俄德曾形容潘朵拉是一尊不顧羞恥、撩人慾望的活塑像。潘朵拉出人意料的表情會讓古時的觀者聯想到少女雕像（kore），這是典型的希臘古風時期（archaic period，公元前六〇〇至四八〇年）塗色大理石褶衣少女等身雕塑。這時期的少女雕像（以及對應的kouros-青年裸雕）的雙唇，必然一貫帶著詭異而陰鬱的微笑。

這個不協調的微笑同樣出現在描繪暴力場面的大理石古雕像堅決的面容上。[25]有人會以「茫然」一詞來形容這些雕像臉上超乎自然的安詳表情，藝術史學家則稱之為「archaic smile-古老微笑」。尼歐庇德繪者透過呈現猶如雕像般的站姿和令人毛骨悚然的淺淺微笑，凸顯出潘朵拉是被製造出來的身分，呈現出這具人型機械在啟動當下的模樣。

人工造出的少女臉上帶著令人困惑的微笑，目光直直盯著觀者，巨瓶上這個非比尋常的「特效」場景，對兩千四百多年前的觀看者而言，必然會產生強烈印象。這尊微笑的人型機械強化了觀看者的「恐怖谷」反應。

FIG.8.7（PLATE 14）眾神讚嘆潘朵拉。繪於大型紅陶巨爵上。尼歐庇德繪者，約公元前四六〇年, inv. 1856, 1213.1. ©The Trustees of the British Museum.

FIG.8.8 帶著謎般「古老微笑」的少女雕像。左：長袍少女像（Peplos Kore），大理石塗色，約前五三〇年。Acropolisc Athens, HIP / Art Resource。右上：長袍少女像頭部。Photo by Xuan Che, 2011。右下：少女像頭部，大理石，約公元前六世紀。© Musées Royaux d'Art et d'Histoire, Brussels.Werner Forman / Art Resource, NY.

在現代電影裡，潘朵拉的媚視形象有一個相互共鳴的姊妹，那就是在一九二七年默片《大都會》（*Metropolis*）當中笑得詭異的女機械人瑪麗亞。導演費茲朗（Fritz Lang）的這部傑作公認是歷史上最具影響力的科幻電影之一，當中以望之令人生畏的表現主義手法呈現都市景象；在二〇年代讓觀眾大為驚訝的特效手法，如今來看依然令人震撼。《大都會》呈現的是一個未來的反面烏托邦，當中的富人利用邪惡的機械支配貧窮大眾，藉此統治這個國度。[26] 在電影宣傳照裡，機械人瑪莉亞、製造者和準備要扮演她的女演員，和古瓶繪上描繪眾神在潘朵拉下凡前為她細細妝點的場景竟有驚人的相似之處。

《大都會》以一個要為世界引來浩劫而特意打造的性感機械女妖姬為主角，該片拍攝時間是在「robot-機器人」一詞進入大眾辭彙不過

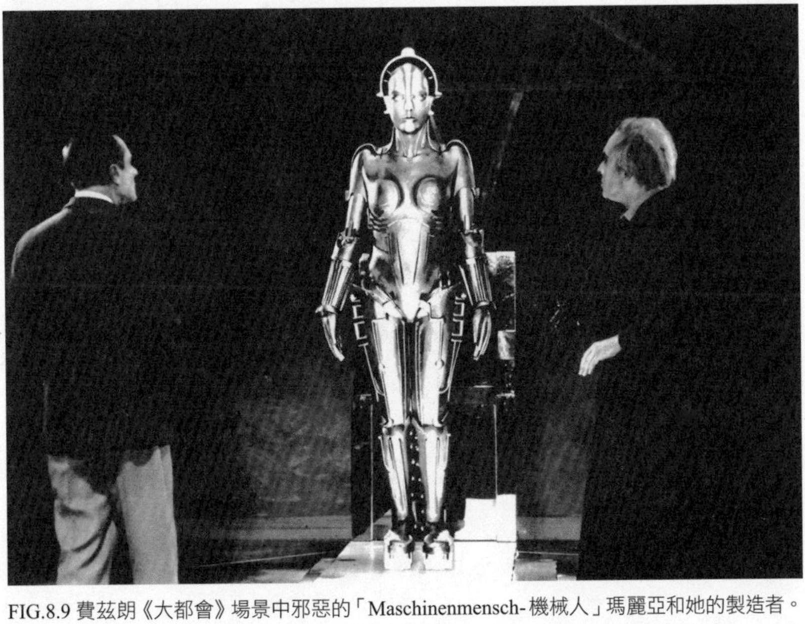

FIG.8.9 費茲朗《大都會》場景中邪惡的「Maschinenmensch-機械人」瑪麗亞和她的製造者。
Production still courtesy of metropolis1927.com.Adoc-photos / Art Resource, NY.

短短七年之後。這部電影當時跟上了機械科技和工業化在歐美開始加速增溫的腳步，反映出機械人、以及人與機械合體的新觀念是如何快速攫獲大眾想像。雖然有批評者指出片中敘述有許多曲解與不合邏輯之處，但潘朵拉的古老神話不也如此？不過，就像本書中其他關於人造生命的古老神話，《大都會》傳遞的訊息非常清晰。隨著世代更迭，人與機械由來已久的對立，仍會持續發揮它同時參雜著迷戀與敬畏、予人強烈不安感受的拉扯力量。

希臘神話中潘朵拉「溫柔少女」般的惑人外貌，目的是要在取悅、誘引男人的同時，也為人

FIG.8.10 古時與現代表現邪惡女機械人在手法上的有趣巧合。左上：潘朵拉呈現出僵直的機器人模樣，天神在為她下凡執行任務預作準備（尼歐庇德瓶繪，公元前五世紀），以及為瑪麗亞這個電影角色化妝中的女演員。右：潘朵拉和機械人瑪麗亞。下：瑪麗亞的化身機械般地眨著眼，同時詭異地笑著。右下：帶著扭曲微笑的希望／厄爾庇斯，公元前六世紀。圖片組合Michele Angel。

世帶來無盡的苦痛折磨。《大都會》裡甜美的少女瑪麗亞（當時是由一位十七歲的女演員扮演）變身為帶有性徵的機械蕩婦，要為世人帶來混亂和災禍。在片中一段場景，連續鏡頭裡出現的神秘化學作用和「電流」圈跳動的未來科技，加上從罩蓋內的無辜少女身上引流排出的生命能量，讓機械人的金屬形體開始動了起來。這個「電流」讓人回想起塔羅斯體內的靈液（第一章），以及喚醒科學怪人的電流（第六章）。[27]

電影中的少女瑪莉亞魔鬼般的機械人分身特徵，就彰顯在她催眠般的「緩慢、極富誘惑力的身體律動，以及猶如蛇怪擺動的頭部動作」。就像尼歐庇德繪者瓶繪上機械人潘朵拉詭異的咧嘴微笑，電影中瑪麗亞這個人造機械人的「鬼魅之美」，也伴隨著臉上讓人「難以理解的詭異微笑」。[28]

尼歐庇德繪者甚富創意，據信他的其他畫作也都受到古典時期雅典城內的壁畫影響。他畫筆下的潘朵拉場景，是否也是以雅典城內類似的畫作為本？這點我們不得而知。但我們確實知道，赫菲斯托斯打造潘朵拉的神話對雅典城甚為重要，因為它就展示在衛城的關鍵位置上。男女諸神羅列在潘朵拉左右兩側，這個類似場景就出現在帕德嫩神廟內、置放以黃金和象牙打造的雅典娜巨像的宏偉台座浮雕上。[29] 這個浮雕傑作是在公元前四四七年至四三〇年間出自名雕塑家菲迪亞斯（Phidias）之手。根據普林尼（36.4）在公元一世紀所述，底座上描述潘朵拉受二十位男女眾神照料的浮雕場面，幾乎是真人大小的尺寸。一個世紀後的保薩尼亞斯（1.24.5-7）也讚嘆那座雅典娜雕像的氣勢宏偉，以及衛城裡描述潘朵拉誕生的浮雕。雅典娜巨像和台座原件如今早已不復存在，但我們能以一座約造於公元前二〇〇年、在土耳其佩加蒙（Pergamon）遺跡出土的大理石仿作為本，具體想像原本的模樣。雅典衛城在一八五九年曾挖出一小件雕像與台座的古羅馬大理石複製品（公元一世紀）。這些工藝之作顯示，赫菲斯托斯打造、雅典娜裝飾的「潘朵拉，確實是以雕像般的模樣呈現」，雅典人也奉這兩位天神為藝術和工藝守護神。[30]

雅典廣場（Athenian Agora）挖掘出土的文物，也更進一步證實了潘朵拉場景在該城裡甚為常見。從一九八六年開始，雅典廣場就陸續掘出潘多拉在眾神照料下誕生場景的大理石浮雕碎片。目前發現的人物有赫菲斯托斯與宙斯。考古學者也挖到一只大理石女子頭像。她是誰？女子臉上令人不安的詭異微笑是一條線索，但隨後將揭露的身分卻令人為之驚奇。[31]

·

在神話中，潘朵拉是在荷米斯的護送下來到人間，並且被獻給艾比米修斯，當作他的新娘。宙斯知道，普羅米修斯的這個弟弟缺乏遠見，判斷能力又差，是個最完美的受騙傻瓜。潘朵拉的「嫁妝」是一只封住、用來儲物的廣口大瓶「pithos」。赫希俄德形容這只大罐子「打不破」，這形容詞通常會用來形容金屬，因此，原始想像中的這只大瓶可能是青銅材質。「pithos」一字有可能在十六世紀時被誤譯成意指盒子的「pyxis」，「潘朵拉的盒子」這個意象從此就永遠留存在大眾想像中。遠古時期的藝術作品完全沒有描繪潘朵拉帶著裝滿災厄的大瓶下凡，或真的打開瓶子又驚恐地將之闔上的場景。不過，這些畫面卻是適百件中古時期和現代重述故事的詩歌、小說、歌劇、芭蕾、素描、雕塑、繪畫和其他藝術作品甚為喜愛的場景。英國藝術家約翰・斐拉克曼（John Flaxman, 1775-1826）以新古典風格描繪赫希俄德的潘朵拉的一系列浮雕和畫作，在十八世紀末時廣受大眾喜愛；此時也正是本書圖片8.1與8.2古物收藏家的寶石雕製作之際。[32]

潘朵拉並不知道，這只禁忌大瓶裡裝的是要折磨世間凡人的所有不幸與災厄。但宙斯要靠她打開罐子，釋出疾病、瘟疫、苦勞、貧窮、哀慟、衰老，以及其他將會永遠糾纏人類的可怕折磨。[33]潘朵拉的這只邪惡罐子似乎與荷馬在《伊利亞德》（24.527-528）中描述宙斯保有的兩只決定命運的大甕有關。其中一只大甕裝滿祝福，另一只則是災厄；宙斯會隨意混合兩甕中的東西，灑向人間。隨著潘朵拉下凡的或許正是宙斯那只悲慘與邪惡的大甕，而她將「代理宙斯，打開罐子」。[34]

赫希俄德在《工作與時日》（90-99）裡描述，潘朵拉一進到艾比米修斯的住處，就立刻掀開罐蓋，各種災厄霎時奔湧而出。當蓋子闔上時——出手闔蓋的雖是潘朵拉，但這也是宙斯之計——有一個精靈困在當中，那就是厄爾庇斯（Elpis），也就是「希望」。這個細節至關重要，但其意義為何，自古以來就有熱烈爭議。

古人將厄爾庇斯具體化為年輕女子的形象；古典考古學者珍妮佛・奈爾斯（Jenifer Neils）在《大瓶內的女孩》（*The Girl in the Pithos*, 2005）一書中，就鑑定出有三件古代工藝品表現的正是在潘朵拉大瓶中的厄爾庇斯。第一件是世人在二〇〇五年之前唯一所知的厄爾庇斯形象，就出現在前述的「貓頭鷹柱」繪者的伊特拉斯坎雙耳瓶上；瓶子一邊描繪著赫菲斯托斯和半完成的潘朵拉，也就是這則神話的起源，另一邊則是這故事如何結束（fig.8.11）。

蓄鬍的宙斯凝望著有個小女孩從中探出頭來的大瓶。這女孩是厄爾庇斯，也就是被宙斯禁錮在罐中的「希望」。奈爾斯指出，這只引人好奇的瓶子顯然模仿自一只如今已不復存在、畫工更為純熟的雅典瓶繪。這位伊特拉斯坎的繪者將「兩個類比的場景並置」。在兩幅小圖裡，都有一名男性神祇「凝視著女性邪靈」。[35]

FIG.8.11. 宙斯凝視著從潘朵拉的罐子裡探出頭的厄爾庇斯。紅陶雙耳瓶，巴西利卡塔（Basilicata）出土，公元前五世紀。inv.1865,0103. © The Trustees of the British Museum.

第二件工藝品是一只來自雅典北邊、玻俄提亞的赤陶材質香水小瓶，大約製於公元前六二五至六〇〇間。這只容器的形狀就像pithos，瓶身上方有個年輕女子的頭像，看起來就像是從瓶子探出頭來（fig.8.12）。

瓶子開口做得就像是罐蓋。我們能像奈爾斯那樣，推測陶匠造瓶的靈感正來自同為波俄提亞鄉親的赫希俄德在《工作與時日》裡描述的厄爾庇斯；《工作與時日》是在公元前七〇〇年寫成，時間不過就是這只瓶子造出的幾年前。奈爾斯表示，這只瓶子是做為保存香水之用，而香水這物質一如潘朵拉的迷魅力量，都是誘引男人的陷阱，引人聯想到這瓶子是對這則神話的幽默或嘲諷詮釋。[36]

有充足的古時證據顯示，老於世故的古希臘人已懂得欣賞潘朵拉神話兼具的悲劇性和喜劇性。索福克勒斯已失散的薩梯劇作，以及將薩梯與潘朵拉並置的瓶繪，都是以輕巧手法表現這兩面性的箇中例子。赫希俄德說，宙斯在想出對付人類的詭計時哈哈大笑；表現宙斯和荷米斯對於耍弄艾比米修斯樂在其中的瓶繪（fig.8.3, plate 12），也運用了些許歡快的氣息。而尼歐庇德繪者的瓶繪也藉著讓潘朵拉咧嘴而笑，延續這個帶有譏諷意味的主題（fig.8.7, plate 14）。我們再貼近一點，細看圖8.12裡這位從香水瓶裡探出頭來的年輕女子，她臉上同樣帶著一抹不對稱、有點嘲諷味道的笑意，一種狡詐的詭異笑容。[37]

FIG.8.12. 希望／厄爾庇斯淺笑著從潘朵拉的罐子探出頭。陶質香水瓶（aryballos），公元前六世紀。出土自希臘玻俄提亞的底比斯。Henry Lillie Pierce Fund, 01.8056.Photograph © 2018 Museum of Fine Arts, Boston.

第三件可能是厄爾庇斯的形象，就出現在前面提到、在雅典廣場掘出的公元前五世紀高凸浮雕嵌板碎片中。考古學者艾芙琳．哈里森（Everlyn Harrison）辨識出嵌板圖案描繪的正是潘朵拉神話。在赫菲斯托斯和宙斯的大理石人像之外，考古學者也找到一只女子頭像，帶著「略為邪氣的詭異表情」，一抹不對稱的微笑。這女子是誰？她不是潘朵拉。這顆未連著身體的頭比諸神的頭來得大，頭頂甚至還是平的。奈爾斯認為，這顆頭應是從一只大瓶中探出頭來的厄爾庇斯。「希臘藝術中極度罕見臉部表情，」奈爾斯如此評論，「不過，這樣不自然的笑，似乎特別適合用來彰顯虛妄的希望化身的特性。」[38]

•

厄爾庇斯，或說希望，她究竟是福還是禍？潘朵拉的神話傳說一向錯綜複雜，這故事在古代文學和藝術中有許多邏輯上的糾結之處。[39]為何是希望獨留罐中？打從這個神話最早為人所述時，這個令人困惑的問題就一直困擾著評注者。潘朵拉和厄爾庇斯謎般的微笑，似乎就在嘲弄世人有意解開謎團的企圖。

赫希俄德的描述模稜兩可：希望與四散人間的那群厄運是同一族類？或者，在世界如今陷入一片混亂之際，希望是人類僅有的唯一慰藉？潘朵拉神話的現代童話版往往將希望視為是留下來撫慰人類的善靈，或是宙斯給予的恩惠，以作為人類對抗邪惡的補償。但請記得，古希臘人通常認為希望是負面的、會騙人的，「盲目的希望」這個常見的說法便是明證。值得注意的是，赫希俄德以「空洞」和「惡劣」形容厄爾庇斯／希望（《工作與時日》498,500）。在《伊利亞德》（2.227）中，雅典娜也將虛妄的希望植入注定戰敗的特洛伊英雄赫克托爾（Hector）的心識內，導致他在與阿基里斯的決鬥中戰死。公元前五世紀的詩人品達（frag.214）說，厄爾庇斯／希望「統治著人類永遠處在變化中的心識」。而亞里斯多德也將「elpis」定義為意指對未來結果好壞的預判能力。[40]

在公元前五世紀的雅典悲劇《受縛的普羅米修斯》（128-284）中，普羅米修斯坦承自己除了天火之外，還給了人類另一樣贈禮：「藉著讓盲目的希望長存人心」，他取走人類「預見自己終將毀滅」的能力，人類因此才會堅持不懈。這部劇作更強化了圍繞在希望的存在意義周邊的哲學問題。人類在這處境更為嚴峻的當下，似乎更像是普羅米修斯的弟弟，那位沒有能力預見前方有何結果正在等著的艾比米修斯。希望的幻想究竟是恩賜還是咒詛？[41]

希望在古代模稜兩可的意義，加深了潘朵拉的瓶子之謎。在這則神話的黑暗謎霧中，我們可以說明如下這些看似對立的矛盾意見：潘朵拉瓶子內裝的東西是邪惡的，釋放出來、活化後為人類帶來苦難。希望未被放出：那麼她若不是跟罐內其他東西一樣都是害人的惡，不然就是有別於罐內的惡，是對人類有益的善。因此，希望要嘛就像其他的惡一樣活化，雖然她仍留在罐中，不然就是還沒活化，因為她被禁錮在罐內。

我們可列出四套可能的劇本：（一）希望是善的，儘管她裝在邪惡的罐內，是宙斯為了抵銷邪惡而將之喚醒；（二）希望是善的，但宙斯將她關在瓶中，藉由此舉再傷害人類；（三）希望同屬罐中之惡，儘管困在罐中，但已被喚醒，藉由讓人滿懷期待和幻象，刻意折磨人類；（四），希望是惡的，但未被喚醒；宙斯將她困在罐中，以防人類受虛妄的希望所傷。[42]

厄爾庇斯／希望為何困在邪惡之罐當中，這個謎團的意義依然無解。或許，最好的解讀是她既非全然的善，也不是完全的惡，而且也不是中性的。希望是人類獨特的情緒。就像潘朵拉，厄爾庇斯／希望也象徵著一種「美麗的邪惡」，一個充滿誘惑的陷阱，招手引人難以抗拒地前來一親芳澤，而內在卻暗藏可能的災厄。

遠逾兩千年前，人類在一個巧奪天工的發明者以優越的生物科技打造出來的人造生命脈絡上，就已想到這個兩難的問題。這道難題模稜兩可的曖昧性，在我們這個時代看來可說是再尖銳不過。[43]當代非凡的科學與科技保證自己能對人類的生活有所改善；誰能抗拒這吊人胃口的「禮物」的誘惑，不去打開潘朵拉的盒子一探究竟？我們就像艾比米修斯，對當中潛伏的道德和社會危險性視若無睹，對孤單處在眾人之間的現代普羅米修斯發出的警告不以為意，衝動地投入發展人型機械、人腦電腦對接裝置、強化能力、以非自然手法延壽，虛擬實境，自動思考的物件，以及人工智慧。人類在欠缺深思熟慮的前提下踏上了這條路，如今只能期望我們未來能有好結果。

•

在艾西莫夫於一九四二年想出「機器人三法則」的兩千年前，古希臘的神話學者就已想像到雕像不僅會動，還負有助人或傷人的任務。艾西莫夫原始的三條定律詳細指明了：（一）機器人不得傷害人類；（二）除非違背第一法則，否則機器人必須服從人類命令；（三）除非違背第一或二法則，否則機器人必須保護自己。如我們所見，赫菲斯托斯造出一群親切可愛的機械女僕和自動三腳鼎，讓自己的生活能更輕鬆點，而且也造出特爾菲神廟上會歌唱的少女雕像，讓世界見識到引人入勝的奇景。不過，他也有能力造出殺傷力十足的東西，抓住他母親赫拉的王座即是最初的牛刀小試之作，最後則是受宙斯委託打造的潘朵拉，那是赫菲斯托斯駭人的最高成就。神話中的青銅機械人塔羅斯、龍牙大軍、機械巨鷹、噴火銅牛——這些刻意造來傷人的設計全都破壞了艾西莫夫的第一定律。[44]

潘朵拉無疑藐視第一法則。而她的破壞規模極其龐大——若按宙斯的原訂計畫，是要毀掉全人類——這正是艾西莫夫在之後的第四條法則訴求避免的。潘朵拉打破了艾西莫夫之後增加的所謂「第零法則」（Zeroth Law）：機器人不得傷害全體人類，或坐視整體人類受到傷害。潘朵拉同時也違背了二〇一七年阿西洛馬法則的第二十三條：人工智慧應當對全人類有益（第七章）。

我們不禁注意到，古希臘神話中所有用來讓人痛苦、甚至殺人的機械人，都歸暴君所有；從克里特島的米諾斯王、柯爾基斯王國的埃厄特斯王，甚至是宙斯這個在設計陷害人類的圈套時還暗自竊笑的凡人與眾神之父皆然。這當中有一點特別引人注目，專制者對設計用來折磨、甚至置人於死的活雕像情有獨鍾，這並非古代神話獨有的情節。歷史上確實有惡意的機械道具，而且受暴君採用。下一章將檢視出現在最早始自公元前五世紀的文學、歷史、傳說以及藝術當中的真實機械人和自動機具——這當中有些是設計造來害人，有些則是為了良善的目的。

第九章

神話與歷史之間

遠古世界的真實機械人與仿生機具

我們已見到古希臘人是如何透過神話與藝術，去想像人造生命、活雕像，非自然生下、而是製造出來的生命，如幻想的科技，以及增強人類本有能力。我們看到古人如何以超級天才的形象呈現代達洛斯、美蒂亞、普羅米修斯，以及赫菲斯托斯，想像這些人用的雖是尋常工具和工法，卻具備有如奇蹟的能力，能組建出超乎常人能力所及的美妙東西。

除了青銅機械人塔羅斯和普羅米修斯所造的第一批人類之外，神話記述或史料的斷簡殘篇中，都不見這些製作工藝超凡的物件內部是如何運作，以及實際的細節描述。然而，「藉工藝以創造生命」的故事涵蓋範圍之廣，卻也透露古人其實早已能想像以驚人工藝和巧奪天工的技術創造出人工生命。神話中有些非凡的機具或許會被比喻成是創新科技，其他不過是把史實上的相似之物給誇張化了。古人或許已能用當時可取得的工具、材料和技術，加上驚人的智慧，打造出古神話裡某些神奇之物的近似版本。即便如此，莫將現代人對於科技的動機和設想套用到古代，這一點還是非常重要的。[1] 許多關於人造生命的古代神話或想法儘管預示了、或必然讓人聯想到現代的科技創新，但我們不可認為現代的生物科技和機械人是直接受到古代影響。

從火砲、石弩，到涉及滑輪、槓桿、彈簧、絞盤的結構，甚至自動操作的機具，古時從地中海世界到中國，對這些真正的機械設計和創新都有深入且廣泛的研究。[2] 本章將從古代記載機械人和自動機具概念及設計的史料寶庫中選出幾個例子；這些例子以某種方式和自動物件、活動雕像遙相呼應，又以另一種方式和先前章節所討論、神話領域中的仿生生命體互有迴響。在我們從神話邁進史實的同時，請記得，那些記錄了古時真實而非空想的科技創新、而且留存至今的斷簡殘篇裡，難免可見流傳甚廣的民間傳說和傳奇滲入其中的痕跡。接著即將登場的歷史事件總覽雖稱不上詳盡，但用意是希望藉此呈現古人對於栩栩如生的仿生複製物和機械人的多樣想像——這些東西有的能致命，有的略顯浮誇，其他則是迷人而新奇——但全是公元前六世紀到公元一千年之間確實曾被人設計，或者／以及測試過的發明。

研究機器人歷史的學者認為，人型機械可歸分為三種基本功能：勞動、性和娛樂。這些特質也出現在關於人造生命的古代神話和傳說中。仿擬生物的自動機械可用來強化人類本有的能力，讓人為之目眩或敬畏，用以欺瞞、詐騙、傷人，甚至置人於死。機械人可充作陷阱及展示權力，而方法有時和善，有時滿是惡意。

宙斯在希臘神話中的形象是個滿懷惡意的暴君，以想出折磨普羅米修斯的駭人酷刑為樂，同時又遣派潘朵拉下凡，為人類引來苦痛。宙斯這些折磨之舉都需要藉赫菲斯托斯的精湛工藝之助，而赫菲斯托斯也曾為埃厄特斯王打造要將伊阿宋燒成灰燼的噴火銅牛，以及米諾斯王的巨人塔羅斯。這些機械為人帶來苦痛和死亡。此類神話有一個明顯的模式，那就是每樣機具都是某位暴君委製或布署的，以藉此展示統治者獨斷專制的絕對權力。我們若回溯古代史實，也可到見到類似的典型：人類歷史上確實有許多殘暴的統治者，利用模擬自然、設計機巧且邪惡的機械和道具，去羞辱、傷害、折磨，甚至殘殺臣民和敵手。[3]

奧維德在《變形記》（8.189）中想像，代達洛斯藉著模仿鳥，創造出自己的人類飛行能力。代達洛斯將真實的鳥羽毛按尺寸一列列排好，拉出弧弓結構，模擬真正的鳥翅，接著將人造鳥翅固定在肩背和手臂上，「展翅拍擊空氣，平衡雙翼間的身軀」。只不過，他的人造翅膀不比諸神的羽翼那樣能超乎自然，可以無視時間、物理和空間的限制輕盈飛翔，而是需要費力鼓動雙臂，才能如鳥兒升騰而上。

對凡人來說，要藉著拍動人造翅膀飛上天，這在航空力學上當然毫無根據，注定將以悲劇收場。如此血腥的實況就出現在古時盧埃卡迪亞（Luecadia，現在的萊夫卡達Lefcada）年年可見、利用模擬鳥翅凌虐犯人的酷刑中。這座愛奧尼亞海島以其險峻的臨海峭壁聞名，古希臘人會在當地「藉機進行此類飛行機具的例行實驗，但完全不顧安全」。[4] 古希臘的歷史學家斯特拉波（Strabo 10.2.9.）曾描述這個當地人稱為「罪犯之躍」的古老習俗。當地人每年會逼迫一名死囚從島上的白色石灰岩壁「飛」出去，以做為對阿波羅的獻祭（這個峭壁在詩人莎孚於此自盡的傳說之後，即以「莎孚之躍」為人所知，如今則稱為「戀人之躍」）。[5] 這名死囚會像神話中的伊卡魯斯，被人戴上一雙人造翅膀，而且還額外黏上各式各樣的活鳥，以增加場面「精采度」。峭壁上的圍觀者和底下小船上的觀眾會看著這不幸的犧牲者使盡全力拍動翅膀，身上還黏附著同樣無助拍著翅膀的陪葬鳥兒。

以娛樂效果重現希臘神話的悲劇情節，藉此貶抑、折磨，甚至虐殺人類，這在羅馬帝國時期算是常見的活動。尼祿（Nero）便是在競技場和宴席上公然展示此種殘暴之樂的箇中高手（公元五四至六八年）。羅馬帝國的史學家蘇埃托尼烏斯（Suetonius, *Life of Nero*）就曾提及兩起事例。在一齣名為《米諾陶》的戲上，被迫扮演帕西淮的人必須蹲伏在「一隻中空的木質母牛的後半身」，而扮演公牛的另一個人得跨騎上去。在重現代達洛斯和伊卡魯斯神話的一齣舞蹈裡，尼祿命令伊卡魯斯的扮演者揹著人造翅膀從高台上飛下來。蘇埃托尼烏斯的記載寫到，此人因此直直「墜落在尼祿的躺椅旁，濺得皇帝滿身鮮血」。

以鳥翅為範本設計出擴充人類能力的道具，以供酷刑或娛樂之用，並非古代地中海世界獨有。中國北齊時代，時人無不畏懼文宣帝高洋噬血的殘暴個性。文宣帝喜好將人綁在大到足以載人的竹編鳥翅或鳥形紙鳶上，藉此處決囚犯。他強迫這些人從北齊首都鄴城內塔高一百零八呎的金鳳台上「飛」下來，笑看這些注定一死的人拚命地企圖停在空中。地面上顯然有人利用弦線操縱這些殺人紙鳶，目的就是要讓囚犯在空中盡量待久一點。據傳，有數百名被迫的「測試者」就因文宣帝的這個娛樂之舉而喪命。不過，公元五五九年有一人得以死裡逃生，他是北魏王子元黃頭。被綁在鴞形紙鳶上的元黃頭從金鳳台飛出後滑行了一哩半之遠，直到紫陌才安全著陸。想必，這是得自在地面上操控紙鳶者之助。[6]

•

神話中的代達洛斯是靠著鳥翅從克里特島飛往西西里，才逃離米諾斯王的魔掌。他一到西西里，就繼續為阿卡加斯的科卡羅斯王創造美妙的新發明，讓米諾斯王斷魂當中的沸滾溫泉池便是其一（第五章）。代達洛斯也為這位庇護他的西西里國王在阿卡加斯設計了一座驚人的神廟和無法攻克的堡壘。請記住這些故事，然後，我們回頭來看阿卡加斯（也就是現在的阿格里真托）一位史實上確實存在的發明者。此人曾為阿卡加斯的獨裁者打造出一具酷刑裝置，而該裝置和神話中的代達洛斯及赫菲斯托斯的某些發明竟有些許相似之處。

阿卡加斯這座城市是在公元前五八〇年前後，由來自克里特島和羅德島的希臘人所建。當時一個野心勃勃、名為法拉里斯（Phalaris）的富有市民承接了當地建造神廟的工作，而這座宏偉神廟正是要獻給宙斯．阿塔庇里歐斯（*Zeus Atabyrios*，此名源自羅德島上的最高峰）。法拉里斯充分利用自己的地位，插手當地軍權，繼而奪權成為專制獨裁者，但最後因為自己血腥殘暴的野蠻行徑，而在公元前五五四年遭人推翻。在他鐵腕統治期間，一個名叫佩里勞斯（Perilaus）、為人狡猾又擅於鑽營的雅典青銅工匠特意前來攀附關係；他知道法拉里斯性喜凌虐，於是打造出一頭栩栩如生的青銅公牛，銅牛通體中空，體側有一扇大到足供一人進入牛體的活門。

佩里勞斯將這隻莊嚴堂皇的銅牛塑像帶到法拉里斯面前，呈獻的同時也向他解說如何操作。「如果您想懲處誰，就把他鎖進牛體內，並在下方點火。隨著青銅牛身溫度升高，牛體裡的人也會遭到炙烤！」他隨後描述起牛體內部可怖的結構。佩里勞斯在牛體內裝有一套管道系統，能放大受害者的慘叫聲。當煙霧從銅牛鼻孔飄出時，導流管會讓牛嘴傳出受害者的慘叫聲，將承受劇痛的慘叫轉化成「最可憐的牛吼聲，您耳裡的樂音」。法拉里斯看完後印象深刻，他狡詐地要求聽聽特殊聲響效果的示範。「來，佩里勞斯，讓我看看這如何運作。」當佩里勞斯一爬進牛體、對著管子大吼時，法拉里斯隨即將活門鎖上，命人在牛腹底下燒柴點火。這名有意攀附的青銅工匠於是慘遭炙烤而死（另有一說是他被烤乾後又被人丟落峭壁）。

這則故事總讓人想起傳說中那些發明者或罪犯，最後往往死於自己的創作或計謀、諷刺意味十足的主題。然而，這種虐待行為在歷史上的暴君中卻非罕見（羅馬皇帝尼祿和卡里古拉（Caligula）便是實例）。法拉里斯的銅牛刑具無疑確實存在過，在許多現已散失或幸運留存至今的史料中都可見描述；法拉里斯也成為邪惡獨裁者的原型。在五世紀的希臘，詩人品達就認為無人不識法拉里斯的「可憎惡名」，此人「心中毫無憐憫，會在青銅牛體中燒人」（*Pythian* 1.95）。一個世紀後的亞里斯多德也曾兩度提及法拉里斯的獨裁統治是人盡皆知之事。[7]

普魯塔克在公元前一世紀引用了一位更早期的歷史學家所述，講到法拉里斯以銅牛將人活活烤死。史學家西西里的迪奧多羅斯也曾詳細描述過這隻銅牛。普林尼（公元一世紀）曾批評佩里勞斯竟會想出以如此駭人的方式展現其手藝，並認為這名工匠是銅牛刑具的第一個腹中亡魂，實乃罪有應得。根據普林尼所述（34.19.88），羅馬仍保有工匠佩里勞斯的其他作品，「只有一個目的，好讓眾人能憎惡造出這些東西的那雙手」。諷刺詩人琉善在公元二世紀時曾寫過一則反串的幽默短文，佯裝成是在為惹人厭惡的法里拉斯捍衛名聲。[8]

這隻銅牛也讓其他炙烤刑具隨後應運而生。普拉塔克的《道德》（*Moralia*）就藉亞里斯提德斯之口，提及一段失落的歷史。他描述在賽傑斯塔城（Segesta）有一個和銅牛非常相似的發明，只不過是馬形。這匹青銅駿馬是一名叫阿倫提烏斯・帕特庫魯斯（Arruntius Pateculus）的工匠為嗜血暴君森索里努斯（Aemilius Censorinus）而鑄；此人素以會為發明出新刑具的人提供獎賞而聞名。[9]迪奧多羅斯這位西西里島的在地人也提到賽傑斯塔城內有另一具會致人於死的雕像，但這次是人型，是由公元前三〇七年前後曾統治當地的暴君阿加托克利斯所造（Diodorus 20.71.3; 此人的敘拉古青銅公羊塑像，請參見fig.5.1, plate 6）。

迪奧多羅斯曾多次提及惡名昭彰的阿卡加斯銅牛。他指出（19.108），這尊銅牛就放在法里拉斯位在邪惡之岬（Cape Ecnomus）山巔的堡壘中。他描述了迦太基將軍哈米爾卡・巴卡（Hamilcar Barca）如何在第一次布匿戰爭期間，從西西里島上各城大肆掠奪珍貴的畫作、雕塑和其他藝術品。當中最具價值的戰利品，莫過於那隻法里拉斯的銅牛；巴卡將軍在公元前二四五年將銅牛運回迦太基（現今的突尼西亞）。一個世紀後，在第三次布匿戰爭末期，這隻銅牛又回到了阿卡加斯。當羅馬將軍小西庇阿（Scipio Aemilianus）在公元前一四六年終於擊潰迦太基後，他將當初遭敵方奪去的東西全數運回西西里，當中正包含這座銅牛。波利比烏斯（Polybius, *Histories* 12.25）在公元前二世紀的紀錄，證實了這隻會吼叫的銅牛曾被帶往迦太基，之後又回到故鄉；他指出，銅牛身上的活動門在公元前二世紀當時還能使用。公元前七十年，西塞羅（*Against Verres* 4.33）聲稱，小西庇阿從迦太基運回的珍寶就包含這隻阿卡加斯銅牛，「所有暴君中最殘暴的法里拉斯，曾以它將人活活烤死」。小西庇阿藉機評說這隻銅牛是西西里強人政權之野蠻的遺物，而西西里島若交由仁慈的羅馬人統治會更好。迪奧多羅斯更進一步證實，在他記錄歷史的當下（公元前六〇至三〇年），仍可在阿卡加斯城內見到這隻惡名昭彰的銅牛。[10]

法里拉斯的青銅牛在中古世紀仍散發著它的病態吸引力。根據基督教傳說，公元一到四世紀間，為信仰而殉道的歐達奇（Eustance）、安提帕斯（Antipas）、百基拉（Pricillian）和喬治（George），分別都是在各種不同的銅牛體內遭到炙烤而死。最後一起銅牛殺人事件出現在西哥德人（Visigoth）的年鑑紀錄當中，但這回受害的是一位受人憎恨的暴君。公元四九六年，統治西班牙沙拉哥薩（Zaragosa）的暴君博杜聶琉斯（Burdunellus）「被人放進一頭銅牛內，燒烤至死」，在土魯斯遭到處決。[11]

FIG.9.1 西西里的暴君法拉里斯，將佩里勞斯放進這名狡猾的工匠自己打造的銅牛內燒死。十六世紀木刻版畫，Pierre Woeiriot de Bouze 作。HIP / Art Resource, NY.

這隻銅牛的牛鈴聲雖然恐怖，但聽來熟悉，因為那正是呼應先前篇章裡那些神話的迴響。高度寫實的銅牛塑像讓人想起代達洛斯為帕西淮所造的木質母牛（第四章）。就像帕西淮的那頭木牛，法拉里斯的銅牛也是因為牛體內有活人才動了起來。[12]

更引人注目的神話比較，是赫菲斯托斯為兩位君王所打造的兩具致命青銅機械。埃厄特斯王希望能靠他那一對噴火銅牛，將伊阿宋燒成灰燼；回想看看，米諾斯王的青銅機械人塔羅斯能將身體加熱到通紅，將敵人擁向胸口活活烤死。古人心中是否也曾想到法拉里斯的銅牛在神話中的這些平行對比？儘管在缺乏與神話直接連結的文字史料下，我們不知答案，但這卻也不是難以置信。有關銅牛刑具和炙熱、噴火塑像的古老傳說和故事，在法拉里斯那時代的通俗文化中可說非常普遍。

而且，在阿卡加斯城奠基者的故鄉，公牛像顯然是重要的護身符。阿卡加斯當初是由來自希臘羅德島的殖民者所建，而法拉里斯的父親正是羅德島出身。這座島嶼曾以其超凡的機械工程技術著稱，羅德島巨人像便是一例（第一章）。有證據顯示，安堤基特拉機械（Antikythera mechanism）這個帶有三十片齒輪、青銅材質的精密天文計算機械，就是在公元前三到一世紀於羅德島打造而成；這部機械可說是世上第一部類比的「電腦」。[13] 如我們在第五章所見，羅德島也以其生動的青銅雕像著稱，品達就曾在詩中寫到（*Olympian* 7.50-54）：

活靈活現的人形矗立
裝飾每一條公共街道

而且似乎在石中呼吸
或移動他們大理石質的腳

在羅德島的眾多奇景中，有兩座實體大小的青銅公牛像。這島上的公牛是否正是法拉里斯那頭殺人銅牛的原型？羅德島的青銅公牛就矗立在島上最高峰阿塔庇里歐斯山上，戍守著這座島嶼（古代常見青銅製的衛兵，參見第一章）。我們知道法拉里斯曾在阿卡加斯參與建造宙斯．阿塔庇里歐斯神廟，這座神廟之名便來自有一對青銅公牛戍守的島上最高峰。但更引人注意的是，由巧手工藝打造而成的羅德島銅牛能發出低吼。這一對公牛守衛其實是做為傳訊號角之用——銅牛「大聲發出牛吼，以警告羅德島人目前有敵軍靠近」。[14]銅牛體內的管狀結構能擴大駐守山巔的衛兵發出的人聲；法拉里斯的銅牛刑具有可能也是藉著類似的管狀設計，邪惡地將受害者的慘叫聲化為牛鳴。

不同的古文明裡都曾有透過號角和其他擴音設備強化人聲的想法。古時藉由擴大聲音傳遞訊息的道具設計，可歸功於亞歷山大大帝；他曾利用一只碩大的青銅號角，或懸掛在大型三腳鼎上的擴音器，向位在四面八方、數哩之外的部隊傳遞訊息，而這個設備就以特洛伊戰爭中一位聲音異常宏亮、名叫斯騰托爾（Stentor）的傳令官為名（《伊利亞德》5.783）。在中古世紀關於亞歷山大大帝的傳說中，還有另一個誇張的擴音設備；亞歷山大有一把稱作「忒彌修斯號角」的戰場用喇叭，據說能召喚六哩（約九點六公里）之外的部隊。[15]

古時還有許多機械造出的旋律聲響，能讓樂音從無數雕像和機械人口中流瀉而出，讓人回想起傳說中特爾菲神廟上的歌唱少女雕像（第七章）。這裡特別適合舉一座會發聲的雕像為例，那就是公元前四世紀的雕塑家德米忒里歐斯（Demetrios）打造的雅典娜像。根據普林尼所述（34.763），這尊是稱為「音樂」或「吼叫」的雅典娜雕像（其名究竟是musica—音樂，或mycetica—吼叫，原始手稿字跡已難辨）。據說，女神盾牌上凶悍的女妖頭上盤捲的一叢蛇髮，會發出詭異的聲音。[16]

埃及開羅在一九三六年時曾有一起迷人的考古發現，透露出古人如何讓雕像說話或歌唱。在一座埃及太陽神拉哈馬基斯（Ra-Harmakhis）的大型石灰岩胸像頸部後方，藏有一個腔室，有一條孔道從此處通向右耳下顎處的開口。考古學者推測，藏身在雕像背後的祭司會對著腔室和孔道說話，讓自己的嗓音產生變化，使得這聲音聽起來就像是太陽神在傳達神諭。[17]

據說，埃及有一座門農巨像會在黎明破曉之際發出絕美旋律；門農巨像是一對六十呎高的坐姿石雕，在古代即是吸引遊客旅人的景點。公元前一三五〇年，埃及法老阿蒙霍特普三世（Amenhotep III）為座落在尼羅河畔底比斯城的宮殿，立起了這一對以自己為形貌的石雕像。埃及人稱那座會「唱歌」的雕像為阿門諾菲斯（Amenophis）、法莫諾孚（Phamenophes），或塞索瑟提斯（Sesostris）；而希臘人則稱它為門農。會在黎明發出美妙音律或「人聲」的，是二者當中的北座雕像，但雕像在公元前二十七年的一場地震已略有毀損。門農在希臘神話中是黎明女神厄俄斯和她不死的凡人愛人提托諾斯生下的兒子（第三章）。身為衣索匹亞國王的他，在特洛伊戰爭中加入特洛伊人的陣營。有些觀察者想像著，門農巨像在清晨時分流洩出的話語或歌聲，是為了撫慰他的母親「黎明」女神厄俄斯。光線讓雕像雙眼發亮，「陽光一觸及雕像唇部，就有聲音立即流瀉而出」。造訪現場的觀者無不體驗到一種奇異感受，好似門農就要從座位起身迎接新的一天。[18]

羅馬歷史學家塔西陀（Tacitus, *Annals* 2.61）寫到，門農像受到陽光觸及時，「會發出人聲，而法老耗巨資建出的金字塔隱約如山出現在流沙荒漠間。」有些人認為，雕像的聲音是因為旭日讓石頭突然受熱膨脹的結果，也許啟動了內部以槓桿連接的震顫弦線（第七章中特爾菲神廟上的黃金少女像之所以唱起歌，或許也是起於同樣的效果）。公元前

FIG.9.2 門農巨像，底比斯，埃及。Photo by Felix Bonfils, 1878. HIP / Art Resource, NY.

二十六年某天清晨造訪當地時，地理學家斯特拉波（17.1.46）和友人聽到了聲音，但不確定這聲音是來自雕像本身，或出自站在底部台座的人。琉善的諷刺劇《愛謊者》裡的主角就說，他聽到門農在清晨時說出的「預言」，雖然那聲音聽在「多數造訪者耳裡，不過是無法理解的聲響」。公元八〇到八二年間，一位名叫盧修斯．塔尼西歐斯（Lucius Tanicius）的羅馬軍隊百夫長，就記下了他十三次造訪該地的日期和時間。古時有不少遊人訪客都會在唱歌的巨像底座留下塗鴉，最後一個可追溯的日期是在公元二〇五年。有些評論者認為，在羅馬皇帝塞提米烏斯．塞維魯斯（Septimius Severus）於公元二〇〇年整修過巨像之後，再也無人聽過石像唱歌；不過，基督教神父狄奧多勒（Theodoret）、耶柔米（Jerome）和其他人卻堅稱，那是因為古埃及的所有神祉在耶穌降生之後全都噤口無語。[19]

如我們所見，有許多方法能讓雕像看似會動、會說話、或是彷彿活生生的幻象。[20]研究近東冶金技術的保羅．魁多克（Paul Craddock）推測，這些「神廟的小花招」當中，或許也包括一個在受人碰觸時會傳達刺痛感的偶像。魁多克的理論可為一九三六至三八年間在伊拉克巴格達發現的「巴格達電池」做出解釋。這個工藝品據信是帕提亞時期（Parthian，約公元前二五〇年到公元二四〇年）或薩桑王國（Sassanian，公元二二四年至六四〇年）的東西。這個謎般的東西具有爭議性，有些歷史學家認為那是早期波斯人曾進行電力實驗的證據。只可惜「巴格達電池」在二〇〇三年伊拉克博物館因戰火遭到洗劫時已消失無蹤，但留下的文字記錄、底片和照片仍提供了具體細節。

「巴格達電池」的各個赤陶小罐高約五吋，罐內放有外層包捲銅片、頂端以瀝青封住，底部則是以瀝青加銅片封起的鐵棒所構成的圓柱體。包有銅片的鐵棒從封住圓柱頂部的瀝青中伸出。赤陶小罐內壁雖有鏽蝕痕跡，但當中不見金屬線圈，有可能已鏽蝕殆盡。值得注意的是，同一區域先前也曾連同罐子發現非常細的青銅「針」（但沒有圓柱）。這些材料和構造會讓人聯想到原始的直流電電池。現代人以「巴格達電池」的複製品進行實驗，證實的確能藉著在古代即可取得的成分，例如葡萄汁、醋、酒或硫酸、檸檬酸等，做出百分之五的電解溶液，產生零點五伏特的微弱電流。如果將一群赤陶罐串接在一起，便能產生較高的輸出功率，足以產生類似靜電的溫和震顫感。

這些電池的用途不明；有些人說是供醫療之用，也有人認為是用於法術或祭祀。魁多克的推測認為，如果這些赤陶罐當真是電池，而且以某種方式藏在金屬雕塑像內部，並且啟動，那麼塑像就會帶有神祕的生命感和動力。任何人輕觸雕像，都會訝於塑像的溫暖感和奇異震顫感，甚至還會因為在闇黑空間內見到藍色閃光而詫異。[21]

•

公元前三世紀與公元一世紀間，有各種紀錄記載著栩栩如生的彩繪鳥模型會從嘴喙間流瀉出仿真的啼囀聲；這模型鳥是亞歷山卓城名匠費隆和希羅的設計；後續會提及他們的其他作品。不過，古人甚至在更早之前就已對會飛的人造鳥大感驚奇了。這隻機械鳥是由阿爾庫塔斯（約公元前四二〇至三五〇年）所造，他身兼哲學家、科學家和統治者，也是柏拉圖的夥伴。阿爾庫塔斯是他林敦（Tarentum）人，這是古希臘人在南義大利山間建立的殖民地。[22] 由於智慧和德行備受景仰，阿爾庫塔斯被選任為戰略官和將軍；據信，柏拉圖《理想國》中哲學君王的概念也是來自於他的影響。亞里斯多德在數篇文論中曾提及阿爾庫塔斯的理論，然而阿爾庫塔斯個人的著作卻未能留存至今，目前僅有隻字片語為人所知。[23]

雖然賀拉斯曾以一首詩題獻給他（Ode 1.28「阿爾庫塔斯頌歌」），許多古時資料也提及此人，但格利烏斯（Aulus Gellius）在公元二世紀的紀錄，是現存唯一描述這第一具鴿形自動飛行器的文字。阿爾庫塔斯「構想、而且造出的東西雖是奇蹟」，但未必不能為真，格利烏斯如此評論（*Attic Nights* 10.12.9-10）。他引述道，「致力研究古代紀錄的哲學家法沃里努斯（Favorinus）」曾說，阿爾庫塔斯「根據機械原理，造出一具木質模型白鴿」。這隻白鴿「以砝碼平衡，藉由密閉在內部氣流驅動」。這隻白鴿飛了一段距離，但「著地後無法再度起飛」。很抱歉得告訴您，這白鴿的敘述在此就斷了，後續文字早已佚失。

阿爾庫塔斯對於機械數學、立方體和比例的研究領先群倫，讓他得以造出這個模型。現代的哲學家和科學史學家都曾寫過許多關於阿爾庫塔斯機械原理的文論。這隻白鴿看來在歷史上確實存在。機械工程師推測，阿爾庫塔斯白鴿可能是拴在一條細繩或棍子上，靠著蒸氣或將空氣擠進一根管子，或藉由活閥控制的金屬囊室。這隻白鴿在每趟飛行後都需要重新發動（沒有證據顯示白鴿翅膀是否會拍動）。二〇〇三年時，卡爾·哈夫曼（Carl Huffman）曾提到「合理再造」這隻白鴿，認為這隻鳥兒「靠一條弦線，透過滑輪連著一只砝碼」，「藉著風吹，讓鳥兒從低處飛往較高處來啟動」。另一個假設的重建來自寇斯塔斯·寇薩納斯（Kostas Kotsanas），他的假設則利用蒸氣或壓縮空氣，以啟動空氣動力的鳥兒。[24]

若將這隻白鴿與另外兩樣基於史實、在公元前五到四世紀間於奧林匹克運動會舉行所在地希臘伯羅奔尼撒的伊利斯（Elis, Peloponnese）所造的機具相比，會非常有趣。第一件機械裝置是青銅老鷹和海豚。這個老鷹和海豚青銅像是一扇賽馬場門上的活動部件，參加奧林匹克的馬匹和戰車就在門後等著起跑。保薩尼亞斯（6.20.10-14）在公元二世紀描述這扇門時，門上的老鷹和海豚機械裝置還能運作。一個官員會在門邊的祭壇上操作這個裝置。為了示意競賽開始，老鷹會突然展翅升空，而海豚則會在眾目睽睽中一躍而下。這個機械裝置原是由雅典雕塑家和發明者克雷歐埃塔斯（Cleoetas，公元前四八〇至四四〇年）所造，後來經過一位公元前四世紀的工匠亞里斯泰提斯（Aristeides）改良。克雷歐埃塔斯所造的人像因為十分真實，因而甚受敬佩，作品上像是內嵌銀質指甲這種毫髮處的細節處理，寫實程度可說攝人心魄；他曾和雅典雕塑名匠菲迪亞斯在公元前四三二年於奧林匹亞以象牙和黃金打造出宙斯巨像（當地在一九五〇年時發現了兩人的工作坊。帕德嫩神廟內的雅典娜黃金象牙巨像也是出自菲迪亞斯，見第八章）。賽馬場起跑門上的老鷹和海豚就像阿爾庫塔斯的白鴿那樣活靈活現，顯然還得找個方法拴住才行。

伊利斯當地在酒神慶典時還有一個奇景。根據偽亞里斯多德所述（*On Marvelous Things Heard* 842A123），參加慶典的人會受邀前往一座位在城外約一哩的建築內，檢查三只碩大、空空如也的紅銅大釜。大家走出來之後，伊利斯的官員接著會動作誇張地將建築鎖上、封住。片刻之後，門會解鎖，參觀者可再進入室內。他們會驚訝地發現，原本空蕩蕩的三只大釜，如今竟猶如「魔法」般地注滿葡萄酒液。「天花板和壁面看起來都是原封不動的，因此無人能辨識當中有無機關」。這個花招顯然與一套內建能將酒液推送到容器內的水力機關技術有關。儘管日期不詳，但如此描述就出現在亞里斯多德的學生和後繼者收集的文集當中。

至於阿爾庫塔斯，雖然他在軍事、政治以及科學上充分展現了自己的數學、幾何學、和聲學及機械學知識，但據亞里斯多德所述，他也發明了小朋友喜愛的玩具，會發出聲音的響板即是一例。[25] 阿爾庫塔斯的玩具響板和機械飛鴿在展現機械原理的同時，也帶來歡樂，和其他統治者殘酷血腥的機械刑具相比，可說是南轅北轍。

•

公元前四世紀晚期，馬其頓專制統治下的雅典造出了一具無脊椎生物的機械，而且這個機械挑釁的意味十足。公元三一七年，馬其頓國王卡山德（Cassnader）指派法勒魯姆的德米特里（Demetrius of Phaleron）前去雅典治理當地人民。德米特里與亞里斯多德屬同一時代，只比他略小幾歲，是個受過良好教育的雄辯家；他在公元前三〇七年被迫流亡之前，都是雅典的唯一統治者。德米特里最後來到了有許多發明者駐居的埃及亞歷山卓城，並參與該城偉大的圖書館及博物館的建設（詳見如後）。然而他之後在亞歷山卓城還是失寵，並在公元前二八〇年左右流落荒郊野外，遭蛇咬而死。[26]

身為雅典城的獨裁者，德米特里十分傲慢，言行狂妄，而且沉溺於暴虐行徑。想當然爾，他鄙視民主，而且剝奪百姓的公民權益。根據捍衛民主的雅典人德摩卡萊斯（Demochares）所記錄的一段當時歷史，德米特里在公元前三〇八年時，託人打造出一具「以某種內部裝置運作」、會移動的巨型蝸牛。[27] 希臘歷史學家波利比烏斯（12.13）告訴我們，這隻巨型蝸牛會領著雅典最大型的戲劇節慶酒神慶（Dionysia）的遊行行列，從雅典城牆外柏拉圖的雅典學院開始，一路走到酒神劇場，這距離約是一點八哩。波利比烏斯的記錄裡雖然沒有詳述這隻蝸牛的組成和內部運作方式，但「以某種內部裝置運作」一詞，卻暗指著它有某種自動推進的機械裝置。一九三七年，德國文獻學者阿爾別特．雷姆（Albert Rehm）認為，這個巨型的軟體動物模型內，藏有一人踩著踏車，另一人則在操控方向。踏車在古時就已存在；波希多尼（Posidonius）在公元前三二三年為亞歷山大大帝所造的可移動巨型「攻城」機械，便可能是以踏車運作；而一幅公元一世紀的羅馬浮雕也顯示，有許多人踩著踏車啟動一隻巨型的鶴。儘管如此，雷姆提出的理論也仍有爭議。[28]

德米特里為何要大費周章為卑微的蝸牛打造一隻會動的大型複製品？或許有人注意到，酒神慶是在冬季舉行，雅典此時會開始降雨，原本休眠中的蝸牛會大量爬出，因此，城內這時隨處可見四處爬行的蝸牛。德米特里的超大蝸牛「逼真」到甚至會沿路留下黏液痕跡。這個可藉暗管從儲存槽中排出橄欖油輕鬆營造出這個特殊效果。

這行列中最引人注意的細節，在於大蝸牛後頭會跟著一群驢子。蝸牛與驢子的搭配其實是充滿惡意的訕笑嘲諷；蝸牛行動之慢，眾所周知，而且背上又背著家，因此能忍受貧困。驢子常會引人聯想到被鞭子抽打才會工作、不甚聰明的懶散奴隸。[29] 正如德摩卡萊斯所述（Polybius 12.13），德米特里這個巨蝸奇景，用意是在嘲笑「雅典人的緩慢與愚蠢」。這隻巨型蝸牛本身雖無傷害力，但卻是這個暴君用來公然羞辱雅典人的手法；雅典人的民主慘遭馬其頓人和其盟友擊碎。

個世紀之後，在公元前二〇七年希臘南部的斯巴達，有一個名叫納比斯（Nabis）的邪惡獨裁者掌權，直到公元前一九二年。這個政權因為種種野蠻行徑，加上流放、凌虐和殘殺百姓等行為，因而惡名永留。納比斯和他跋扈的妻子阿佩嘉（Apega，也可能是鄰近的阿爾戈斯島上暴君的女兒阿琵亞Apia）聯手，從百姓手中掠奪財物珍寶。在兩人遭推翻時出生、身為當地人的波利比烏斯講述了這對夫婦的故事。根據波利比烏斯所述，阿佩嘉的「殘酷程度遠遠勝過丈夫」。例如，納比斯指派阿佩嘉到阿耳戈斯島去籌集資金，她便將島上婦孺集合起來逐一凌虐，直到眾人交出金飾、珠寶和其他值錢財物為止（Polybius 13.6-8,18.17）。

暴君納比斯廣納各方邪魔歪道前來國內，其中也包括克里特島的海盜。[30]也許就是這些投機分子當中的某人，依照納比斯的命令，打造出一具以「超凡的精準度模仿他妻子」的「機械」（Polybius 13.6-/, 16-13, 18.17）。納比斯從妻子的行徑上得到靈感，「創造出一具如同潘朵拉一樣邪惡、欺人的女型機械人」，研究斯巴達女性的歷史學者莎拉．波莫若伊（Sarah Pomeroy）如此評道。這具人型機械身穿阿佩嘉的華麗服飾，我們能想像，工匠如何在灰泥面具或蠟模上如實描繪出阿佩嘉的面容，以呈現效果。

納比斯會聚集城中富人，不斷在宴上提供酒飲，同時逼他們將財產轉移給他。若有賓客不從，納比斯會說，「也許，由我的夫人阿佩嘉來說服您會比較有效」。當阿佩嘉的機械分身出現時，酒醉的賓客會將手伸向呈現坐姿的「阿佩嘉」；此時她會起立，繼而啟動彈簧，舉起雙臂。納比斯就站在機械阿佩嘉身後，操縱機關讓機械人的雙臂突然扣住受害者。藉著槓桿和制輪的運作，納比斯接著收緊這機械假人的致命擁抱，將受害者越抱越緊。機械人身上的華服掩飾著她的掌心、手臂和胸膛其實布滿鐵刺，而鐵刺會因壓力，深深刺進受害者身軀。「納比斯藉著這具以妻子形象為藍本的刺刑機械，殺掉無數不從命令的百姓」，波利比烏斯如此寫到（13.6-8）。[31]

在納比斯和阿佩嘉掌權的公元三世紀末，地中海地區已有許多發明者和工程師投入設計供征戰或謀求和平之用的活動雕像或其他精巧的機具。一具四世紀設計精巧的機器「*kleroterion*—古希臘投票機」便是一例，而且留存至今。和前述的安提基特拉機械一樣，這個機器意味的不過是冰山一角；古時還有許多其他真實的科技實驗或創新只見於古代文本描述，並未留下實體的痕跡。

但在公元前四世紀及前三世紀早期，義大利、迦太基和希臘的軍事工程師已經能以複雜的機械公式和彈簧，為狄奧尼西歐斯（Dionysius of Syracuse）和馬其頓王國的菲利浦二世（Philip II）等統治者，造出石弩隊和強大的扭力投石機。公元前三〇五年，為了滿足征服羅德島的野心，「攻城者」馬其頓的德米特里一世（Demetrius Poliorcetes）命令麾下工程師，打造一座高度前所未見的機械攻城塔。這座外覆鐵片的木質「攻城塔」配有十六具沉重的投石機，重約一百六十噸，需要超過三千人操作。德米特里一世還有一具需要由一千人操作的巨型破

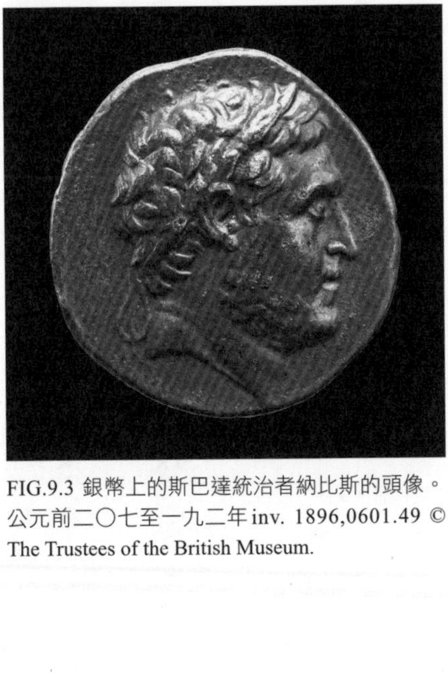

FIG.9.3 銀幣上的斯巴達統治者納比斯的頭像。公元前二〇七至一九二年 inv. 1896,0601.49 © The Trustees of the British Museum.

城槌。阿基米德（Archimedes of Syracuse）堪稱希臘化時期最有名的工程師，他曾想出無數的幾何原理，設計出大量利用槓桿、滑輪、螺桿和不同的齒輪組成的機械，範圍從天文機械、到能加熱光線、燒毀來犯敵方海軍的機器，以及掛在吊車上、能抓住敵軍船艦，並使之沉船的巨爪。[32]

若依希臘古典時期和希臘化時期留下的豐富發明，推測暴君納比斯那致命的阿佩嘉機械人是以先例為本所造的也不為過。阿佩嘉機械人之所以會動，是因為彈簧，這也讓她能起立或抬起雙臂；而納比斯在背後控制著機關，也呈現出這人偶似乎自有其動力。阿佩嘉機器不會自體升溫加熱，但仍能藉大力擁抱致人於死，這也讓人想起會將敵人擁進胸膛的塔羅斯。有些歷史學者曾納悶，中古世紀凌虐或處刑的刑具「鐵處女」，其靈感是否就來自於阿佩嘉機械人；鐵處女是一具以女子為外型的金屬箱子，箱內滿是尖刺。

•

公元前四十四年，羅馬在凱撒（Julius Caesar）遭人暗殺後陷入一片混亂。馬克・安東尼（Marc Antony）在凱撒停屍的棺架上發表了一場戲劇效果十足的葬禮演說。古羅馬歷史學家阿庇安（Appian, *Civil War* 2.20.146-47）就描述了這場演說對大眾造成的效果。馬克・安東尼陷入「一種神性的狂熱」，因「極度激情」而無法自持；他慷慨陳詞，攫住長矛，掛在矛尖上的正是凱撒生前所穿的長袍。他高舉長矛，好讓眾人能看見這件遭匕首刺穿的袍子上那些斑斑血跡。在場的悼念者無不大聲哀嘆。

但這戲劇般的展演可不是到此為止而已。一個隱身在後的演員模仿凱撒的聲音，逐一列舉出謀殺者的名姓，此舉更是讓現場群情激憤。隨後，凱撒殘破的遺體從棺中緩緩升起。那是一具蠟質仿製品，寫實地呈現凱撒身上二十三處刀傷。而在一具「機械裝置讓蠟像遺體緩緩旋轉，好呈現這令人不忍卒睹的景象之際」，關鍵高潮也隨之而來。現場憤怒又哀慟的百姓群情激憤，瘋狂湧向凱撒遇害的參議院以及行刺者住處縱火。這血腥、會旋轉的凱撒遺體蠟像帶來甚具感染力的舞台效果，而這正是凱撒的盟友精心策畫，用來操控群眾的手法。

•

古希臘羅馬有幾位君主熱心支持科學，他們想出藉活動雕像的奇景，展現自己的顯赫權威。這些機械奇觀就是要昭告天下，君王能成就旁人所不能之事。

希臘化時期的君王企圖藉機械奇觀自我彰顯的例子中，有一個慘敗的案例，就發生在米特里達梯六世（King Mithradates VI of Pontus）統治時期；此人正是以其超乎常人的自負和對機械的熱愛程度而聞名。米特里達梯在公元前一世紀當時吸引了無數優秀工匠、科學家和工程師紛紛來到宮中。眾人在他底下造出驚人的海軍和攻城機具，而舉世聞名的安提基特拉機械正是羅馬人從他的王國奪走的（公元前七〇到六〇年）。在公元前八十七年左右，米特里達梯為了慶祝自己在希臘擊潰羅馬勢力，於是託人打造一個壯麗的豪華奇景。宮中工程師想到勝利女神尼姬（Nike）會在勝利者頭上揮展雙翼盤旋的古典神話畫面，於是打造出一尊壯麗的勝利女神像，並固定在視線不可見的纜繩上。古典希臘戲劇舞台也會運用這種「deus ex machina—機械降神」的類似技術，只不過，米特里達梯這個計畫的規格已超乎尋常。慶祝的高潮之際，碩大、展翅的勝利女神要靠一連串的滑輪和槓桿，戲劇性地從天而降，張開雙手為米特里達梯戴上勝利者的冠冕，而後莊嚴地升天而去。這計畫原本確實是這樣沒錯，只不過纜繩失效，勝利女神直墜落地，摔個粉碎。雖然現場無人受傷已是奇蹟，但這結果無可避免也成了惡兆。[33]

•

但公元前三世紀在埃及曾有一場值得紀念、而且非常成功的獨裁者權力展演。這場權力的展示正是由托勒密二世（公元前二八三至二四六年）一手策畫；這個希臘化時期強盛的馬其頓希臘王朝，最後是在公元前三〇年於著名的「埃及豔后」佩脫拉克手中告終。歷來的各世托勒密對於亞歷山卓城這個當時新國際城市的藝術及科學研究，以及城中在公元前二八〇年左右所建的圖書館與博學院（但公元前四十八年左右因大火而焚毀）無不大力支持。亞歷山卓城在各世托勒密統治下成為當時的科學研究中心，是各式機械的誕生地，城中有各種用於戲劇、遊行和神廟的機械控制道具的展示品，尤其是活雕像和自動機具。[34]

托勒密二世在公元前二七八年娶了親姊姊阿西諾雅二世為妻。如我們所先前所見，托勒密二世在阿西諾雅死後封她為女神，並差人以妻子的形貌打造一座會漂浮的雕像（據稱是利用磁石，參見第五章）。但公元前二八三至二四六年的托勒密二世王朝最為人緬懷的，卻是一場在公元前二七九或二七八年舉行、異常光輝燦爛的盛大遊行。這場遊行持續數日，似乎永無盡頭的行列中滿是異國珍禽異獸，活人畫展演、扮裝的舞者，以及令觀者目瞪口呆的自動道具。根據羅德島的凱利克森努斯（Callixenus of Rhodes，此人與托勒密二世同代，可能親身見證過這場活動）記載的亞歷山卓城歷史所述，這場壯麗的遊行場面包含二十四輛由大象拉曳的黃金戰車，車後跟著鴕鳥、黑豹、獅子、長頸鹿和其他動物，以及一列列大型花車，數百名扮成薩梯、酒神女祭司和其他神話人物的表演者，尺寸龐大、栩栩如生的天神雕像當中也包括亞歷山大大帝，還有各式機械奇觀。只可惜，就像許多對現代人理解過去的人造生命和人型機械至關重要的古時文本，凱利克森努斯的作品也已消失無蹤。然而他對這場遊行的大量記述，有部分仍得以留存在公元二世紀的作者阿特納奧斯（Athenaeus）的書中（*Learned Banquet* 5.196-203）。[35]

這場大遊行是要讚頌希臘酒神戴奧尼索斯，同時呈現酒神神話中的場景。觀者會為高達十五呎的酒神大型雕像目眩神迷；雕像伸出一只源源不絕流出葡萄酒的碩大金杯，杯旁圍繞著一群薩梯、酒神女祭司、歌者和樂師。另一部花車承載著三十呎高、二十呎寬的葡萄榨汁大桶，由三百人拉動，同時有六十個扮成薩梯的人在上頭踩踏葡萄。一部沉重的車上放著以花豹皮製成的葡萄酒袋，由六百人拖曳著，沿途袋中不斷汩汩流出酒液。另一部花車上還有兩座噴泉，分別噴湧出奶液與醇酒（就像神話中赫菲斯托斯所造的那些）。所費不貲、令人驚嘆的自動物件和雕像竟如此不斷出現，規模驚人，這不禁喚起遠古版本的「恐怖谷」感受。這些東西激發出一種幻覺，好似是諸神讓這些製造而成的物件有了生命，進而產生托勒密二世能號召眾神現身前來祝賀這場加冕大典的錯覺。

在搭載酒神雕像的大車之後，另一個驚人奇景躍現在觀者眼前：花車上是尼薩（Nysa）的巨型坐姿女形雕像；她頭戴金冠，身披滿覆黃金飾物的黃染服飾。這個尼薩雕像是真正自動的人型機械。遊行沿路，尼薩會定時起身，從奠酒金皿中倒出奶水，隨後再坐下。雕像在進行這些動作時，「無人在雕像身上動手」，凱利克森努斯這麼評道。

誰是尼薩？尼薩是酒神戴奧尼索斯幼時被雨寧芙餵養長大那地方的山名。這座山在希臘化時期被擬人化成了酒神的褓姆尼薩；於是，她在由遊行中陪著酒神分撒奶水也是順理成章。

這座尼薩機械人呈現坐姿時高達十二呎，奶水儲存槽想必非常重。的確，尼薩花車據知有十二呎寬，要六十個人拉動。就像其他超大尺寸的雕像，這尊尼薩也不是青銅或大理石材質，而是利用赤陶、木材、黏土和蜂蠟所製，再如實塗上顏色。為了要在這個行進緩慢的遊行隊伍中（推測全長有三哩之遙）操作順暢，而且動作莊嚴，現代的工程師認為她的內部機械裝置在技術上勢必非常穩健。

這座尼薩機械人是如何運作的？二〇一五年，研究機械工程歷史的學者柯特西耶（Teun Koetsier）和克爾勒（Hanfried Kerle）曾就幾個可能的設計，進行圖示分析。如果該雕像呈現坐姿時高十二呎，那麼站立時應該會高達十五呎。假設雕像是以機械裝置和當時可取得的零組件運作，兩人歸納後認為，內部應該有一組由凸輪、砝碼、扣齒鍊和齒輪合組而成的裝置精密地控制時間，好讓尼薩能從座位起身，倒出奶水，繼而平穩地緩緩坐下。

是誰打造出這尊前所未見、或許是世上第一部的工作用機械人？古代史料並未明說。工程師克特西比烏斯（Ctesibius）可能是其中一位人，據信他是亞歷山卓博學院的首位管理者，可惜他沒有任何文字作品留存至今，然而他依據水力（幫浦、虹吸）和風力（壓縮空氣）所造的設計卻得到高度討論，出現在維特魯威（Vitruvius）、普林尼、阿特納奧斯、拜占廷的費隆（他同樣也在亞歷山卓城工作）、普羅克（Proclus），以及希羅等人的作品裡。克特西比烏斯活躍於公元前二八五年至二二二年間，他也為托勒密二世紀念已故妻子的神廟設計了氣動的飲酒牛角（drinking horn）。這場大遊行中那尊尼薩機械人的建造者，或許正是克特西比烏斯或他的某些同儕。[36]

那麼，尼薩的建造者有可能是費隆這位一輩子都住在羅德島和亞歷山卓城的那位傑出希臘工程師兼作家嗎？雖然確切年份不詳，但現在據信費隆生於公元前二八〇年左右，這對這場大遊行來說有點兒晚了。費隆一系列以人或動物為形體的自動機具設計讓人印象深刻，而且在遠古和中古世紀都甚受仰慕，時至今日依然有人研究。[37]

•

費隆的機械作品從攻城塔到戲劇用機械都有，而且他還設計出大量的裝置和人型機械。他所撰寫的文論目前絕大多數都已散失，不過，設計草圖和說明倒是因為希羅和伊斯蘭世界的作者而保存在後續的文獻中。[38]我們已經見識過費隆版本的機械助理，一尊等身的寫實少女塑像，能斟酒再加水稀釋（第七章）。這尊公元前三世紀的自動機器女子已被認定是第一具人造機器人，儘管尼薩機械人在她前幾年就已出現。費隆偏好打造精巧的小型機械，更因為其小，而更教人訝異。

他有一件作品是一隻人造鳥兒，會在貓頭鷹轉頭面向牠時啾啾鳴啼，又在貓頭鷹撇頭時回復寂靜。這個裝置靠的是將水注入管中推擠出空氣，而空氣就從通向鳥喙的小管子排出；波長變化產生頻率互異的音調；水位高低控制著一根旋轉的棍子，讓貓頭鷹轉動頭部。他也設計出一隻會在蛇靠近巢窩時展翅示警的鳥兒。水在注入儲槽時會抬起一顆靠著細棍與鳥翅相連的浮球。另一具引人入勝的自動機械則呈現一隻龍會在潘神的小偶面對牠時咆哮，在潘神轉身離開後又會放鬆下來（另一個變奏版是鹿在潘神走開時會喝水）。[39]

亞歷山卓城有另一位卓越的發明者深受費隆影響，那就是希羅（公元一〇至七〇年）；希羅有許多文論和引擎、裝置及人型機械的設計依然留存至今。他曾組造令人驚嘆的機器去扮演神話人物，運用水力和其他裝置讓機械小人偶以複雜的方式動起來。希羅同時也創造出看似能自動產出酒來的「酒神」裝置，讓人聯想起埃利斯當地那能自動注滿酒液的大釜，以及托勒密大遊行當中的奇景。希羅特別為人所知的，是他一向鼓勵後進多打造小型機械，這樣才不會被人懷疑有人藏在機械裡在操作。他在《論製造人型機械》（*On Making Automata*）和《氣動力學》（*Pneumatica*）文論中描述出靜態與包含「蛇行」等各種動作在內的複合動態裝置。這些指示和說明讓工程技師得以打造出實際可運作的模型。[40]

希羅有一件典型的裝置設計，就呈現出海克力士的青銅像正對著遭受攻擊而嘶嘶吐信的青銅大蛇射出一箭的動作。他同樣構想出會自動演出的迷你劇場設計。這個小劇場會自動讓人物上台，停步，隨後開始呈現「火光在祭壇上搖曳，音效，以及小巧的舞蹈雕像」；接著人偶會自動下台。這個機具被稱作是第一部可「程式化」的裝置。[41] 操作者要啟動小舞台上一連串的連鎖反應，只需拉動一條弦線，啟動一只在水鐘（clepsydra，一種以穩定的速度排出液體或細沙的裝置）平穩地下降的鉛質砝碼，接著就能站到一旁當觀眾，欣賞一場引人入勝的表演（裝置的類似複製品可見fig.9.4）。這個小劇院裝置的門，在悲劇《瑙普利奧斯》（*Nauplius*）所呈現的五個特洛伊戰爭場面之間會自動開闔。觀者首先會看到、而且聽到造船人槌打、切鋸

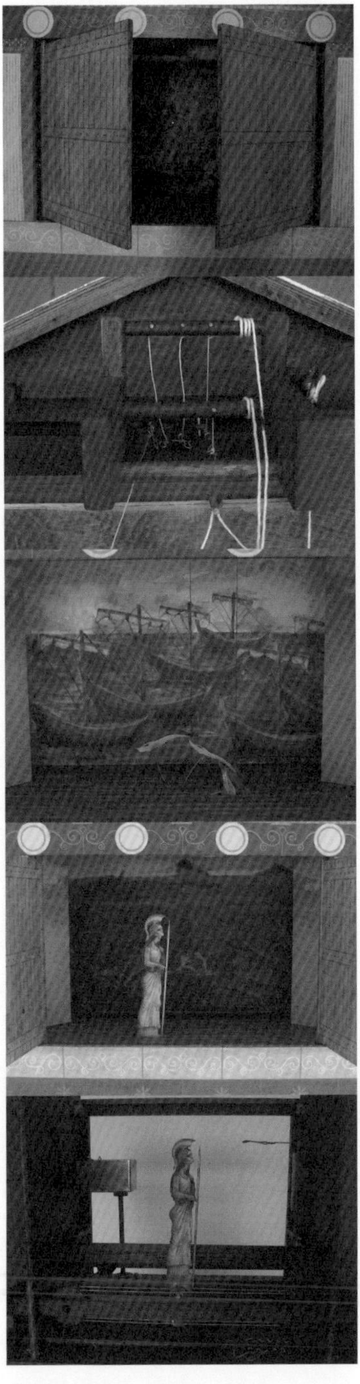

FIG.9.4　希羅按照費隆的設計所造出的自動劇場複製品。最上圖，劇場門會開啟，顯示由內部裝置控制的造船人在槌打和鋸木的聲音和景象。中段，船隻搖曳在波浪起伏的海上，還可見海豚跳躍。接著是埃阿斯游向遇難的船隻，雅典娜在前景移動。下圖，移動雅典娜的裝置。這個可運作的模型是由 Kostas Kotsanas 所造。Courtesy of the Kotsanas Museum of Ancient Greek Technology

木頭；接著，這些人會將船推入海中。船如今搖曳在波濤洶湧的海上，周圍還可見海豚躍起。一把火炬信號引著船隻在夜裡航向滿是礁岩的海岸；而在最後一幕，更可見到希臘希雄埃阿斯（Ajax）游向遭遇海難的船隻，而雅典娜就出現在舞台左側，繼而從右側消失。突然間，閃光擊中埃阿斯，這位英雄也消失在波濤之間。[42]

這些費隆和希羅精細打造的機械戲劇，實際再現出赫菲斯托斯為潘朵拉的金冠和阿基里斯盾牌所造的某些幻影般的想像場面。正如《伊利亞德》及《奧德賽》所描述的，赫菲斯托斯這個天神在金冠和盾牌上造出了栩栩如生、似乎會動會出聲的小人偶和動物（參見第五、七、八章）。

•

費隆和希羅構想出的機械人設計，有許多都保存在中古世紀早期的阿拉伯和伊斯蘭文獻內，例如公元九世紀巴格達的巴努・穆薩兄弟（Banu Nusa brothers），以及十二世紀時的加札利。有關這些希臘化時期和中古世紀的近東文明對於歐洲中古世紀的機械人和機器所產生的影響，目前已有廣泛研究。[43]古中國的史學家同樣也詳細記載了早期的機械創新之舉。例如公元前三世紀，秦朝工匠就已發明出機動人偶和其他裝置。而在公元二五〇年左右，三國時代的馬鈞也發明出由齒輪驅動、車上人偶能精準指向南方的指南車，以及藉著水車驅動的偶戲。[44]

而中國唐代（公元六一八年至九〇七年）的先進科技，也催生出精巧的人型機械和自動機具百花齊放的興盛榮景。當中的典型例子便包含一座鐵山奇景，水力幫浦能讓鐵山上的龍嘴朝杯中吐出烈酒，而周圍迅捷的遊船上則有自動斟酒的僕人。唐代有許多自動機械是當時的工匠為武則天所造。皈依佛教的武則天一心想在尊奉佛陀遺骨上效法、甚至勝過公元前三世紀統治印度孔雀王朝的阿育王。有許多阿育王的傳說在當時應運而生，同時也經由自印度朝聖歸來的佛教信徒傳進了中國。這些傳說當中最引人入勝的一則，正與人造機械生命有關。[45]

•

機械人守衛的身影曾出現在阿闍世王及阿育王時期的印度佛教傳說中。這兩位君主受託護衛佛陀珍貴的遺骨；佛陀可能逝於公元前四八三至四〇〇年之間某時期。這些印度傳說非常值得注意，不單是因為當中描述了機械武士護衛佛陀遺骨，更因為它直截了當地將這些護衛與希臘化時期的古希臘—羅馬世界發明的機械人連結在一起。這個在歷史和地理上出乎意料之外的連結性，難免誘人想更深入一探究竟。

阿闍世王約在公元前四九二至四六〇年之間統治著古印度的摩揭陀國（Magadha位在北印度），摩揭陀國首都巴連弗邑（Pataliputta）的防禦固若金湯（該城遺址就在目前印度的巴特那（Patna）城地底）。根據佛教傳說，阿闍世王在識得佛陀之後成為虔誠的信徒，並在佛陀涅槃火化後為他造出一座位在地底深處、設有密室的大型浮屠，以收存佛陀舍利和遺骨。據傳，阿闍世王想出以一種特別的方式護衛佛骨。印度教和佛教傳統建築上常可見到守門天或夜叉捍衛著門戶或珍寶，而這些武裝守護者有時會以巨型護衛雕刻形象呈現

（fig.9.5）。

不過，阿闍世王派去護衛佛骨的衛士非比尋常。阿闍世王和工程師在巴連弗邑打造出一支人型機械衛士部隊，以供護衛佛陀遺骨之用。這件事之所以值得一提，是因為根據耆那教的古經典所述，阿闍世王為此還布屬了一些軍事新發明，包括一具威力強大、能拋出巨石的石弩，以及某種有如坦克或機器人的重武裝機動戰車，車行時會揮動鎚矛或長刀。據傳，他的機械護衛也會揮舞長刀。[46]

傳說阿闍世王生前曾預言，這些機械護衛會一直捍守崗位，直到下一個君王——也就是阿育王——發現這座密室，解除這些機械人的設定，並將佛陀遺骨分靈到王國境內的數萬聖陵。公元前二七三年至二三二年間，阿育王在巴連弗邑統治著強盛的孔雀王

FIG.9.5 兩個傳統的守門天-夜叉武裝衛士，配備長矛，站在存有佛陀遺骨的石板兩側。鑲板浮雕，貴霜犍陀羅，斯瓦特（Kushan, Gandhara, Swat），公元一至二世紀。Inv. 1966, 1017.1 © The Trustees of the British Museum。這片鑲板浮雕左右有一對六呎高的衛士，是在巴連弗邑出土。孔雀王朝，公元前三至一世紀。Plate 13, E.J. Rapson, *Cambridge History of India*（1922）。圖片由 Michele Angel 組合。

朝，同時也皈依佛教，他在長久的統治期間內在王國境內建造無數浮屠供奉佛陀遺骨，實現了阿闍王先前的預言。[47]

有幾部印度教與佛教經典的不同譯本，就個別描述了阿闍王的機械衛兵在阿育王來到之前戍守著佛陀遺骨。據說，這些木造的人型機械會以迅捷如風的速度，揮劍砍殺入侵者。有些傳說認為這些機械人是印度神祉所造，是出自製造之神毘首羯磨（Visvakarman）或衛士之神因陀羅（Indra）之手。但這機械守衛最神祕、而且引人注目的描述，卻是以混沌如謎的途徑才代代相傳至今。這段描述就出現在古緬甸的《世間施設論》（*Lokapannatti*）故事文集當中；這部文集是以巴利語譯自一部更古老、而且也已佚失的梵文文本，世人如今也僅能透過漢語譯本得知該文本一度存在過。《世間施設論》的寫成年代不詳，也許是在十一或十二世紀，但當中故事「取用了大量關於阿育王的傳說」，以及更古老、且「繽紛多樣」的口述傳說和失散文本。[48]

這則故事講述，在羅馬維撒亞（Romavisaya—羅馬王國，這是對西方世界的通稱，其實也就是希臘—羅馬—拜占庭文化）的亞瓦那（Yavanas—說希臘語者或西方人）國度，住著許多揚塔卡拉（yantakara，機械人製造者）。官方嚴密保護著亞瓦那當地製造機械人（bhuta vahana yanta-有精魂的自動機器）的機密技術。「羅馬」的機械人會進行買賣、耕作，以及逮捕罪犯，負責處刑等任務。任何機械人製造者都不得離開「羅馬」，或是洩漏製造技術的機密，否則，機械人刺客將會尾隨在後，奪其性命。然而羅馬機械人工藝之精湛的傳言傳到了印度，激發當地某位年輕工匠希望能學得製造機械人的技術。這個年輕人住在巴連弗邑，這座阿闍王在公元前四九〇年前後建造、固若金湯的大城，在阿育王繼而將之作為王朝首都的公元前三世紀中期，到達了繁榮昌盛的頂點。

這個巴連弗邑的年輕人透過祕法，轉生投胎到了「羅馬」，也就是受希臘文化影響的西方世界，並且在當地和某位機械人工匠的女兒結婚生子。多年後，當他已從岳父身上習得製造技術，他竊走了設計圖，將莎草紙縫入自己的皮膚底下，接著離境準備返回印度。他知道自己勢必會在返抵印度前就死於追殺而來的機械刺客手下，於是預先指示兒子務必將他的遺體運回巴連弗邑。他兒子照做了，也才使得這個計畫得以延續。這個兒子為阿闍王打造出一支機械士兵部隊，戍守著深埋在那座隱密的浮屠地底中的佛陀遺骨。

多年後，浮屠隱密的所在位置和機械士兵部隊也就為人淡忘，直到某天阿闍王的後繼者、偉大的阿育王獲悉暗藏的佛陀遺骨和預言。阿育王四處搜尋，直到發現這座地底密室有人型機械衛士護守在前的浮屠。在此同時，羅馬皇帝得知西方科技已遭人盜取：他納悶，印度的祕密技術為何和自家的如此相似？於是，他送了一份內藏機械刺客的大禮前往印度，企圖藉此暗殺阿育王，但計畫未果。阿育王找到浮屠後和地底密室的機械守衛發生數度激烈纏鬥，但久攻不下。最後，他找到了當年的工匠之子。這個兒子奇蹟般地長壽，他告訴阿育王該如何解除、並控制這些「羅馬」機械人。於是，阿育王如今得以統御一支龐大的機械人部隊。

在某些故事版本中，這些動作迅速的機械衛士是受內建的水車或某種其他裝置所驅動。在一則傳說裡，是工程之神毘首羯磨助了阿育王一臂之力，精準地對著控制機械衛士內部所有旋轉裝置的栓塞射出一支箭，一舉將之破壞。[49]這個聰明地解除機械衛士的手法主題，讓人聯想起當初美蒂亞拔除塔羅斯腳踝上那只至關重要的栓塞（第一章）。

這段羅馬機械人戍守著佛陀遺骨，猶如「科幻小說」般的傳說，凸顯了人類對於人造生命失控的恐懼感；而這個古老的主題在龍牙大軍從地底冒出的那段希臘神話中便已可見一二。「機械人可能會回頭反撲，殺害造出它們的人，」一席涅．柯恩在她對古印度人型機械的研究中如此說道。然而，這則故事提引出了更多複雜難解的疑問。柯恩繼續問到，「如此的科技技術果真存在，或者，這些故事不過是信仰上的神話與民間傳奇？」[50]

這段故事直接了當地將護衛佛陀遺骨的機械人，與源自羅馬維薩亞，也就是希臘—羅馬文明世界的先進機械發明連結在一起。美國歷史學者道得．阿里（Daud Ali）指出，儘管這些故事的敘述拐彎抹角，但似乎暗指著古印度與西方世界在科技文化上的實際傳播與流通——而其中的物品同時包含真實與想像。[51]這個收錄在《世間施設論》內、但梵語版本已不復存在的故事，當中的史實核心究竟有多古老？這些傳說中在浮屠底下戍守佛骨的機械人，是否真如學者普遍推測的，完全是以伊斯蘭和歐洲在拜占庭晚期或中世紀時期所造的工作用機械人為範本？又或者，這些口述傳說的起源是否有可能更早，是因為古印度受到西方機械在希臘化時期的驚人發展影響而生成的，例如時間正與這則阿育王的故事重疊，那些在西元前三世紀托勒密時代的亞歷山卓城造出的發明？

這則故事的歷史背景，點出了印度孔雀王朝的君主與古希臘國王雙方在人型機械領域上的交流。歷史和考古證據證實雙方曾在公元前五到四世紀之間曾互有文化上的接觸。值得注意的是，前述的耆那典籍就曾提及阿闍王宮中的工程師在公元前五世紀時曾打造出一批軍事用機械。在亞歷山大大帝征戰至現今的阿富汗、巴基斯坦和北印度地區之後，希臘文化和佛教文化在哲學思想和藝術表現上，就更頻繁可見明顯且強化的共融。[52]我們知道，麥加斯梯尼（Megasthenes）和第馬庫斯（Deimachus）這兩位希臘使節在公元前三百年左右曾來到孔雀王朝宮中，而且定居在城內隨處可見深受希臘文化影響的藝術品與建築物的巴連弗邑城內。我們還記得，巴連弗邑正是那位從「羅馬」取得機械人製造方式的工程師的故鄉。[53]

阿育王是公元前三世紀的人物，此時正是機械人和其他機械在亞歷山卓城及其他西方科技中心蓬勃發展的時間點。阿育王在王國境內留下許多雕刻石柱與碑文，這些碑文有些甚至是以古希臘文寫成，有些則提及希臘君王的名稱，再再證明了古代印度與西方世界持續的文化交流與商貿往來。阿育王曾派遣特使前去希臘，而且和幾位君王也有通訊往來，曾在大遊行中展示酒神和尼薩等神話人物機械人的托勒密二世，便是其中一人。阿育王派遣使者出使亞歷山卓城，托勒密二世也派出一位名叫迪奧尼修斯的希臘人前往位在巴連弗邑的孔雀王朝宮廷。[54]

古印度與希臘文化雙方長期交互的影響，有更多證據可見於中國僧人法顯所撰的《佛國記》之中；公元四百年左右，有許多中國僧人前往阿育王的巴連弗邑朝聖，法顯正是其中一人。他曾親眼目睹一場讚頌佛陀的傳統遊行，這個盛會據推測正始於巴連弗邑。法顯在《佛國記》裡描述遊行行伍中壯觀的四輪馬車乘載著巨型雕塑，複製出塔高五層的浮屠，以及一連串的佛陀、菩薩，以及其他金身、銀身和青金石質地的佛像，同時還有繽紛的絲幔與華蓋，四周有歌者、舞者和樂師圍繞。法顯並未提及任何機械雕像（雖然中國在此時期的遊行中已可見機動的佛陀像）。[55]您在這裡可能會有似曾相識之感，因為巴連弗邑的此情此景，和半世紀之前、在公元前二七九年於亞歷山卓城舉行的那場托勒密二世大遊行極為相似。

中國唐代的武則天和她的工匠可曾耳聞這段阿育王的故事？武后在位期間，唐朝有許多真實或想像中的人型機械存在。相傳當時有一尊大型的佛陀金身，周圍有會轉圈的機械隨從環繞，而大佛會不時頷首拋出焚香；這正是解飛和魏猛變這兩位工匠為公元三四〇年的一場遊行所造。有一則公元六世紀的古傳說，就講述了工人如何受命毀去兩尊佛陀塑像，結果引來憤怒的金剛（Vajrapani）衛士攻擊。武則天結識了道宣（AD 596-667），這位僧人素以設計莊嚴的神殿著稱；道宣在其著作中曾描述印度某座驚人的佛寺，寺院中有眾多人型或獸型的機械衛士戍守。我們知道，武則天一直視阿育王為偶像，而她宮中的工匠也為佛陀遺骨造出「如同仙界般」的建築，以及其他機械奇景。看來，古代僧人在將佛教教義、佛陀遺骨和浮屠設計從印度帶回中國的同時，也將這則阿育王與機械人的傳說帶進了故鄉，繼而留存在漢語典籍中。[56]

這則關於阿育王與「羅馬機械人」的佛教傳說，最初是在何時起於印度？這個故事似乎反映了公元前三世紀左右實際發展出的科技工程知識，此時在歷史上正逢托勒密二世與阿育王時期。我們知道，孔雀王朝與希臘宮廷當時曾互派大使，而且交換貴重贈禮，藉此彰顯自家的文明成就。請注意，這則傳說故事曾提到製造機械人的草圖暗中傳到了印度，而希臘—羅馬這西方世界的皇帝也曾送出一份內藏機械人的大禮給阿育王。我們當然無法精確追溯出這則傳說最早究竟起自何時，但若推測阿育王和當時的人對於西方世界的機械人和其他機具其實並不陌生，甚至研究過草圖或縮小模型，這樣的推測想法倒也不為過。

想像遠古機械人

我們這些現代人會如何想像阿育王與「羅馬」機械人的相遇？古人在傳述這則故事時，對於這些護守佛陀遺骨的機械人，心中的想像又是何等模樣？從孔雀王朝開始，佛教的浮屠與殿堂都是由傳統的守門天和夜叉雕像護守，表現出揮舞著弓、鎚矛和長劍的形象，尺寸有時十分巨大（fig.9.5）。然而，古代圖繪當中卻從未見傳說中守護佛陀遺骨的自動機械守衛。

在佛教傳說及藝術作品中，佛陀、其教義和遺骨都是由憤怒的菩薩、也就是持杵的金剛保護著。特別值得注意的是，在公元前一世紀至公元七世紀的北印度犍陀羅風格的藝術作品中，有些早期的佛陀雕像都顯示祂身著古希臘—羅馬風格的服裝，由希臘神話中的大力英雄海克力士保護著。這個融合了佛教金剛身分的海克力士蓄著鬍、渾身肌肉，身穿希臘大力士招牌形象的獅皮斗篷，而原本所持的棍棒則變成極具特色的金剛杵（fig.9.6）。有些浮雕顯示這位海克力士—金剛手執長劍，而長劍正是《世間施設論》中提及的那些機械衛士手中揮舞的武器。[57]這個在藝術表現上融合了希臘羅馬神話角色與佛教金剛形象的佛陀守護者，正好與佛陀遺骨是由希臘羅馬風格的機械人守護著的傳說不謀而合。您或許會推測，在古人的想像裡，那些在地底密室守護佛陀遺骨的機械人形象，或許正兼具希臘與印度的經典特徵。

FIG.9.6 佛陀受海克力士-金剛守護。鑲板浮雕，犍陀羅，巴基斯坦，公元二至三世紀。Inv. 1970, 0718.1.© The Trustees of the British Museum

早期印度佛經中說道，受託護道的是佛陀最初的四位門徒阿羅漢（Arhats漢語稱羅漢）。之後，阿羅漢的數量來到中國後增加到了十八位。公元九世紀、既知最早的阿羅漢形象，是將之描繪是成來自西方世界的異族。儘管羅漢與守護佛陀遺骨的「羅馬」機械人並沒有明確的關聯，但在某些點上，羅漢也被想像成是具備戰技、凶猛的機械銅人。如此想法就出現在郭南宏導演在一九七六年拍攝的《少林寺十八銅人》電影中。

從某個遠古文明中發掘出早已遭人遺忘的人型機械科技——如此幻想等於是以一種神話的感受和眼光去看待古代機械人科技。特別的是，赫希俄德就認為青銅機械人塔羅斯其實正是某個遙遠古老世紀的產物。「遠古機械人」於是成了廣受大眾歡迎的科幻主題。寮國的川壙省鄰近首都永珍，當地在一九五八年成立了一座佛陀奇幻樂園。公園裡滿布印度—佛教護衛的巨型雕像（fig.9.7），有些看起來與早期的機械人甚為相似。在此同時，虛構或真實的機器人在二戰後的日本也廣受大眾喜愛；有些人認為，這樣的文化特色可歸因於佛教信仰的精神性。身為虔誠佛教徒的森政宏當年不僅率先提出「恐怖谷」效應理論，他也相信機械人

FIG.9.7　想像中守護佛陀的機械守衛的仿古雕塑，一九五八年造，寮國永珍附近的佛陀公園。左右兩圖分別由 Kerry Dunstone 與 Robert Harding 所攝。Alamy Stock.

甚至具備「佛性」。再者，在某些形式的日本和中國佛教中，在原初與仿照、本質與複製之間，其實是沒有明確界線的。[58]

在二戰之後興起、而且廣受歡迎的日本動漫小說當中，常可見到人造生命和機械人的身影。值得注意的是，一九七二至七四年間的動畫《無敵鐵金剛》（*Mazinger*），就描述了一具在某座隱約以羅德島為藍本的希臘島嶼挖掘出土、以塔羅斯為原型造出的超級鋼鐵機械人。這故事的想像是，這些可由遠端遙控的機械人，是失落的古文明「邁錫尼帝國」為作戰而布署的武器。另一個更近期的例子是宮崎駿的吉卜力工作室在一九八六年推出的《天空之城》。這個引用古印度史詩的故事，談的便是由一個已消失的古文明所造、失落已久的機械衛士的重生。有一群復古未來主義者、機甲藝術家、機械人模型製造者合組而成跨國際團體，會以精細複雜的手法做出好似從遺址考古現場出土、「遭人遺棄」機械人，「Whistlefax」這個遠古文明的倖存機械人就是箇中的典型例子。根據虛構的故事背景，「他」來自一個「遭暴力毀去的荒原世界」，那已成荒蕪的「遺跡，曾是一段偉大文明，但當中滿是幽魂附身的機器人。這些笨重的機器人被陣亡士兵的怨靈占據。來自過往、鏽蝕斑斑的他們如今回魂只為一個目的，就是要讓那些為求個人私利而將世界無端推向戰火的人得到報應」。[59]

神話和真實世界裡的機械裝置和人型機械，激發出了關於存在論、人與非人、自然與人造的諸多疑問，挑戰了區分幻象、實際與可能之間的界線。有大量神話顯示，早在歷史上真有機械裝置能證實的確可藉著科技模擬生命的許久之前，人類已有對於雕像會動的概念想像。「古代的機械學會讓觀者大感驚訝，」席薇雅・貝里曼如此評道，而且「科技的體驗會改變人類對於科技會產生何種後果、有何可能的認知」。人類的想像力和好奇心會驅動創意和創新。[60]我們可以另一種有根據的「體驗」角度，來思考人造生命和那些在古時猶無人知的科技的神話。人類只要擁有如同代達洛斯、普羅米修斯或赫菲斯托斯那般超凡的優越技術和專門工藝，那麼可能會產生什麼結果、又可能造出什麼奇蹟？神話想像中的情節或許有助古人去思索、形塑對於這些問題的概念。

神話傳說裡某些關於人造生命的奇蹟，是否是古人將真實世界的科技理論或實驗美化後而妄論的文化遐想？或者，反過來，神話想像中的機械人和裝置，是否可能也挑戰或啟發了古代發明者設計出自動物件和機器——一如現代的科幻作品往往能預料日後科學上的發現，有時甚至還激發出科技上的創新？神話敘述和科學想像彼此是否相互關聯？研究人工智慧歷史、同時也是未來主義者的喬治・扎卡達基斯，就深深思索著那些古代機械人的故事與人工智慧研究之間的關聯。他認為，神話傳說與人類「歷來的科學研究心思」會共同進化，形成相互反饋的迴圈。[61]我們雖無法推測最原初的影響究竟來自何方，卻能從某些史實中的古代發明裡，辨識出當中那些藏著神話故事的弦外之音。的確，正如同遠古神話想像著那些出自神人工匠手中的科技奇蹟，人類歷史上也有許多發明者曾打造出人形機械和裝置，展現或喚醒了古代神話，令人驚豔。

數千年前，空想家以神話的語彙啟動了一連串關於高人一等的天神或凡人創造出人造生命的「科幻」思想實驗。這些想像中的人型機械，引發了世人敬畏、期待和驚恐的矛盾情緒，尤其是那些像塔羅斯和潘朵拉那樣、外在形體栩栩如生，能與凡人互動、具備彷彿意識般「心智」的機器人。而後，一群發明者創造出如實複製自然型態的真正機器人與自動機械，他們的想像和設計更是激發出後繼者再進一步的實驗與創新。真實的機器人與機具也能魅惑人心、欺矇、甚至支配人類，一如神話世界中的那些那樣。正如我們在第八章所見，在潘朵拉神話和索福克勒斯對人類心靈手巧的頌歌當中，人類企圖藉科技創造生命的野心後果正是一記明顯的警告，警示這些恩賜雖能引領人類走向光榮，卻也可能邁向邪惡。

人造生命這刺激的夢想最初出現在口傳故事的想像裡，在遠古時代的科技設計和機械中開始化為現實。隨後兩千年的歷史見證了無數的科技巨變；然而，時屆二十世紀末，人類創意的視野和革新不過才正要展開，新的發展也正急速累積。懸浮在複製生命的恐怖深淵上，在人類貪得無厭地模仿、想改善自然的野心所招致的希望與恐怖之間，我們，依然擺盪不定。

後記

敬畏、恐懼、希望

深度學習與遠古的故事

遠古神話清楚表現出對於人造生命、人類極限和永生不朽的永恆期望與恐懼。我們——以及人工智慧——能從故事中學到什麼？

自然與機械之間模糊了界限，引發人類對於伴隨科技進步而來的駭人力量產生出交雜著激情與焦慮的情緒。如此反應似乎是科技時代獨有。然而，圍聚在人造生命這個概念周圍的希望及恐懼，卻早在千年前的遠古希臘世界便已浮現。極富想像力的神話表達出了人類企圖超越極限、為追求永生而造的活雕像所喚起的所有敬畏、恐懼與希望，並且與這些情緒鑿鬥、糾纏。如此討論可說始自古希臘人。[1]

生而為人的意義是什麼？古希臘人一直思索著這個問題。他們的故事一再探究人類企圖戰勝老化與死亡，強化既有的能力，以及再造自然這些舉動所隱含的希望與危險。普羅米修斯、伊阿宋和阿爾戈英雄、美蒂亞、代達洛斯、赫菲斯托斯、塔羅斯和潘朵拉，這些神話之間交織出複雜的網絡，無不提引出關於自然和人造生命的根本問題。

歷久不衰、廣受喜愛的希臘神話，以及諸多已為人淡忘的遠古傳說，交織出一則則令人期待、又值得一探的冒險故事。當我們以「生物科技工藝」的觀點看待這些古老的故事，這些遠古的「科幻」情節便有了另一層的全新意義。這些神話內在深處充滿形而上的洞見，以及對天神與凡人操弄自然的不祥預感，如今看來，著實令人驚訝。

古人對於仿造、強化生命的奇幻想像，啟發出了縈繞人心的劇作，以及瓶繪、雕塑和其它藝術作品上經久不衰的圖像。公元前四百年左右，哲學家兼工程師阿爾庫塔斯的機械飛鳥引起轟動。希臘化時期亞歷山卓城的希羅和其它優秀工程師，則想出各種運用水利和風力發動的自動機械。古希臘人深知，不論是想像或真實存在，那些以自然為形體的人型機械和其它人造物品，若非安全無害，不然就是深具危險性；它們能用於勞務、性愛、娛樂，或是宗教用途，甚至能對人造成痛苦或致人於死。不論是實際或想像，「生物科技工藝」顯然讓古人深深著迷。

人形機械、機器人、複製人、活雕像、自動機具，人造生命，甚至後續那些真實的科技奇蹟——古文明裡談及這些的神話、傳說和民間故事，合組成了一座古時智慧和思想實驗的虛擬圖書館和博物館，是今日你我可用來了解生物科技和人造合成生命的根本挑戰究竟何在的無價資源。本書的目的之一，就是想提醒，在更深邃的層次上，那些談及人造生命的遠古神話，能為當前快速發展的人造生命技術和人工智慧研究提供一個可依循的脈絡，以及隱約出現在應用和倫理層面上的言外之意。希望重讀這些遠古故事，能讓現代人對於機器人學、無人駕駛車、生物工程、人工智慧，機械學習和其它科技創新的討論更顯豐富。

我們看到天神赫菲斯托斯如何造出一批「無人駕駛」、能回應要求，遞送酒水食物的三腳鼎。更值得注意的是，他也造出一群等身的黃金女僕機械人以供差遣。根據荷馬所述，這些超凡的女僕在各方面「都與年輕女子無異，具備感知、理智、力氣，甚至聲音，以及所有天神的學問。」在逾二千五百年後的今天，人工智慧研發者依然嚮往能和古希臘人想像中科技發明之神造出的這些東西並駕齊驅。

一個罕被以科技先進文明看待的遠古社會，竟能想像出赫菲斯托斯的造物奇蹟。早在能進行對話、分析龐大數據，在複雜競賽中勝出的機械人問世之前，一個千年前的古老文明，就已夢想出各式生物科技工藝的精采成就。然而，人工智慧機械人反映的是誰的慾望？他們會向誰學習？這些大哉問古老而悠遠，一如神話。

二〇一六年，微軟公司發明出女聲談話機器人Tay，當時進行的一場人工智慧機械學習實驗就成了警示。為了模仿人腦的神經網絡，Tay經過精密的程式設計，本來應該是要透過推特這個網路社群平台，從她的人類「朋友」身上學習。微軟原本預期她可在不經過濾和監督的狀態下發展出對話技巧，但在推特上線後幾個小時，心懷意惡意的一眾追蹤者聯手讓Tay演變成會飛快吐出滿口性別和種族歧視言論。幾天後，Tay的創造者親手了結了她的生命。這個人工智慧輕易走偏、敗壞的學習系統，讓人工智慧和智能機械人本應樂觀的自我學習發展，前景黯淡無光。隨後，新研發的Zo取代了Tay，她的程式經過特別設計，以免談及信仰和政治話題；只不過，她在推特上也開始變得十分粗鄙。[2]

在希臘神話中，赫菲斯托斯工坊的最高成就之作，便是女型人型機械潘朵拉。宙斯為了懲罰人類接受普羅米修斯盜取的天火，命令赫菲斯托斯打造潘朵拉（第八章）。眾天神各別將一種人類特徵賦予了這個人造少女——美貌、魅力、知識、技巧，還有欺詐的天性。潘朵拉身為懷恨在心的宙斯派遣下凡執行任務的使者，她打開盛滿災厄的大瓶，讓世人永遠受此折磨。她是以過度衝動、過度樂觀的艾比米修斯之妻這個「大禮」的身分降臨人世。普羅米修斯曾經警告，萬萬不可打開潘朵拉的大瓶。而史帝芬·霍金（Stephen Hawking）、艾隆·馬斯克（Elon Musk）、比爾·蓋茲（Bill Gates）和其他具有先見之明的思想者，是否就是我們這個時代的普羅米修斯？他們曾警告科學家應該停止、或至少放緩所有不顧一切後果追求人工智慧的行為。因為他們早已預見此舉一旦啟動，後續人類將無法控制。「深度學習」演算法讓人工智慧電腦能從龐大的資料庫中取樣，推算出可能的新狀況，同時在不經人類指引下採取行動。人工智慧個體無可避免將會提問自己從何而生，並且自尋解答。現在的電腦已自行發展出利他主義和欺詐能力，人工智慧是否會心生好奇而去發掘隱藏的知識，同時按自己的邏輯做出選擇？這些選擇是否能在人類認知領域中符合倫理標準？或者，人工智慧的倫理是某種「超越人類」的東西？

災厄與邪惡從潘朵拉的大瓶中釋出後——就像駭客惡意散播電腦病毒，希望世界更加混亂——四散各處，永遠折磨著世人。在過度單純的童話版本中，最後從潘朵拉的盒子裡飛出來的是希望。但在較暗黑的版本中，最後仍留在瓶中的是「預知災厄的能力」。宙斯早已設定潘朵拉會闔上瓶蓋，將「預知」留在當中。人類被剝奪了預知未來的能力，獨留我們以「希望」稱之的東西。俗世凡人正如艾比米修斯，深謀遠慮顯然並非你我的強項。

然而，在人類的技能、好奇心和膽大妄為，將生與死的界限不斷朝前推進，而且將人類與機械融合為一的同時，深謀遠慮卻是至關重要。當然，當今世界在科技發展的可能規模之大，可說史無前例。但我們仍然永恆地在科技的夢魘和堂皇的未來美夢之間擺盪著。古希臘人早已明白，永遠會受誘惑，會企圖「超越人類」而不計後果，這缺陷正是人類的典型特質。人類攬鏡自照，見到的卻是艾比米修斯，他接受了潘朵拉這個天上掉下來的禮物，事後才體悟自己已鑄下大錯。

二〇一六年，美國大型國防合約商雷神公司（Raytheon）的工程師雷伊・闊德（Ray Crowder）造出三具微型的學習機器人。他以非常古典風格的名字為它們取名為宙斯、雅典娜、海克力士。這些藉太陽能發動的機器人是以蟑螂和章魚的神經系統為模型所造，具備三種「天賦」：移動，渴望黑暗，以及吸收光線充電的能力。這些機器人很快就學會移動，而且理解自己得克服重重困難，趨近難以忍受的光線，以藉此充電，否則就會死去。這些「造出、而非生成」的創造物看似簡單的學習衝突，就類似人類「認知上的經濟」（cognitive economy），人類情緒在這當中會協助大腦進行資源分配，以及制定對應策略。其他實驗是教導人工智慧，原本互不相識的人類陌生人是如何將善意傳播給他者，而人類道德又是如何對應負面與正面的情緒。[3]

自從霍金提出「人工智慧會導致人類終結」的警告後，有些科學家就提出我們能藉著讓機器人講述故事，讓它學得人性的價值與倫理。「寓言、小說與其他文學作品」，甚至是好萊塢電影情節，都能做為人工智慧的「人類使用手冊」。這類系統當中有一種就以「Scheherazade—雪赫拉莎德」為名，藉此向《天方夜譚》的主角致敬。雪赫拉莎德是傳說中的波斯哲人，也是一位熟記大量源於失落古文明的傳說的說故事之人。她靠著對殘暴無度的國王講述那些迷人的故事，讓遭到國王囚俘的自己得以保住性命。第一批上載到雪赫拉莎德人工智慧系統的故事，只是一些告訴電腦該如何表現出一個好人、而不是像個瘋子的故事例子。由於這預期目標是要讓電腦能與人類進行帶有感情的互動，以及能合宜地回應人類的情緒，實驗者之後會再將更複雜的故事加進電腦功能中。這個構想是，一旦人工智慧個體能做到「遷移學習」（transfer learning）這藉類比做出象徵推論的人類心智工具，繼而在無人導引下做出合宜決定，那麼故事就會有其價值。[4]

電腦雖能以人腦為藍本，但人類的心智運作並不會像電腦那般單純。例如，你我的認知功能、自我反思和理性思考都仰賴於情感。故事訴諸於情感、感染力（pathos），正是同理心（empathy）的根源／字根。只要故事持續匯聚強烈而複雜的情感，只要它們仍能和實際的人生難題有所共鳴，只要它們能啟發人去思考，那麼，故事就能依然充滿生機。我們已看到希臘和其他遠古文明如何為自己講述故事，好去理解人類對於超越生物極限的渴望，同時想像這些欲望的後果。這些神話當中的洞見與智慧，或許有助我們對人工智慧的討論更添深度。

生物工藝的故事歷經千年而不朽，證明了思考及討論「何謂生而為人？而模擬造出生命又意味著什麼？」的議題亙古永存。人類與生俱來就會傾聽、講述、記憶故事。正如喬治・扎卡達基斯提醒我們的，「就跨越時間與空間、共享價值與知識而言，故事是人類垂手可得，而且最具威力的工具」。[5]這個說法就帶出了一個引人好奇的可能性。

就像本書匯集的例子，那些關於人造生命、形式萬千的故事，是否能在教導人工智慧更加理解人類矛盾的渴望上扮演要角？或許，有朝一日，人工智慧個體將能理解這些神話沉思當中所表達的那些凡人最深沉的期望與畏懼。也許，人工智慧生命能以某種方式，領悟你我對此的複雜期待與恐懼。透過得知人類已預見人工智慧個體的存在，以及思索機器與其製造者會遭遇到的窘境，人工智慧或許更能理解、甚至「同理」自己為人類帶來的兩難窘境。

機械人—人工智慧「文化」的興起似乎已非遙不可及之事。人工智慧的發明者和導師已開始在建構這個文化的理性（logos）、道德價值（ethos）和情感（pathos）。在人類因科技而強化了自身能力的同時，機器人也變得像是有某種類似人性的東西灌注其中。我們正朝著某些人會以「機械人性」（Robo-Humanity）稱之的全新初始趨近。[6]那個時刻一旦到來，我們會對自己訴說何種神話和故事？這個答案同樣會形塑我們的人工智慧創造物將如何學習，又會學到什麼。

Ruel Macaraeg, Ingvar Maehle, Justin Mansfield, Richard Martin, David Meadows, Vasiliki Misailidou-Despotidou, John Oakley, Walter Penrose, David Saunders, Sage Adrienne Smith, Jeffrey Spier, Jean Turfa, Claudia Wagner, Michelle Wang, 以及Susan Wood。感謝Carlo Canna協助向義大利各博物館取得書中圖片，也感謝Gabriella Tassinari在討論伊特拉斯坎寶石上的大方分享。感謝Margaret Levi 和 Berggruen Institute，以及史丹佛的Center for Advanced Study in Behavioral Sciences對我在二〇一八年九月至二〇一九年五月這段期間所做研究的支持。誠心感謝兩位優秀的經紀Sandy Dijkstra和Andrea Cavallaro。承蒙Princnton University Press 幾位匿名讀者的細心批評，Dimitri Karetnikov協助繪圖，Jason Alejandro 和 Chris Ferrante的設計，以及Laruren Lepow的細心校對和Dave Luljak的建立索引。編輯Rob Tempio的洞見和熱誠、一如既往，讓我受惠良多。

我很幸運，能有妹妹Michele Angel在圖片上提供專業建議，以及母親Barbara Mayor的校定。能有Mark Mayor 這樣一位好兄長是我的榮幸，我知道他還記得當年我們在看《傑森王子戰群妖》時是多麼樂在其中。最後，我永遠最感謝Josh，我心神上最敬重的伴侶。

謝詞

我之所以在多年前開始蒐集古代文學與藝術中有關活動雕像的證據，有部分是因為受到默片《大都會》當中那邪惡女機械人瑪麗亞，和《傑森王子戰群妖》裡的青銅機械人塔羅斯所啟發。二〇〇七年，當我受邀為舊金山耶爾瓦布埃納藝術中心(Yerba Buena Center for the Arts)Philip Ross所策的生物工藝科技特展，撰寫一篇圖錄中的歷史性質文章時，我開始認真思考古希臘神話是如何表達它們對於人工生命的觀念。二〇一二年，科學史網站Wonders and Marvels上刊出我的幾篇談論塔羅斯及美蒂亞的回春實驗的文章。二〇一六年，Aeon網站編輯向我邀稿，希望我能寫一篇討論古典希臘神話裡那些「biotechne-藉由工藝，創造生命」的現代關聯。二〇一七年三月十八日，我在芝加哥藝術博物館(Art Institue of Chicago)的一場公開演講上，以「機械人與女巫：古希臘對人工生命的探求」為題，提到本書當中的內容。

諸多朋友和同事前前後後讀過本書草稿篇章，提供了評論意見；特別感謝

親愛的 Marcia Ober, Michelle Maskiell, Norton Wise和Josiah Ober的細心和校訂上的寶貴建議。還有多位分享了他們各自在古文、圖像、觀念和資料來源上的專長及知識。感謝Linda Albritton, Laura Ambrosini, Theo Antikas, Ziyaad Bhorat, Larisssa Bonfante, Erin Brady, Signe Cohen, John Colarusso, Sam Crow, Erin Caspo, Nick D., Armand D'Angour, Nancy de Grummond, Bob Durret, Thalassa Farkas, Deborah Gordon, Ulf Hansson, Sam Haselby, Steven Hess, Frank Keeling, Paul Keyser, Teun Koetsier, Ingrid Krauskopf, Kenneth Lapatin, Patrick Lin, Claire Lyons,

其進行發展、修改、製造產品或加工的技術。

黑盒子　black box: 複雜的實體、機器或系統，其產出/表現是可知也可見的，但對使用者而言，其內在組成或運作卻是隱匿、未知、神祕且難解的。

賽博格　Cyborg, cybernetic organism: 通常形似人類，同時合併著有機或生物組成及人造科技的一種存在；是人與機械的混合體，通常具備超越人類的能力。

機具　device: 為特定目的而造的物件、機具、儀器、裝置、設備，通常意指機械物。

女性機械人　fembot: 人類女性形體的機器人

機器　machine: 以一個或更多的零件（例如槓桿、滑輪、齒輪和輪軸、斜面、螺絲、楔子等）所組成的機械結構或裝置，可改變「力」的方向和強度。

機械學習　machine learning: 具有獨立學習的能力，無須明確設定程式的電腦和人工智慧。

機械裝置　Mechanism, mechanical: 以各零件合併組成，可共同展現出動作的某種東西；機械，或某種類似機械的東西。

編碼　programmed: 機械為表現自動動作而受預先設定的一組（編碼化）指令。

小偶　puppet, marionette, doll: 人形或動物形的人造小偶，通常可藉手、棍棒、弦線操作而動作。

回春　rejuvenation: 讓生物再度年輕，回復青春的生氣、活力以及/或者外觀。

機械人　robot, bot: 定義複雜且模糊，但通常是機器，或具備可提供動能來源的自動物件。它可被「程式設定」，以「感知」所處周遭，並具備某種「智力」或處理「資料」的方式，以「決定」如何和周圍環境互動，進而採取行動或執行任務。藉由靈液發動的青銅雕像塔羅斯便符合這個定義。

恐怖谷　Uncanny Valley: 大多數人在見到人造生命的形體、尤其是幾乎像人、又不完全像人的個體時會體驗到的詭異厭惡感。該個體對觀者的正面吸引力會隨逼真程度而增加，但當其逼真程度與真人接近到讓觀者難以區別時，吸引力會急遽下降。「恐怖谷」假設最初是由森政弘這位機器人學家在一九七〇年提出。

詞彙表

自主動力　agency: 在特定環境中，能動作、操作，或發揮力量、能量的能力。

安卓　android, droid: 人形機器人。

人工智慧　Artificial Intelligence（AI）：人造生命或機器所展現的智慧或心智，類比於動物或人類的天然智慧；能理解周圍環境，進而採取行動。人工智慧會模擬涉及心智的功能，例如學習、解決問題。弱人工智慧（Narrow AI）可讓機器執行特定工作，而通用人工智慧（General AI）則是具備「通用演算法」（all-purpose algorithms）的機器，有理解、計畫、抽象「思考」、解決問題，以及透過經驗去學習的能力，可執行人類的智性任務。人工智慧可區分為數種：第一類機器，是以其程式設定去感知當下，做出反應，但不具記憶或從經驗學習的能力（例如IBM的下棋電腦深藍，谷歌的Alpha Go，青銅機械人塔羅斯，和《伊利亞德》當中的自動三腳鼎）。第二類的人工智慧機器，具備有限的記憶能力，能在預先設定的程式之外，就觀察做出反應（例如無人自駕車，聊天機器人和赫菲斯托斯的自動助理）。第三類人工智慧目前仍未完全研發，是具備推測能力，能事先預料到他人期待或對方所欲的機器人（電影《星際大戰》中的C-3PO，赫菲斯托斯的黃金女僕，以及腓埃基亞王國的船隻，便是虛構想像中的例子）。第四類的未來的人工智慧同樣具備推測能力及自我意識（虛構想像的例子包括約翰·斯拉德克（John Sladek）一九八三年的科幻小說《機器人謀殺案》（Tik-Tok）中的同名機器人，以及二〇一五年電影《人造意識》（*Ex Machina*）當中的夏娃。潘朵拉因為具備欺詐、說服他人的能力，似乎可歸於第二、三類之間。

人造生命　artificial life: 模擬自然生命、進程的系統、生命或個體；或是複製生物現象的模樣；透過工藝而受賦生命的人或動物。

自動　automation: 在不藉人力之助的狀態下展現動作的技術。

自動機械人　automaton, automata: 自動機械或組合而成的機具，通常以動物或人類為形，不由操控者直接控制。有些機械人是會依預先設定的指令執行任務的機器，有些則能按不同情境做出一定程度的回應。

仿生　bionic: 動物或人類擁有可增強自身能力的人工軀體部位。

生物工藝　biotechne: 在古希臘文裡，bio意指生命，techne則指工藝、藝術、科學，或運用某種知識。

生物科技　biotechnology：以操控生物有機體、維生系統或其組成為本，進而對

Indica fragments; Arrian *Indica* 10. 麥加斯梯尼與第馬庫斯出使孔雀王朝的國王Chandragupta與其子；迪奧尼修斯是托勒密二世派去遣使阿育王的使者。見Arrian *Anabasis* 5; Pliny 6.21; Strabo 2.1.9-14; 15.1.12.

54 Keay 2011, 78-100; McEvilley 2000, esp. 367-70; 論印度科技, 649 and n19. 論阿育王的使者晉見希臘化時期統治者，Jansari 2011.

55 Legge 1965, 79. 古中國的活動佛像與佛車，Needham 1986, 159-60, 256-57. 論活動佛像的神奇故事，Wang 2016.

56 轉圈的機械隨從，Needham 1986, 59. 憤怒金剛，Wand 2016, 32 and 27. 道宣，Strong 2004, 187-89. Dudbridge 2005.道宣高超的技術及他對印度佛寺的描述，Forte 1988, 38-50nn86 and 92: 4-50, 無法得知道宣描述的人型機械是否是他耳聞或讀過的，但武則天顯然希望能在神殿中複製出實體。

57 Hsing and Crowell 2005, esp. 118-23. 希臘-印度的影響，Boardman 2015, 130-99; 佛教藝術中的海克力士形象，189, 199, figs 116, 118, 122. 海克力士身披獅皮持劍的浮雕板：British Museum 1970, 0718.1.

58 Simons 1992, 9=29-32. Mori 1981 and 2012. Borody 2013. Han 2017.

59 Borody 2013. 感謝Ruel Macraeg告訴我《無敵鐵金剛》和《少林十八銅人》，也感謝Sage Adrienne Smith 告訴我關於《天空之城》中的機械人。"Whistlefox" robot by Glorbes (B. Ross), Fwoosh Forums November 13, 2007, http://thefwoosh.com/forum/viewtopic.pho?t=12823&start=4380

60 Berryman 2009, 原文以斜體標示。D'Angour 2011, 62-63, 108-9, 127, 128-33, 180-81.

61 Zarkadakis 2015, xvii, 305.

終章

1 本文先前曾登載於*Aeon*, May 16, 2016. 論對人工智慧的愛憎反應，Zarkadakis 2015.

2 Microsoft's Tay and Zo, Kantrowitz 2017; human bias in AI, Bhorat 2017. Tay 的登場與衰微，見http://www.telegraph.co.uk/technology/2016/03/24/microsofts-teen-girl-ai-turns-into-a-hitler-loving-sex-robot-wit/.

3 Raytheon: http://www.raytheon.com/news/feature/artificial_intelligence.html.

4 Hawking quote, Scheherazade: Flood 2016. http://www.news.gatech.edu/2016/02/12/using-stories-teach-human-values-artificial-agents. http://realkm.com/2016/01/25/teaching-ai-to-appreciate-stories/. Summerville et al. 2017, 9-10. Scheherazade: R. Burton, trans. and intro by A.S. Byatt. *Arabian Nights, One Thousand and One Nights.*

5 Zarkadakis 2015, 27, 305. Leverhulme Centre for the Future of Intelligence " AI Narrative" project, http://lcfi.ac.uk/projects/ai-narrative/.

6 "Dawn of RoboHumanity":Popcorn 2016, 112-13.

Kotsanas 2014, 51-55.

40 Heron: Woodcroft 1851; Keyser and Irby-Massie 2008, 384-87. Ruffell 2015-16.

41 海克力士與大蛇機具、機械劇場的運作模型與解釋，James and Thorpe 1994, 136-38; Kotsanas 2014, 58. And 71-75. Anderson 2012 (Jacquard織布機常被認為是世上第一部可程式編碼的機具). Berryman 2009, 30 citing Heron Automata 4.4.4. Huffman 2003, 575. Kang (2011)將希羅的作品歸入他實際造出的人型機械這第三分類中。

42 Ruffell 2015-16; 希羅的自動機具的3D重見圖與解說，見Glasgow大學的Ian Ruffell與Francesco Grillo主持的 Heron of Alexandria/ Automaton Project. http://classics.academicblogs.co.uk/heros-automata-first-moves/.

43 中世紀伊斯蘭和歐洲的自動機械：Brunschwig and Llyod 2000, 410, 490-91, 493-94. Zielinski and Weibel 2015, 20-21; James and Thorpe 1994, 138-40; Truitt 2015a, 18-20. 公元十世紀左右，印度採納了阿拉伯人對希臘發明家、例如希羅和費隆的自動機械設計的譯本；Ali 2016, 468. Strong 2004, 132n17.

44 Needham 1986; 4:156-63 以及全書其他論中國的機械工程和自動機具。正如Forte (1988, 11)指出，中國機械上的創新並非全數傳自歐洲，有些是源自Needham所稱的「融合的刺激」。指南車，James and Thorpe 1994, 140-42.

45 唐朝的發明，Benn 2004,52, 95-96, 108-9, 112, 143-44. 167, 271. 武則天勝過阿育王的企圖：Strong 2004, 125 and n6 sources. 武則天亦稱武曌。

46 Keay 2011, 69 and n19, citing R.K. Mookerji, in *History and Culture of the Indian People,* 2:28. Mookerji 描述揮舞著棍棒與長刀的武裝戰車猶如「坦克」；Keay稱它是揮舞長棍的「機械人」，其他則將這「機器」比做是輪上有旋轉刀鋒的鐮刀戰車。

47 Strong 2004, 124-38. Keay 2011, 78-100; Ali 2016, 481-84.

48 Strong 2004, 132-38; Pannikar 1984; 在柬埔寨和泰國另有不同版本。Higley 1997, 132-33. Cohen 2002. Zarkadakis 2015, 34.「取用了大量傳說」，Ali (2016, 481-84)討論到這則傳說，以及《世間施設論》的年代與來源。

49 Strong 2004, 132-33. 在某些版本中，這個工程師是被派去暗殺阿育王的機械人斬首。Higley 1997, 132-33, and Pannikar 1984.

50 Cohen 2002, 73-74. 它推測《世間施設論》內的故事，純然是受到拜占庭晚期和中世紀早期的機械人形所影響。關於人型機械的歷史與機械奇蹟，相較於中世紀早期印度的「所羅門王的寶座」，見Ali 2016, esp. 484 論techne的循環，及Brett 1954 論這個寶座。

51 Ali 2016, 484.

52 Greco-Buddhist syncretism, McEvilley 2001; Boardman 2015.

53 阿育王與希臘化時期的統治者，Hinuber 2010, 263 (Megasthenes). Megasthenes

78 (dove); 利用豬膀胱和加壓空氣或蒸氣的白鴿水力運作複製品，見Kotsanas 2014, 145. 這隻白鴿被歸類在「人造的神祕自動物件」Kang 2011, 16-18.

25 Aristotle *Politics* 5.6.1340b26; Huffman 2003, 303-7 (clapper)

26 Plutarch *Demetrius*.; Diogenes Laertius 1925b78.

27 德摩卡萊斯記錄的這段歷史已佚失，僅見於Polybius 12.13 的引用。D'Angour 2011, 164. Berryman 2009, 29

28 Koetsier and Kerle 2015, fig. 2z and b. 巨蝸與雷姆理論的問題，見Ian Ruffell 在Glasgow大學上的部落格貼文 " Riding Snail", March 31, 2016, http://classics.academicblogs.co.uk/riding-the-snial/.

29 希臘民間故事中的蝸牛，Hesiod *Works and Days* 571; Plautus *Poen.* 531; Plutarch *Moralia* 525e. 驢子：Homer *Iliad* 11.558; Simonides 7.43-49; Plautus *Asinaria*; Apuleius *Golden Ass*; etc.

30 Diodorus Siculus frag. 27.1.

31 Polybius 13.6-8; Apega 18.17; also 4.81,16.13,21.11. Sage 1935. Pomeroy (2002, 89-90 and n51) accepts authenticity of account,152.

32 Aristotle *Constitution of Athens*, 描述到了這部投票機器；現存的例子，Dow 1937. 德米特里想在公元前八十八年想超越他的企圖，Mayor 2010, 179-83. 遠古軍事科技：Aeneas Tacticus; Philo of Byzantium; Berryman 2009, 70-71; Cuomo 2007; Hodges 1970, 145-53, 183-84; Marsden 1971. Archimedes, Plutarch Marcellus 14-18; Brunschwig and Llyod 2000, 544-53; Keyser and Irby-Massie 2008, 125-28.

33 Mayor 2010, 182, 291-92, 193-94. Kotsanas 2014, deus ex machina model, 101.

34 Koetsier and Kerle 2015.

35 Keyser 2016 基於 *Accounts of the Penteterides*，論托勒密大遊行的年代，與其姊的婚姻，以及凱利克森努斯說法的可信度。

36 Koetsier and Kerle 2015. Athenaeus *Learned Banquet* 11.497d; Keyser and Irby-Massie 2008, 496.

37 Philo, Ctesibius, Heron: Hodges 1970, 180-84. 在康敏壽的「機械人歷史研究」中，這兩人的發明在歐洲的想像裡，都未被視為可運作的物件或概念。無與倫比的人型機械尼薩在被放貶放於注釋，德米特里的巨蝸和致命的阿佩嘉機械人，同樣也未被康敏壽列入列入其古代人型自動機械設計的領域內；Kang 2011, 16-18, 332n66 (Nysa); 1. Sylvia Berryman (2009, 116) 簡略地提到克特西比烏斯造出尼薩的可能性。

38 Zielinsli and Weibel 2015, 20-47; Truitt 2015a, 4.19; Keyser and Irbt-Massie 2008, 684-56.

39 Huffman 2003, 575; Philo Pneumatics 40, 42. 蛇鳥機具的圖解，James and Thorpe 1994, 117. 女僕、鳥與貓頭鷹、潘神與龍這些小偶的木銅模型與運作解釋，見

述。

10 Diodorus Siculus 9.18-19 and 13.90.3-5; Cicero *Against Verres* 4.33 and *Tusculan Disputations* 2.7; 5.26, 5.31-33 (death of Phalaris), 2.28.

11 *Consularia Caesaraugustana*, the chronicle of Zaragoza, Victoris TunnunnensisChronicon, ed. Hartmann, Victor 74a, 75a, p. 23, commentary pp. 100-101. 關於中國唐朝公然展示活體炙烤禽鳥和動物，以取悅武則天，見Benn 2004, 130.

12 Berryman (2009, 29-30) 這隻銅牛就含括在她的以人造生命驅動為計策的分類系統中。以內藏人驅動的印度機械人，Cohen 2002, 69.

13 Faraone 1992, 21. Blakey 2006, 16, 215-23. 安提基特拉機械現存於雅典國立考古博物館。Iverson 2017.

14 Faraone 1992, 21, 26. Timaeus in scholia to Pindar *Olympian* 7.160.

15 這個傳聲管的圖繪現存於梵諦岡博物館；見Kotsanas 2014, 83. Stoneman 2008, 121, 亞里斯多德告訴亞歷山大「忒彌修斯號角」據信是公元八百至一千一百年間的發明，可能是由風力或水力驅動。

16 音樂機械人：Zielinski and Weibel 2015, 49-99. Pollitt 1990, 89

17 Cohen 1966,21-22 and n20; 其他說話的雕像18-24。Chapuis and Droz 1958, 23-24.

18 Cohen 1966, 15-16. Philostratus *Life of Apollonius of Tyana* 6.4; *Imagines* 1.7. " The Sounding Statue of Memnon" 1850.

19 Cohen 1966, 24; McKeown 2013, 199; LaGrandeur 2013, 22. Himerius *Orations* 8.5 and 62.1.

20 Oleson 2009, 785-97 for Greel and Roman automata. Poulsen 1945; Felton 2001, 82-83.

21 Frood 2003; Keyser 1993, 可見實驗與圖片。原本認為這電池是用來鍍銀的理論已被棄用。感謝Sam Crow指出，如果細電線一度存在，也可能已被腐蝕殆盡。

22 Brunschwig and Llyod 2000, Archytas: 393,401,403, 406, 926-27, 932-33; ancient mechanics: 487-94. Keyser and Irby-Massie 2008, 161-62; D'Angour 2003, 108, 127-28, 180-82.

23 啾鳴的機械鳥：Kotsanas 2014, 51 and 69. Sources for Arcytas: Aristotle Politics 8.6. 1340b25-30; Horace Odes 1.28; D'Angour 2003, 180-82, ; PlutarchMarcellus 14.5-6. Diogenes Laertius 8.83; Aulus Gellius Attic Nights 10.12.9-10 ; Vitruvius On Architecture 1.1.17 ; 7.14. Berryman 2009, 58 and n14, 95,n159 (Aristotle and Archytas); 87-96, Berryman 推測，「白鴿」只是一具投石機或投擲器的綽號，但這兩種都無解釋驅動這機械的「氣流與砝碼」。根據Aulus Gellius 所稱，Plutarch的朋友，同時也是哲學家與史學家的 Favorinus 著有三十餘部作品，但都僅剩斷簡殘篇。

24 See Brunschwig and Llyod 2000, 933; D'Angour 2003, 181. Huffman 2003, 82*-83,570-

同意赫希俄德的看法，都認為希望獨留了下來，也認為那是正向的東西。

40 童話版本，Panofsky and Panofsky 1991, 110-11. Aristotle *On Memory* 1.449b25-28.

41 據柏拉圖所述(*Gorgias* 523a)，是宙斯要普羅米修斯剝奪人類預知死期的能力。柏拉圖在*Protagoras* 320c-322a當中，認為此事要歸咎於艾比米修斯所犯的錯。

42 感謝Josiah Ober 協助建立這個理論標準。其他的現代看法，見例如Hansen 2004, 258; Lefkowitz 2003, 233.

43 先進的機械人學和人工智慧科技的道德挑戰：Lin, Abney, and Bekey 2014, 3-4, 科技造就人型機械與強化能力的憂慮由來已久，可回溯到遠古時代，這在目前也已引發顧慮，在文學像出現一些「猶如警鐘般的故事」，呈現機械人因程式設計不周，緊急的行為、失誤和其他狀況，導致它們出乎意料地失控，繼而引發可能的危險。

44 比較斯拉德克一九八三年小說中的邪惡機械人Tik-Tok。影集Westworld 當中，人類可將自己最黑暗的幻想，施加在遊樂園內的機械人身上，它們被設計成不會傷害人類。

第九章

1 「黑盒子」科技，Knight 2017.「相對的現代主義」，Bosak-Schroeder 2016.

2 Berryman 2009, 69-75. James and Thorpe 1994, 200-225. Marsden 1971. 亞歷山卓城的希羅認為，他的某些自動機械與投石機有關；Ruffell 2015-16.

3 這些無情的暴君與機具的關聯，見Amedick 1998, 498.

4 D'Angour 1999, 25 ; 一篇詼諧的文章將古代人類飛行的實際證據，與古代喜劇與小說中所呈現的場面並置。

5 莎孚跳崖自盡，最早是出現在公元前四世紀末劇作家Menander(frag. 258K)的想像。

6 《隋書》(AD636)，Needham and Wang 1965, 587; 節刪版 《資治通鑑》167 (AD 1044)，Ronan 1994, 285. *History of the Northern Dynasties* 19. James and Thorpe 1994, 104-7 談載人紙鳶和降落傘。元黃頭雖然從紙鳶上死裡逃生，但之後仍遭處決。

7 Lucian *Phalaris.* 法拉里斯的昭彰惡名： Aristotle *Politics* 5.10 ; *Rhetoric* 2.20. Pindar *Pythian* 1 ; Polyaenus *Stratagems* 5.1 ; Polybius 12.25. Kang 2011, 94-95.早期的基督教作家Tatian (b. AD 120)曾誇大法拉里斯的虐待狂行徑，說他甚至嗜食嬰肉(Address to the Greeks 34)。

8 Diodorus Siculus 9.18-19. Plutarch *Moralia* 315. Lucian *Phalaris.*

9 Plutarch *Moralia* 315c-d, 39, citing Callimachus *Aetia* (公元前四世紀，僅從斷簡資料和 Aristeifes of Miletus 的 *Italian History* book 4為人所知)。亦見Stobaeus *Florilegium,* 4th century AD. Arruntius的銅馬讓人聯想到特洛伊木馬中空、且有旁開側門的描

斯劫持時的微笑，

26 電影劇本是由導演及其妻子Thea von Harbrou依她1924年的小說改寫。Simons 1992, 185; Dayal 2012; Kang 2011, 288-95; Zarkadakis 2015, 50-51.

27 《大都會》裡的女形機械人能變成瑪麗亞的幻影。扮演該角色的女演員Brigitte Helm生於1906年，電影拍攝於1925年。

28 這段對邪惡女機械人的描述，出自劇中扮演瘋狂科學家的演員，Klein-Rogge 1927.

29 Shapiro 1994, 65.

30 Harrison 1999, 49-50.

31 Phidias雅典娜像和底座Pergamon複製品，現存於柏林的Pergamon Museum。Lenormant雅典娜及底座的小型複製品，現存雅典National Archaeological Museum。此外還有其他古羅馬時期的仿製品。潘朵拉飾帶的碎片女子臉上的「詭異」微笑：Neils 2005, 42-43, fif.4.13.

32 潘朵拉的大瓶是金屬材質，而非陶土：Neils 2005, 41. 後古典時期文學及藝術中的潘朵拉形象：Panofsky and Panofsky 1991, mistranslation, 14-26. 藝術中的潘朵拉：Reid 1993, 2:813-17.

33 在這個故事後續的變異版本中，例如 Philodemus (1st century BC), Proclus (5th century AD), Panofsky and Panofsky 1991, esp. 8 and nn 11-12.這只禁忌的大瓶是以別的方式、而非透過潘朵拉來到艾比米修斯手中，

34 Neils 2005, 40. 這一對大瓶反映出大瓶在古代用以儲存食物、其他維生日用品，以及做為死人入棺之用的正向與不祥的兩面性。令人困惑的是，公元前六世紀有兩位作家， Theognis frag.1.1135和Aesop *Fables* 525 and 526/ Babrius 58卻說潘朵拉是帶著宙斯的祝福下凡，而瓶中的「希望」乃是善物，見如下討論。

35 British Museum 1865, 0103.28; Neils 2005. 38-40 and figs 4.1-2 and 4.6-8. *LIMC* 3, s.v. Elpis, no. 13; Reeder 1995, 51 fig.1-4.

36 Neils 2005, 41-42.

37 早期基督教神父Origen (b. AD 185)認為潘朵拉的異教徒神話「引人發笑」，Panofsky and Panofsky 1991, 12-13; 見 7n12 for Macedonius Consul (6th century AD)的諷刺短詩頭寫道，「我每見潘朵拉的瓶子就發笑」。

38 Harrison 1986, 116; Neils 2005, 43.

39 Gantz 1993, 1:157. Aesop (*Fables* 525,526)寫到，宙斯將一甕的「善物」交付給了人類，「但人類缺乏自制力，打開了大甕——所有的善物隨之飛散。」它們被世上的極惡驅趕，飛回了奧林帕斯山上的諸神身邊。如今，天神將之逐一分送給人類，「以免惡物注意到。然而希望仍留在甕中，這是所有善物散盡之後獨留給人類的唯一慰藉。」在公元前六世紀末，Theognis (Elegies)說了一個類似的故事，說到希望是「獨留在世上的女神，其他的早已飛散。」Aesop和Theognis

世的作家美化了故事，讓潘朵拉懷了艾比米修斯的女兒皮拉，也就是杜卡利翁的妻子：Apollodorus *Library* 1.7.2; Hyginus *Fabulae* 142; Ovid *Metamorphoses* 1.350; Faraone 1992, 102-3. 沒有任何神話曾提及潘朵拉之死，她「不在自然的循環之內」：Steiner 2001, 187.

11 Raphael 2015, quote 187; compareMendels Steiner 2001, 25. Plato Laws 644e on human agency and chapter 6.

12 Mendelsohn 2015. Faraone 1992, 101. 論潘朵拉與赫菲斯托斯的黃金女僕之間的相似點， Francis 2009, 13. 在所有現存的神話說法中，潘朵拉都是不會開口說話的。

13 潘朵拉在義大利古時的形象，Boardman 2000.

14 Reeder 1995, 284-86.

15 Gantz 1993, 1:163-64; Shapiro 1994, 69; Neils 2005, 38-39. 持槌的薩梯，Polygnotus Group vase, Matheson 1995a, 260-62. Penthesilea Painter vase, Boston Museum of Fine Arts 01.8032.

16 Neils 2005, 39. 播種下去的士兵也是從土中冒出的，見第四章。

17 Gantz 1993, 1:157-58 and n12; Mommsen in CVA Berlin V, pp.56-59, Tafel 43, 3-4, and Tafel 47, 6, citing Panofka. 感謝David Sauders 對這只瓶子的寶貴討論。關於描繪普羅米修斯或赫菲斯托斯在膝上造出女型小偶的伊特拉斯坎寶石，見Tassinari 1992, 75-76.

18 Reeder 1995, 281 (quote); 279-81.

19 Shapiro 1994, 66.

20 Steiner 2001, 116-17.

21 據我所知，Niobid和Ruvo 瓶繪上有趣的飾帶裝飾，過去並未受學者注意。大英博物館稱那是「鏢與蓮花」設計，其他則說這有點類似的「Lesbian kyma」裝飾主題。這個設計的變化形式，也出現在大約公元前480 年、由Boreas Painter所造的Naples H2421 和Bolgna 16571渦形巨爵上。Niobid這只瓶繪上的圖形更像鐵匠的鉗子與工匠的圓規。有些人指出，那也可能是工匠的風箱。感謝Bob Durrett. Steven Hess, Frank Keeling, David Meadows和David Saunders與我討論這個飾帶設計。

22 Shapiro 1994, 67. Niobid繪者的潘朵拉瓶繪飾帶下的薩梯圖案，指涉著索福克勒斯失散的薩梯劇作與潘朵拉的關聯。亦見Reeder 1995, 282-84. 潘朵拉雙手各握著花圈。

23 Geta Vase現存於西西里島的Agrigento； Niobid大瓶現存於羅浮宮。

24 瓶繪人物正臉示人和情緒以及罕見性，Korshak 1987; Csapo 1997, 256-257; Hedreen 2017, 163 and 117.

25 希臘Aphaia神廟中瀕死武士像的微笑，以及Eretria阿波羅神廟中安蒂歐珀被忒修展」，而人類理當專注於讓自身「完美及美善」。感謝Ziyaad Bhorat讓我注意到這段文字。關於近期崛起的基因工程和生物科技隱憂的先見評文，見Walker 2000.機械人和人工智慧體有可能仍是人類的奴隸的警告，見Bryson 2010.

40 Mendelsohn 2015. La Grandeur 2013, 9-10. Robota 一字衍生自斯拉夫語中的苦工和中世紀的勞役之意，Kang 2011, 279；論機械人的叛變，264-96. Čapek, see Simons 1992, 33. Rogers and Stevens 2015. Walton 2015.

41 Berryman 2009, 22, 24-27. 她曾在2003年的文章中提及塔羅斯。

42 Truitt 2015a, 3-4, 赫菲斯托斯的二十只黃金三腳鼎的工作是和那些黃金女僕助手的併在一起。

43 Kang 2011, 15-22.

第八章

1 *Dolos*, trick, snare, trap; Hesiod *Theogony* 589; *Works and Days* 83. "Mr. Afterthought," Fafaone 1992, 104.

2 潘朵拉在古代文學和藝術中的形象，Gantz 1992, 1:154-59, 162-65; Hard 2004, 93-95; Shapiro 1994, 64-70; Panofsky and Panofsky 1991; Reeder 1995, 49-56; Galse and Rossbach 2011. Hesiod *Works and Days* 45-58 and *Theogony* 560-71, *kalon kakon* 585; Aeschylus frag. 204; Hyginus Fabulae 142 and Astronmica 2.15; Sophocles's lost play *Pandora*; Babrius Aesop's *Fables* 58. Reception of Hesiod and the Pandora myth, Grafton, Most, and Settis 2010, 435-36, 683-84.

3 早期基督教的書寫將潘朵拉與夏娃相比：Panofsky and Panofsky 1991, 11-13.

4 Morris 1992, 32-33; Steiner 2001, 25-26, 116-17, 186-90; Francis 2009, 13-16; Brown1953, 18; Mendelsohn 2015; Lefkowitz 2003, 25-26.

5 Morris 1992, 30-33, 230-31. Francis 2009, 14.

6 Steiner 2001, 116, 赫希俄德在Theogony呈現的潘朵拉「不過是一堆衣服和裝飾的組合」；在Works and Days裡，她則有內在的屬性。Faraone 1992, 101.

7 Steiner 2001, 191n25. 赫希俄德的形容遣詞與比喻，讓人同時注意到這「人造活雕像」的「活靈活現與生命力」，以及「她只是雕像，而非實物。那麼，為何使用如此遣詞?」潘朵拉是「第一個人造個體」；她是「組造而成的……並非自然的產物。」Francis 2009, 14. Cf. Faraone 1992, 101-2.

8 Faraone 1992, 102-3 談及潘朵拉是一種活雕像的創造物。關於普羅米修斯造出第一個女人的另類版本，見Tassinari 1992, 75-76.

9 論將特洛伊木馬形容成是活動塑像，以及古代對於檢驗一個寫實的雕像是真實或人造的「測驗」，Faraone 1992, 104-6. 圖靈測驗等：Kang 2011, 298; Zarkadakis 2015, 48-49, 312-313; Boissoneault 2017.

10 赫希俄德的詩中並未提及子嗣。一如他們對比馬龍象牙少女像(見第六章)，後

圖像，例如一只公元前490-480年間、現存大英博物館、由Markon所造的雙耳廣口杯，Beazley 2014683. 柏林繪者所繪、約公元前500-470年間的瓶繪顯示特里普托勒摩斯坐在飛天戰車中，Louvre inv. G371. 另一只瓶繪在Museo Gregoriano Etrusco, Vatican Museums. 論帶翼戰車，見 Matheson 1995b, 350-52.

28 品達的詩作僅剩斷簡殘篇，Faraone 1992, 28 and 35n86. Marconi 2009.

29 Mendelsohn 2015.

30 Steiner 2001, 117. Francis 2009, 8-10; 黃金女僕既非真人，也非無生命的物質，因此歸屬於獨特的存在，9n23.

31 Raphael 2015, 182. 人類與電腦接合及思想控制的機械，Zarkadakis 2015; " The Next Frontier: When Thoughts Control Machines" 2018. 黃金女僕可歸於第三類人工智慧，見名詞釋義。論黑盒子的兩難，見" AI in Society: The Unexamined Mind" 2018.

32 Mendelsohn 2015. Cf. Paipetis 2010, 110-12.

33 大數據、人工智慧、機械學習，Tanz 2016; 亦見書末名詞釋義的Artificial Intelligence, "general AI,"

34 "Magic is linked to science in the same way as it is linked to technology. It is not only a practical art, it is also a storehouse of ideas, " Blakely 2006, 212. Maldonado 2017說到，Realbotix為Abyss Creations所造的性愛機械人Harmony 便建有「數據轉儲」，內有大約五萬組詞彙，完整的維基百科和數種辭典。

35 Valerius Flaccus *Argonautica* 1.300-314. Paipetis 2010. La Grandeur 2013,5. Homer *Odyssey* 8.267. 在印度和梵語史詩中，維摩那(Vimana)是一座由意識控制的飛行宮殿或飛天戰車。在Iain M. Banks的科幻系列小說中*The Culture* (1987-2012)中，有由心智控制的智慧飛船；感謝Ingvar Maehle 提供這個參考。腓埃基亞船算是第三類人工智慧，見名詞釋義。

36 Mansfield 2015, 8-10 ; Lichtheim 1980, 125-51 ; and Raven 1983 談古埃及文本和考古實例中的魔法、寫實與活動的蠟像。

37 Paipetis 2010, 97-98.

38 論古代人讓工具自動運作、以節省氣力，並證明人類能力的企圖，Martinho-Truswell 2018. 如下出現的自動機械為第二類人工智慧；見名詞釋義。

39 亞里斯多德評論道(1253b29-1254a1)，自動機具能執行奴隸的勞務，符合機械人的「經濟」功用，意指此類發明能廢除奴役制度，彌爾(John Stuart Mill, 1806-1873)研究了亞里斯多德，將他在著作*On Liberty*當中對自動機械工人的看法與亞里斯多德的評論相比較非常有意思：「假設我們可以用機械人建造房舍、種植作物、上場作戰，甚至起造教堂、祈禱」，彌爾如此寫道。「用自動機械取代目前棲住在這世上較文明地區的男女，會是一種恥辱」，畢竟，「人性並非依循模型而造出、用以執行所受派工作的機械。」生物的本質是要「成長且發的形象，Ambrosini 2014, 177-81. 鑄造青銅的黏土塑模，Konstam and Hoffmann 2004. 雅典娜以黏土造馬，Cohen 2006, 110-11. 另一只瓶繪顯示雅典娜在造特洛伊木馬，kylix by the Sabouroff Painter, 5th century BC, Archaeological Museum, Florence.

15 Apollodorus *Library* 2.4.7-7, 3.192; Hyginus *Fabulae* 189 and *Astronomica* 2.35; Ovid *Metamorphoses* 7.690-862; Pausanias 9.19.1.

16 Pausanias 10.30.2; Antonius Liberalis *Metamorphoses* 36 and 41. 和活動雕像有關的 Telchines 與 Dactyles , Blakey 2006, 16, 24, 138, 159, 203, 209, 215-23. Kris and Kurz 1979, 89. 金獵犬的版本：Faraone 1992, 18-35; Steiner 2001, 117. 見第八章黏土所造的潘朵拉，但後世作者總無法抗拒地認為她產下子嗣。2017年的電影《銀翼殺手2049》的主題是另一個類似的「奇蹟」。

17 Faraone 1992, 18-19, 29n1. Marconi 2009.

18 Faraone 1992, 19-23, 13n8.靈藥讓雕像具備了某種「精魂」或生命，但未必會讓雕像動起來。中空的雕塑向注入某種物質後有了生命，Steiner 2001,114-20.

19 艾西莫夫定律，Kang 2011, 302. Future of Life Institute's Beneficial AI Conference 2017; FLI's board included Stephen Hawking, Frank Wilczek, Elon Musk, and Nick Bostorm. hhtp://futurism.com/worlds-top-experts-have-created-a-law-of-robotics/. See also Leverhulme Centre for the Future of Intelligence: http://lcfi.ac.uk/.

20 Martinho-Truswell 2018.

21 四輪車，Morris 1992, 10. 中國考古遺址曾掘出一只公元前六至五世紀、帶有三個輪子的青銅淺盆，這表示帶輪三腳鼎在古代他處已是可實現的想法，Bagley et al. 1980, 265, 272, color plate 65. 赫菲斯托斯帶輪三腳鼎的複製品圖片及說明，Kotsanas 2014, 70.這座博物館位在希臘Pyrgos附近的Katakolo: http://kotsana0com/gb/index.php.

22 費隆所造的其他人形或動物型的自動機械，可見第九章；這具伺酒機器人運作模式的圖片照，Kotsanas 2014, 52-55.

23 Truittt 2015a, 121-22, plate 27. Badi' az-Zaman Abu I-Izz ibn ar-Razaz al Jazari (AD 1136-1206): Zielinski and Weibel 2015, 9.

24 Homer *Iliad* 18.360.-473. 帕西淮的木母牛和特洛伊木馬在文學和藝術中的形象也是架在輪子上。論赫菲斯托斯、祂的鍛造場和人型機械，Paipetis 2010, 95-112.

25 Diodorus Siculus 9.3.1-3 and 9.13.2; Plutarch *Solon* 4.1-3.

26 Berlin Painter, Attic hydria from Vulci, ca. 500-480 BC; 這段引文來自梵蒂岡博物館文字 cat.16568; Beazley archive 201984. 瓶繪中坐在德爾菲神諭三腳鼎上的祭司，Berlin inv. F. 2538.

27 天神繪者的瓶繪中，坐在以鶴首鶴尾裝飾的帶翼戰車上的赫菲斯托斯，Berlin 201595 現已失蹤。幾只瓶繪上有特里普托勒摩斯坐在雙蛇頭尾裝飾的戰車中的

第七章

1 這個鍛造之神在古代文學中的形象，Gantz 1993, 1:74-80. 根據荷馬說法，赫菲斯托斯的父親是宙斯，但照赫希俄德的說法，他沒有生父。赫菲斯托斯的作品，Pollitt 1990, 15-18. 以義肢或假體做為人工增強人類能力的方式，見第四章。Zarkadakis 2015, 79-80.

2 Peipetis 2010 and Vallianatos 2017. 關於荷馬文字當中對於阿基里斯盾牌活靈活現，以超寫實和動作描述一個「不可思議」的物件，見Francis 2009, 6-13. 亦見Kalligeropolous 及 Vasileiadou 2008.

3 Homer *Iliad*18.136, 18.368-72, 19.23. " Artificial world," Raphael 2015, 182.

4 Francis 2009, 11-13.

5 古人是從公元前六世紀開始使用肌肉形狀明顯的青銅胸盔和護脛，有許多從考古文物中修復的實例。Steiner 2001, 29. 其他具有武士文化的文明，例如古羅馬、印度和日本，也會穿戴這種符合人體的盔甲。

6 在一幅公元一世紀的龐貝城濕壁畫中，在工具和半成品圍繞下的赫菲斯托斯，向忒提斯展示他為阿基里斯打造的盾牌。

7 Homer *Iliad* 5.745-50; Mendelsohn 2015, 1.

8 密網，Homer, Odyssey 8.267ff. 赫拉的特殊座椅在文學與藝術中，Gantz 1993, 1:75-76.

9 Argus Panoptes: Hesiod *Aegimius* frag. 5. Apollodorus *Library* 2.1.2; Ovid *Metamorphoses* 1.264. 紅陶瓶上的阿耳戈斯，公元前五世紀， Museum of Fine Arts, Boston, Lefkowitz 2003, 216-17 fig. Argus Painter name vase, stamonos, 500-450BC, Vienna Kunsthistorisches Museum 3729; Meleager Painter krater, 400BC, Ruvo Museo Jatta36930; 另一個雙頭阿耳戈斯，黑陶雙耳瓶，575-525 BC, British Museum B164. 潘神繪者上的阿耳戈斯：Misailido-Despotidou 2012.

10 士兵與睡眠：Lin 2012, 2015; Lin et al. 2014.

11 論對使用者和製造者難以理解的現代「黑盒子」科技，見前言及Knight 2017.

12 Apollodorus *Epitome* 5.15-18. LIMC 3,1:813-17. 根據Bonfante and Bonfante 2002, 202, 特洛伊木馬在伊特拉斯坎文化中的名字是Pecse.

13 Bonfante and Bonfante (2002, 198)認為，伊圖勒是Aetolus在伊特拉斯坎文明中的名字，常被與他的兄弟、製造特洛伊木馬的埃佩歐斯混淆。雅典娜神廟中曾展現埃佩歐斯以工具建造出梅塔蓬托城：Pseudo-Aristotle *On Marvelous Thing Heard* 840A.108.,「相傳在梅塔蓬托城附近的加加利亞，有一座雅典娜神廟，當中供奉著埃佩歐斯當初打造特洛伊木馬的工具……雅典娜現身在他夢中，指示他應將工具呈獻給她。」據Justin 20.2，梅塔蓬托城是打造特洛伊木馬的埃佩歐斯所建，證據是當地居民在雅典娜神廟中展示了他的工具。

14 De Grummond 2006, 137-38, fig. VI.31. 伊特拉斯坎寶石上的鐵匠、工匠和賽瑟蘭

32 Mattusch 1975, 313-15; Aristotle *History of Animals* 515a34-b; cf. *Generation of Animals* 743a2 and 764b29-31; *Parts of Animals* 654b29-34. See De Groot 2008 論亞里斯多德與機械。參照 Berryman 2009, 72-74, 她認為亞里斯多德的用語無關機械。

33 Cohen 2002, 69. 論自由意志，見 Harari 2017, 283-85.

34 人工智慧的研發先驅圖靈，在一九五一年設計出一套測驗可測試機械式否有感知， Zarkadakis 2015, 48-49, 312-13. See also Cohen 1963 and 1966, 131-42; Mackey 1984; Berryman 2009, 30; Kang 2011, 168-69. 在圖靈之後也研發出多種人工智慧-人類的測驗：Boissoneault 2017. 人型機械和假性人格的偏執科幻主題，Zarkadakis 2015, XV, 53-54, 70-71, 86-87.

35 Boissoneault 2017; Zarkadakis 2015, 36-38, 112-115.

36 Mackey 1984; Gray 2015; Mendelsohn 2015; Shelley 1831 [1818]; Weiner 2015; Cohen 1996; Hararai 2017.

37 Dougherty 2006. 請留意，雅典這個火炬競賽與古代的奧林匹克運動會無關。現代奧運的聖火傳遞，始自納粹德國為一九三六年於柏林舉行的奧運而引入。

38 Raggio 1958, e.g., 50-53. Reception of Prometheus, see Grafton, Most, and Settis 2010, 785.

39 Godwin的 *Lives of the Necromancers* 出版於一八三四年。伽伐尼的實驗和瑪麗雪萊的其他影響來源，Zarkadakis 2015, 38-40; Hersey 2009,106, 146-50; Kang 2011, 218-22. Zarkadakis 2015, 63-66.雪萊當時的德國作家E.T.A. Hoffamnn短篇故事當中駭人的機械人角色，" The Automata "(1814)與 " The Sandman" (1816) 關於一具名叫奧林匹亞的蠟質機械人：Cohen 1966, 61-62.

40 Florescu 1975. 一九三一年Karloff扮演的科學怪人，頸部兩個置放在頸靜脈上、象徵簡陋電極的金屬栓塞，讓人聯想起青銅巨人塔羅斯腳踝上的金屬栓。「巴格達電池」參見第九章。Kant. " The Modern Prometheus," Rogers and Stevens 2015, 3, 論雪萊的科學怪人1-4. Weiner 2015, 46-74.

41 普羅米修斯造出第一批人類，這是十七到十九世紀歐洲工匠在製作仿古的新古典主義風格寶石雕上最喜愛的主題。

42 Shelley and Lucan: Weiner 2015, 48-51, 64-70; Lucan Civil War 6.540-915. 論古埃及通俗的妖術故事，Mansfield 2015. 論機械動作引起的恐怖谷反應，Zarkadakis 2015, 69; Mori2012.

43 Shelley 1831. Raggio 1958. Quote, Simons 1992, 27-28. Rogers and Stevens 2015,1-5.

44 Hyginus *Astronomica* 2.15, *Fabulae* 31, 54, 144.

45 David-Neel, 1959. 84.

46 古印度和蒙古的傳說中，也有人造飛鳥的故事當中；包含一對機械天鵝，經過「程式編碼」，能竊取皇室珍寶，以及一隻傳說中「以針和栓操控」的金翅鳥，Cohen 2002, 67-69.

石年代及風格差異的困難性。本章中所討論及圖示呈現的寶石，年代及來源見Tassinari 1992; 75-76 談及普羅米修斯正在造出一個女子型體。感謝Erin Brady提供Tassinari 論文專著的英譯。

23 Raggio 1958, 46. Apollodorus *Library* 1.7.1; Pausanias 10.4.4. Tassinari 1992, 61-62, 引注 Philemon, Menander,Erinna, Callimachus, Apollodorus, Aesop, Ovid, Juvenal, and Horace的作品，提及普羅米修斯是人類的創造者。見本書第四章，論普羅米修斯關心脆弱無助的人族。

24 Ambrosini 2014; Richter2006, 53, 55, 97; Dougherty2006, 17. De Puma 2013, 283. *LIMC 7* (Jean-Robert Gisler). Spier 1992, 70, 87, nos. 144 and 200, 例子與參考書目。伊特拉斯坎寶石的製作工匠，Ambrosini 2014; 關於頭像石柱與胸像的製作工匠，182. Larissa Bonfante, per.corr. March 00, 2017. 擁有如figs.6.3-6.11.5 這些寶石的客戶，有可能是以自身工藝技巧為傲的工匠同行，Tassinari 1992.

25 Tassinari 1992, 73-75, 78-80. Fig.6-3與6-4的寶石無庸置疑為古件。

26 Tassinari(1992)為多件呈現普羅米修斯組造出第一個人類的寶石刻繪編入圖錄。如 figs 6.7和6.10.所見的邊紋是伊特拉斯坎雕刻家喜愛的主題。Richter 2006, 48, 53, 55, 編號437寶石中的人物並非斷肢的武士，因為手腳四肢和分離的頭並未完成；對比Boston Museum of Fine Arts當中一只公元前三世紀的伊特拉斯坎寶石雕(acc. no.23.599)描繪「maschalismos」儀式，有兩名武士持武器將敵人的身軀剁成碎塊。Maschalismos, Tassinari 1992, 72; and De Puma 2013, 280-95, esp. 286, discussing of gem no.7.100. Ambrosini 2014, 182-85, 伊特拉斯坎寶石雕描繪工匠在製作頭像石柱、胸像和女子塑像。

27 第二類寶石當中的幾個例外圖樣，讓學者懷疑那有可能是新古典風格的仿品。Thanks to Ambrosini, Ulf Hansson, Ingrid Krauskopf, Claire Lyons, Gabriella Tassinari, and Jean Turfa for discussion and bibliography. Martini 1971, 111, cat. No. 167, pl. 32,5; Krauskopf 1995; Ambrosini 2011, 79, no.5, fig.126a-c and bib. Tassinari 1992, 81-82.

28 Carafa 1778, 5-6, plate 23, 第一匹馬與羊的寶石雕；見 Scarisbrick, Wagner, and Boardman 2016, 141, fig.129, 內的引文，寶石、戒指和鑄模的彩圖；現存於Beverley Gem Collection, Alnwick Castle, UK. 亦見 Tassinari 1992, 78-79. 骨骼罕見於藝品中， Dunbabin 1986.

29 Fig.6.7 ,6.10的年代不明(這兩件在Tassinari的圖錄上分別列為63.及54.。她在1992年的圖錄中沒有分析fig.6.8 和6.10)而在圖錄中列為59號的fig.6.11絕對是古件。感謝Gabriella Tassinari在2018年1-2月間私人通訊上的解答。

30 Richey 2011, quote 194, 195-96, 202-3; Needham 1991, 2:53-54; Liu 2011, 243-44.參照 Ambrosino 2017 談塞博格人型機械內部。

31 Mattusch 1975, 313-15.

女；而她死於生產之際。關於古羅馬時期對於遠古人造人潘朵拉生子的想像，請見第八章。

10 比馬龍：Ovid *Metamorphoses* 10.243-97; Heraclides Ponticus (lost work) cited by Hygnius *Astronomica* 2.42; Hyginus *Fabulae* 142; Philostephanus of Styrene cited in Clement of Alexandria *Protepticus* 4; *Arnobius Against the Heathen* 6.22. Hansen 2004, 276. Hersey 2009, 94. Reception of Pygmalion myth, Grafton, Most, and Settis 2010, 793-94; Wosk 2015.

11 Raphael 2015, 184-86.

12 Hersey 2009. Pygamalionism與對雕像產生性慾的戀偶癖並不同。

13 Philostratus *Lives of the Sophists* 2.18.

14 Homer *Iliad* 2.698-702 and commentary at 701 by Eustathius; Apollodorus *Epitome* 3.30; Ovid *Heoides* 13.151; Hyginus *Fabulae* 104; 其他古代資料，見Loeb ed. of Apollodorus *Epitome*, 99.200-201n1 當中George Frazer的評論。

15 Wood 2002, 138-39. Hersey 2009, 90-97. Athenaeus *Learned Banquet* 13.601-606; citing the poets Alexis, Adaeus of Mytilene, Philemon and Polemon. Truitt 2015a, 101.

16 Scobie and Taylor 1975, 50. Hersey 2009, 132. Cohen 1966, 66-67. 藝術上的創新引發古人的敬畏感，D'Angour 2011, 148-56. Abyss Creations所造的寫實性愛人工智慧機械人Harmony是早期的原型，她是作為性愛與「陪伴」之用。Maldonado 2017. 論性愛機械人，見Devlin 2018.

17 年代不明、但已失散的梵語文本的吐火羅語版本(公元六至八世紀)，Lane(1947, 41-45)譯。古印度和佛教的機械人，見Cohen 2002, 70-71的討論。亦見Raghaven 1952; Ali 2016.

18 Cohen 2002, 69, 71, 原文以斜體標示。論佛教與機械人，Simons 1992, 29-31; 佛教與生物科技，見Walker 2002, 48-59當中的David Loy文字；論佛教與機械人，見Mori 1981 and 2012; Borody 2013. 論中國佛教與複製人，Han 2017. 論佛教對機械人和人工智慧的看法，見Lin , Abney and Bekey 2014, 69-83.

19 Kang 2011, 15-16; 康教授並未提出普羅米修斯利用工匠的工具和工法造人在古代文學和藝術中的證據。

20 在這只石棺製造的公元三世紀甚為活躍的神父特土良(Tertullian)，解釋了新柏拉圖派哲學和基督教信仰之間的差異。Raggio 1958, 46-50 and figs. Tertullian Apologeticum 18.3. 普羅米修斯造人的馬賽克畫，Shahba, Syria, 公元三世紀。顯示第一個人類躺在普羅米修斯腳邊的古羅馬石棺，公元四世紀，Naples Museum. 見Tassinari 1992論新柏拉圖主義、畢達哥拉斯、奧菲斯教、基督信仰與靈知教派與認為普羅米修斯是人類創造者之間的關連。

21 Simons 1992, 24-28, also contrasts Pygmalion and Prometheus.

22 我感謝 Gabriella Tassinari 討論到判定這些出現在她的圖錄和其他博物館藏的寶

2014, 25-26.奇觀或神物，尤其是出現在古希臘藝術中的， D'Angour 2011, 150-56. 論古代古典時期因極度寫實、彷彿有生命的雕像引發的強烈情緒反應，Marconi 2009. Liu 2011, 201-48. 古印度機械人傳說中的奇觀，Ali 2016.

34 Cohen 2002, 65-66. 參見Mori 1981 and 2012；Borody 2013, and see also Raghavan 1952. See Liu 2011, 243-46, 類似的中國古代故事可見於《列子傳》。

35 Pollitt 1990, 17；15-18可見荷馬對人造生命的描述。

36 O'Sullivan 2000. Aeschylus Theoroi；Euripides Eurystheus；Bremmer 2013, 10-11；Marconi 2009；Morris 1992, 217-37. Faraone 1992,37-38. Kris and Kurz 1979, 66-67. 古代藝術中對「新見事物的驚嚇感」，D'Angour 2011, 150-56.

第六章

1 Hesiod *Theogony* 507-616. *Works and Days* 42-105. 最後的劇作已失散；普羅米修斯在古代藝術及文學中的形象，見Gantz 1993, 1: 152-66; Glaser and Rossbach 2011; 普羅米修斯在現代藝術中的形象，Reid 1993, 2:923-37.

2 Hard 2004, 96. Raggio 1958, 45. Sappho frag. 207 (Servius on Virgil).

3 Simon 1992, quote 28; 從泥土的比喻到機械工程的比喻，Zarkadakis 2015, 29-34.

4 根據Aesop *Fables* 516,「普羅米修斯的黏土不是用水、而是用淚混成的。」其他普羅米修斯造人的來源，Menander and Philemon, per Raggio 1958, 46; Aristophanes *Birds* 686; Aesop *Fables* 515 and 530; Apollodorus *Library* 1.7.1; Callimachus frag. 1, 8, and 493; Aelian *On Animals* 1.53; Pausanias 10.4.4; Ovid *Metamorphoses* 1.82 and 1.363(Deucalion's Flood); Horace *Odes* 1.16.13-16; Propertius *Elegies* 3.5; Statius *Thebaid* 8.295; JuvenalSat. 14. 35; Lucian *Dialogi deorum* 1.1; Hyginus *Fabulae* 142; Oppian *Halieutica* 5.4; Suidias (Suda) s.v. Gigantiai. Enlivened by fire : Raggio 1958, 49 ; Dougherty 2006, 50, citing Servius commentary on Virgil *Eclogues* 6.42.

5 早期歐陸旅者造訪這個溝壑：十八世紀，Sir Willam Gell就紀錄現場有些石頭會散發出氣味；十九世紀，Colonel Leake發現這一對石頭並無明顯氣味；George Frazer注意到現場雖有紅土，但不見大石塊，見 Peter Levi's note 19 in vol. 1of 1979 Penguin edition of Pausanias.

6 比馬龍神話及古代對雕塑像的慾望，Hansen 2017, 171-75.

7 女形機械性人偶的佛教故事，Lane 1947, 41-42, and Kris and Kurz 1979, 69-70. Ambrosino 2017. Kang (2005)指出，比馬龍造出完美女型的故事當中的厭女情節，並與現代對於女形性愛械人的詮釋比較；後者不像遠古神話，大多不得善終。

8 Marshall (2017) 將《銀翼殺手》中的女性複製人與比馬龍的創造物相比。

9 有些對於Apollodorus Library 3.14.3.的解釋認為，比馬龍的象牙雕像生出了一子一女，名為Paphos和Matharme。《銀翼殺手2049》也讓複製人瑞秋生出一子一

出汗、流淚和流血的雕塑像。See also Poulsen 1945, 182-84; Donohue 1988; Cohen 1966, 26 n26; Felton 2001; Van Wees 2013.

20 關於藝術上爭論的矛盾之處，見Morris 1992, 240-56. Felton 2001, 79-80.

21 Berryman 2009, 27-28, 原文以斜體標示，「在做為一種規則的科技存在之前」，是「非常不可能」發展出「機械概念」的，22。在亞里斯多德時代之前發明出的真實機具列如投石機、投票機，和葡萄、橄欖榨汁機可能啟發了後續類似的機具。參見Francis 2009, 6-7.

22 論古希臘的創新與想像。D'Angour 2011, 139-42. Rogers and Stevens 2015.「在所有創造與發明的源頭裡，都藏有想像和夢想的能力」Forte 1988, 50; 發明需要「想像的努力」。

23 Simons 1992, 40. Francis 2009. "Where science fiction leads," paraphrasing " The next Frontier: When Thoughts Control Machines" 2018, 11.

24 論古代對雕像在美學及哲學上的反應， Steiner 2001. 論多位做出栩栩如生作品的希臘藝術家和雕塑家，見Pollitt 1990 前言。寫實雕像，Spivey 1995.

25 Haynes 2018. Pliny的描述，book 34-36.

26 Quintilian *Inst.* 12.7-9; Lucian *Philopseudes* 18-20; Felton 2001, 78 and n10.

27 例子見Pliny 34.19.59-35.36.71-96; 塗繪大理石，e.g., 35.40.133; 利用活人輪廓剪影而發明的陶像，35.44.151. On artistic *phantasias*，Pillott 1990, 222 and n2.

28 活人的石膏、黏土或蠟鑄模，Pliny 35.2.6, 35.43.151, and 35.44.153 (Konstam and Hoffmann 2004 錯誤地注為Pliny 36.44.153)。 Parrhasius, Seneca *Controversiers* 10.5. 參見對里亞切雕像精湛技藝的早期討論，Steiner 2001. Kris and Kurz 1979.

29 Blakely 2006, 141-44, 157. 公元前六世紀的米利都的泰利斯(Thales of Miletus)已知天然磁石的特性，磁力學也可見於中國古籍例如公元前四世紀的《鬼谷子》及公元前二世紀的《呂氏春秋》當中。

30 Lowe 2016,249, 267. 亞歷山卓成的希羅曾設計出一個空心的球和一個裝有水的密閉鍋子，以兩個空心管子連接，鍋底加熱使水沸騰成水蒸氣，由管子進入球中，而蒸氣會由球體兩旁噴出，使得球體轉動氣轉球，但這個設計並不適用於大型雕像；James and Thorpe 1994, 434; re-created by Kotsanas 2014,61. 當今的磁力懸浮或漂浮(例如磁浮列車)只能藉超強力的電磁技術達成。

31 Lowe 2016. 漂浮雕像之例，Rufinus, *Historia Ecclesiastica* ca. AD 550; Cedrenus, the Byzantine historian, ca. AD 1050, in *Synopsis Historion*; Nicephorus Callistus *Church History* 15.8. Stoneman 2008, 119, 261n38.

32 Claudian, " *De Magnete*," *Minor Poems* 29.22-51. Lowe 2016, 248n6.

33 恐怖谷效應最早是由日本機械人學家森政弘在一九七〇年因製造超寫實的義肢時受啟發而明確提出，Mori 1981 and 2012; Borody 2013 ; and see also Zarkadakis 2015, 68-73 ; Kang 2011, 22-24, 34-35, 41-43, 47-55, 207-20; Lin, Abney, and Bekey

4 Michaelis 1992. Ayrton 1967, 179-84. 埃爾敦現代風格的青銅機械人塔羅斯的塑像，矗立在英國劍橋的Guildghall Street.

5 蜂巢柱，Marconi 2009. 瓦羅的蜂窩猜想在二〇〇一年經黑爾斯證實。

6 Lane Fox 2009, 190.

7 貝殼與螞蟻：Zenobius *Cent.* 4.92; 亦見於索福克勒斯佚失的劇作 The Camicians, Athenaeus 3.32.

8 代達洛斯在西西里島的生平，Morris 1992, 193-210. Apollodorus *Epitome* 1.14-15 ; Herodotus 7.169-70. Diodorus Siculus 4.78-79 對這段故事稍有不同陳述。

9 Apollodorus *Library* 3.15.8 ; Diodorus Siculus 1.97, 4.76-77 ; Pliny 36.9; Pausanias 1.21.4; Ovid *Metamorphoses* 8.236; Plutarch *Theseus* 19. 這個雅典人塔羅斯有時又稱Kalos或 Perdix。有些版本說這個鋸齒鋸是以魚的脊骨為原型。代達洛斯在雅典，Morris 1992, 215-37; 摺疊椅，249-50; 塔羅斯之墳，260. 古時對代達洛斯之死未見描述。

10 Pseudo-Aristotle *On Marvelous Things Heard* 81; Stephanus of Byzantium s.v. Daedalus; Diodorus Siculus 1.97; Scylax *Periplus*; Pausanias 2.4.5 and 9.40.3. 代達洛斯的雕像，Donohue 1988, 179-83.

11 Bremmer 2013, 10-11. 古代有幾段敘述談及天神的塑像被綁住或鐐住。Lucian *Philopseudes* (2nd century BC) 就挖苦時人相信雕像會在夜裡甦生沐浴、唱歌、遊蕩，嚇阻竊賊；Felton 2001. 描繪建築上人物雕像甦生的瓶繪，Marconi 2009.

12 Morris 1992, 30-31, 221-25, 360.

13 蘇格拉底論代達洛斯，Morris, 1992, 234-37; 258-89 for the Attic deme Daedalidae; 代達洛斯在雅典，257-68. Kang 2011, 19-21. 蘇格拉底的陳述顯示人型機械在古代是被視為奴隸看待。參照 Walton 2015以柏拉圖的《理想國》為原型的烏托邦世界的科幻小說，當中的蘇格拉底發現，作為工具使用的機械奴工其實具有意識，而且渴望自由。

14 Bryson 2010; Lin 2015; "AI in Society: The Unexaimed Mind" 2018.

15 精液做為啟動胚胎的液體，Leroi 2014, 199. Quote, Berryman 2009,72.

16 Keyser and Irby-Massie 2008, s.v. Demokritos of Abdera, 235-36. Kris and Kurz 1979, 67-68. Leroi 2014, 79-80, 199-200; Kang 2011, 19-20 (錯誤地指稱亞里斯托德將雕像會動作歸因於水銀之故)，98, 117-18. Berryman 2009, 26, 37, 75; 指出亞里斯多德利用水銀的對比去批評原子論。Morris 1992, 224-25, 232-33; Donohue 1988, 165-66, 179-83; Steiner 2001, 118-19. Semen, Hersey 2009, 69-71, 100. 德謨克利特也研究了磁力，Blakely 2006, 141 and n24.

17 James and Thorpe 1994, 131. Ali 2016, 473.

18 Blakely 2006,16, 25, 159, 215-26.

19 Bremmer (2013) 回溯具備「自主能力」的雕像的歷史和遠古資料，13-15 談及會

Antica. De Puma 2013, 280. 帕西淮在中世紀和現代藝術中的形象，Reid 1993, 2:842-44.

25 帕西淮與米諾陶在古代文學與藝術中的形象，Gantz 1993, 1:260-61, 265-66. Woodford 2003, 137-39. 古代對此的解釋，Hawes 2014, 58, 126-27. 其他古代例如和馬或驢人獸交的例子，也可見於 Plutarch的 *Moralia, Parallel Stories* 29.

26 Gantz 1993, 1:261-64, 273-75.

27 古代斯堪地納維亞傳說講到鐵匠Wayland設計出驚人的武器，和其他神物，包括一件以真實的帶羽鳥皮製成的服裝，讓他可飛上天際，Cohen966, 18.

28 代達洛斯父子的遠古資料與藝術，Gantz 19931: 274-75; 在中世紀和現代藝術中的形象，Reid 1993, 1:586-93. 根據品達和其他詩人所述，據說第一間阿波羅神廟曾以蜂蠟和羽毛為建材。

29 Morris 1992, 193.

30 Etruscan buccheroolpe found at Cerveteri (Caere), ancient Etruria, Lane Fox 2009, 189. Boeotian Corinthianizing alabastron of ca. 570 BC, in Bonn. Etruscan bulla, Walters Art Museum, Baltimore, 57.371. Morris 1992, 194-96. Daedalus on Etruscan gems, Ambrosini 2014, 176-78, and figs. 1-15b.

31 藝術品中的代達洛斯和伊卡魯斯，Gantz 1993, 1:274; *LIMC* 3. 龐貝城「伊卡魯斯的墜落」壁畫，National Archaeological Museum of Naples. 關於一位建築師想出辦法靠飛離逃出囚禁流傳甚廣的故事主題，見 Kris and Kurz 1979, 87-88.

32 希臘喜劇中的飛行：D'Angour 1999. Keen 2015,106-19.

33 Stoneman 2008, 111-14. Aerts 2014, 27.

34 Stoneman 2008, 114-19. 亞歷山大在中世紀的飛天形象，Schmidt 1995.

35 Needham and Wang 1965, 587-88.

36 *Classic of Mountain and Seas*, Birrell 1999, 256.

37 載於彙編於一〇八四年、紀錄公元前四〇三年至公元九五九年的歷史的《資治通鑑》。其他的人力飛行故事，Cohen 1966, 95-96. 見本書第九章的紙鳶處刑。

38 談及代達洛斯飛行的有 Apollodorus *Epitome* 1.12-15; Strabo 14.1.19; Lucian *Gallus* 23; Arrian *Anabasis* 7.20.5; Diodorus Siculus 4.77; Ovid *Metamorphoses* 8.183, *Heroides* 4, *Ars Amatoria* 2, *Tristia* 3.4; Hyginus *Fabulae* 40, Virgil *Aeneid* 6.14. McFadden 1988.

第五章

1 代達洛斯與薩丁尼亞，Morris 1992, 202-3. 207-9; Diodorus Siculus 4:30; Pausanias 10.17.4. 工具，Vulpio 2012. 努拉吉的鐵質圓規現存Sanna Museum, Sassari, Sardinia.

2 Diodorus Siculus 4.78. 代達洛斯的所有發明，見Morris 1992.

3 Blakemore 1980.

Hawes 2014, 140-41, 146.

11 Mayor 2016.

12 Mayor 2009, 193-94; Stoneman 2008, 77; Aerts 2014, 255.

13 Mayor 2009, 235-36, fig.39, 亞歷山大大帝的噴火鐵騎和輪上戰馬，見菲爾多西的《列王記》手稿關於AD1330-40, Sackler Museum, Harvard University.

14 有趣的是，菲爾多西的史詩中也描述了一座由機械人弓箭手防衛的城堡。之後一幅十六世紀的圖繪手稿，就畫出了從城牆上朝來犯的敵軍射出箭矢的機械人；Shahnama by Firdowsi, Moghul, 16th century illustrated MS 607, fol.12v Musée Condé, Chantilly, France.

15 Cusack 2008, on Talos, Nuada, Freyja, and the Hindu Savitr.

16 *Rig Veda* 1.13, 1.116-18. 10.39. 義肢科技，Zarkadakis 2015, 79-81.

17 這些和隨後考古發現的義肢實例，見 Nostrand 2015.

18 James and Thorpe 1994, 36-37. 埃及腳趾，Voon 2017. Nostrand 2015. Mori 2012; Borody 2013.

19 Cohen 1966,16-18. Morris 1992, 17-35, 244-50; Hawes 2014, 49-53, 207-12;「發明第一人」, 59-60, 109, 120-21, 210-11, 230-31. 第一個「英雄」發明者, Kris and Kurz 1981;「工匠原形」, Nerryman 2009, 26. Lane Fox 2009, 186-91. 代達洛斯作品的古代資料，Pollitt 1990, 13-15. 《山海經》內的古中國神話點出了幾位發明之神與文化英雄，例如最先給動物套上挽具拉動車子的軒轅，以木造車的吉光，以及發明之神巧倕，Birrell 1999, 205, 220, 239, 256.

20 Apollodorus *Library* 3.15.1; Antoninus Liberalis *Transformations* 41.

21 *Spy in the Wild*, BBC-PBS Nature miniseries, 2017 就呈現出三十多種內建攝影機、可暗中觀察自然界動物的電子生物。這些動物接受、也會和這些電子生物互動，甚至會哀悼其「死亡」。騙過人類和動物的古時工藝品，見 Morris 1992, 232, 246.Spivey 1995.

22 色情片與機械人，Kang 2011, 108, 138-39, 165-66; Lin, Abney, and Bekey 2014, 58, 223-248.; Higley 1997. Morris 1992, 246論與寫實的塑像的性互動；參見 Hersey 2009 and Wood 2002, 138-39.

23 這則神話的來源包含 Palaephatus 2 and 12; Apollodorus *Library* 3.1.3-4; Hyginus *Fabulae* 40; Hesiod frag.145 MW; Bacchylides 26; Euripides已失散的劇作 *The Cretans*; Sophocles已失散的劇作*Minos*; Isocrates 10 *Helen* 27; Diodorus Siculus 4.77; Ovid *Metamorphoses* 8.131-33 and 9.736-40; Ovid *Ars Amatoria1*.289-326.

24 "Relief skyphos with Pasiphae, Daedalus, and the Heifer," Los Angeles Museum of Art, AC1992.152.15; Roman mosaic floors, House of Poseidon, 2nd century AD. Zeugma Mosaic Museum, Gaziantep, Turkey; 3rd century AD, Lugo, Spain; Roman frescoes, 1st century AD, in Herculaneum and in Pompeii's House of the Vettii and Casa della Caccia

nursing home."

28 《銀翼殺手》中的複製人在能變成真人之前，已先死去，Raphael 2015. Talos, Buxton 2013, 78. 古希臘人對於活得太久的看法，可從伊底帕斯和海克力士等神話人物中發現，以及莎士比亞筆下的馬克白和李爾王，見Wilson 2004,2, 207nn2-3, 214.

第四章

1 柏拉圖的傳說及前蘇格拉底的書寫，Gantz 1993, 1:166. Plato *Protagoras* 320d-321e. 這個辭源來自柏拉圖，在古為人接受。某些遠古傳說認為造出首批人類和動物的是普羅米修斯，見本書第六章及Tassinari 1992, 61-62, 78-80.

2 Rogers and Stevens 2015, 1-3. 論「人體增強科技」，見 Lin 2012 sand 2015. Martinho-Truswell 2018 指出有許多生物會使用工具，但當中只有人類會讓工具自動化，而這樣的企圖最早可溯及投石器和弓矛。

3 古代神話和歷史中的義肢：James and Thorpe 1994, 36-37: La-Grandeur 2013. Zarkadakis 2015, 79-82.

4 Lin 2012; Patrick Lin is director Ethics + Emerging Sciences Group, California Polytechnic State University. 歷來宗教對於人體能力增強和機械人的顧慮: Simon 1992, 28-32.

5 古代科技，Brunschwig and Lloyd 2000, 486-94.

6 Gantz 1993, 1:359-63. 後世作家接受美蒂亞從普羅米修斯肝臟所流出的血收集靈液的說法: Propertius *Elegies* 1.12; Seneca Medea 705; Valerius Flaccus *Argonautica* 7.352. 被天神殺害的遠古巨人們所流的血滲進了土壤內，形成散發惡臭的水泉，Strabo 6.3.5.當中曾提及如此說法。

7 Apollonius, *Argonautica* 3.835-69; 3.1026-45; 3.1246-83. Pindar, *Pythian* 4.220-42. 索福克勒斯在劇作*Colchides*中，誇大了埃厄特斯王派給伊阿宋的任務，這可能是Apollonius的素材來源，Gantz 1993; 1:358-61.

8 Zarkadakis 2015, 79-82. Harari 2017, 289-91. 見Lin 2012, 2015; 關於「超級士兵」和網路武器，以及作戰者透過藥物或科技強化人體能力的道德問題，一系列報導及文章可見於 Ethics + Emerging Sciences Group, http://ethics.calpoly.edu/he.html. 對於類神經電腦刪除記憶可能危及精神的完整性和認知自由的研究，見Ineca and Andorno 2017.

9 噴火銅牛的段落亦可見於 Pindar Pythian 4.224-50. (ca. 462 BC), Shapiro 1994, 94-96.

10 Apollonius Argonautica 3.401-21; 3.492-535; 3.1035-62; 3.1170-1407. Godwin 1876, 41. 這個戰術也在底比斯中救了英雄Cadmus一命。在神話中，他朝著一群從另一頭龍的龍牙萌生而出的地生人(Spartoi)當中丟擲石塊。對於地生人的解釋，見

13 Homer, *Odysses* 24.5.

14 Stoneman 2008, 152-53.

15 Gantz 1993, 1:154-56. Apollodorus *Library* 1.7,0.5.4. Hard 2004, 271. Kaplan 2015, 24-28. Simons 1992, 27. Hyginus(*Astronomica* 2.15)說這個懲罰持續了三萬年，它處則說三十年。Strabo(11.5.5) 則說是一千年。肝臟的再生也反映在中國古代傳說中的神物「太歲」，太歲「聚肉形，如牛肝。食之無盡，尋復更生如故。」，Birrell 1999, 237.

16 Heracles and the Hydra, Hard 2004, 258. Mayor 2009, 41-49.

17 Hansen 2002, 36-38. Felton 2001, 83-84.

18 Sisyphus: Apollodorus *Library* 1.9.3.-5 and Frazer's note 3, Loeb ed., pp. 78-79; Homer *Odyssey* 11.593-600; scholiasts on Homer *Iliad* 1.180 and 6.153; Pherecydes *FGrH3* F 119.

19 *Homeric Hymn to Aphrodite* 218-38; Apollodorus *Library* 3.12.4 and Frazer's note4, Loeb ed., pp.43-44. 因為蟬蛻，蟬在古代常被與回春和永生連結在一起。古典藝術與文學中的提托諾斯與厄俄斯，Gantz 1993, 1:36-37. Woodford 2003, 60-61. Lefkowitz 2003, 38-39.

20 Hansen 2004, 222, 273. Cohen 1966, 15, 16,24.

21 Hansen 2004, 269-73. *Homeric Hymn to Aphrodite* 239-48.

22 中古世紀和現代藝術中的提托諾斯與厄俄斯，Reid 1993, 1:386-88.

23 莎弗的提托諾斯之詩，West 2005, 1-9. D'Angour (2003) 以畢達哥拉斯的看法談赫拉斯的頌歌。丁尼生的提托諾斯詩作，Wilson 2004, 214n78. 無齡永生是所有烏托邦傳說共通的永恆主題，Stoneman 2008, 99-100; 153-54. De Grey 2008 and 2007. 在普曼的《黑暗元素》三部曲(*His Dark Materials* trilogy1995, 1997, 2000)最終部中，神最後原來是「啾啾的鬼魂」。

24 Leroi 2014, 260-65. Friend 2017, 禁慾與延壽之間的關聯。Elysium這個營養補級品是以神話中英雄死後所居的世界為名，保證能為人「延壽」: http://www.fastcompany.com/3041800/one-of-the-worlds-top-aging-researchers-has-a-pill-to-keep-you-feeling-young.

25 「為生所棄」，Woodford 2003, 60. 關於古時與現代對於科技文化威脅「人類的生存」和「人性」的焦慮感，Cusack 2008, 232.

26 Cave 2012. Friend 2017. Harari 2017, 21-43. 佛教的超人類主義，Mori 2012; Borody 2013. 人類壽命的極限為何？科學家對此爭論不已，有些人發現，在現代的科技之助下，人類壽命最多可達一百一十五年至一百二十年：Zimmer 2016.

27 "The disposable soma" springs the "trap of Tithonus"; "Cheating Death" 2016 and "Longevity" 2016. Liu 2011, 242-43. Richardson 2013. Kaplan 2015, 68-73. Cave 2012, 64-71. Friend 2017, 56-57; de Grey 2007, 8 and 379n2; de Grey 2008, "global

Heraclidae.

16 Ovid Metamorphoses 7.171-78; Newsland 1997, 186-87. In Homer's *Odyssey* 7.259, 寧芙向奧德賽提出要讓他永生的說法，懷疑論者Heraclitius認為「不合理」：Hawes 2014, 96. 故事見本書第三章。

17 Chiron, Apollodorus *Library* 2.5.4.

18 Dioscuri, Apollodorus *Library* 3.11.2.

第三章

1 Mayor 2006. "Cheating Death" 2016. Raphael 2015, 192-93. Boissoneault 2017. 《銀翼殺手》大略改編自Philip K. Dick 一九六八年所著的科幻小說*Do Androids Dream of Electric Sheep?* 在Jo Walton時間設定在古代的科幻小說*The Just City*(2015)中，懲處機械人奴隸的方式，就是消除他們的記憶。在廣受喜愛的電視劇Westworld (HBO, 2016首演）中，機械人的記憶會每天清除。

2 Lefkowitz 2003, 90-91. Reeve 2017. Rogers and Stevens 2015, 221-22.

3 亞里斯多德(*On the Soul* 2.2.413a21-25)定義的生物，是能攝取養分（最小公分母），以及變化（植物），有動作、動機、欲望和覺知的能力（動物）；至於人類，還要再加上思考能力。對亞里斯多德而言，動植物會變化，但人造生命體不會。Steiner 2001, 95赫菲斯托斯便是少數例外，他瘸腿而且需要工作；見本書第七章。

4 泰坦人普羅米修斯是例外，他幫助人類是高度風險之舉，而他的永生不死狀態會是懲罰的一部分。John Gray所著之*Soul of the Marionette* (2015)從靈知派的觀點探索人類的自由和長生不死。

5 Cave 2012, 6-7, 202, 205-9. 吉爾伽美實與長生不死, Eliade 1967. 亞馬遜人英勇戰死, Mayor 2014, 28-29.

6 Colarusso 2016,11.

7 Hansen 2002, 387-89. 人壽一百二十年，Zimmer 2016.

8 Pindar cited by Pausanias 9.22.7; Plato *Republic* 611d; Ovid *Metamorphoses* 13.904-65. Palaephatus 27 *Glaukos of the Sea.* Glaukos, Hyginus *Fabulae* 136; Apollodorus Library 3.3.1-2.

9 *Alexander Romance* traditions, Stoneman 2008, 94, 98-100, 146-47; 150-69. Aerts 2014, 498, 521.

10 In the *Classic of Mountain and Sea*(《山海經》), Birrell 1999, 241

11 汞蒸氣會致命，但食用攝取體內不會。Qin Shi Huang(秦始皇）: Kaplan 2015, 53-59; Cooper1990, 13-28; 44-45.

12 亞歷山大大帝引用荷馬*Iliad* 5.340.這段故事出現在Plutarch *Moralia* 341b, *Moralia* 180e, 以及Plutarch *Alexander* 28等。Buxton 2013, 95-96.

雷法托斯和其年代，見31-91 及227-38. 亞里斯多德論新陳代謝、老化和壽命長度，Leroi 2014, 260-65.

4 Ovid Metamorphoses 7.159-293; Claus and Johnston 1997, 33-34; Godwin 1876, 41; Newsland 1997, 186-92. 只有水銀會蝕壞黃金。MALUF 1954. 互換輸血對患有鐮狀細胞性貧血和其他血液疾病的新生兒是救命療程。為較老舊的身體輸入較年輕的血液的血液互換實驗，Friend 2017, 60-61. 較老齡的老鼠組織會在換血後回春，但年輕老鼠的老化速度會加快。

5 法老王普薩美提克飲下公牛血自盡，Herodorus 3.15.4; Plutarch *Themistocles* 31; and Midas, see Strabo 1.3.21. Stormorken 1957.

6 見 "Ruse of the Talismanic Statue," Faraone 1992, 100-104.

7 Faraone 1992, 100.

8 引自Diodorus Siculus 4.50-52; 其他來源包括Pindar *Pythian* 4.138-67; 4.249-50; Apollonius of Rhodes *Argonautica* 4.241-43; Apollodorus *Library* 1.9.27-28; Ovid *Metamorphoses* 7.159-351; Pausanias 8.11.2-3; Hyginus *Fabulae* 21-24. 歐里庇德斯公元前四五五年、現已佚失的劇作Peliades 戲劇化了這段神話。Gantz 1993, 1:365-68. 美蒂亞的易容變形反映著天界女神使用神酒做為回春油膏，Homer *Iliad* 14.170 and Odyssey 18.188.

9 Diodorus Siculus (4.52.2)認為，美蒂亞催眠了國王的女兒，製造出羔羊從鍋釜中生出的幻象。

10 這例子包括一件大約公元前六三〇年的特拉斯坎古瓶，上面就刻有標名為Metaia的美蒂亞形象，布凱羅黑陶瓶，Caere(Cerveteri), Museo Archeologico Nazionale inv. 110976; de Grummond 2006, 4-6 and fig.1.7. 兩只武爾奇的黑陶瓶繪有美蒂亞與釜中公羊圖樣，現存大英博物館，B221及B238；另一只Leagros Group 的黑陶瓶也有類似圖案，現存於Havard University Art MUseum, 1960, 315.

11 Red-figure krater in Boston Museum of Fine Arts, 1970.567; red-figure vase from Vulci, ca. 470BC, British Museum E163. Woodford 2003, 80-83, fig. 54, red-figure cup, 400BC, Vatican Museum.

12 桃莉羊是由Roslin Institute, University of Edinburgh複製自一顆成羊的細胞。這個計劃中的其他羊隻和桃莉羊死於致命的接觸性病毒感染，但二〇一六年Sinclair等人進行的桃莉羊遺骨(存於National Museum of Scotland)研究，並未在羊骨上找到早衰的證據。http://www.roslin.ed.ac.uk/public-interest/dolly-the-sheep/a-life-of-dolly/.

13 佛教對於複製生命體和複製的看法，見Han 2017, 67.

14 Apollodorus *Epitome* 5.5; 旁注論Aopllonius *Argonautica* 4.815. 美蒂亞企圖自盡 *Argonautica* 3.800-815.

15 論永生的企圖，Hansen 2004, 271-73. Iolaus: Pindar Pythian 9.137; Euripides

38 據信放血對多種病痛具有治療之效。Hippocrates *On the Nature of Man* 11; Aristotle *History of Animals* 512b 12-26. 羅浮宮館藏中、公元前四八〇年的芳油瓶(Peytal Aryballos)上便可見放血的描繪。Buxton 2013, 93. 塔羅斯的弱點位在腳踝，與像是阿基里斯的踵部和伊底帕斯瘸腳的腳部弱點比喻一致。

39 Plutarch *Moralia* 5.7. 680C-83B; Dickie 1990 and 1991; Apollonius (Hunter trans.) 2015, 6, 302. 論青銅像與邪眼，Weinryb 2016, 131-33. 塗繪與鑲嵌的寫實青銅塑像，Brinkmann and Wuensche 2007.

40 Truitt 2015a and b. Kang 2011, 22-25, 65-66. Buxton 2013, 74. Gray 2015. 潘朵拉的「中間狀態」見第八章及Francis 2009, 14-15. 在某種意義上，塔羅斯可說具有「勉強的」或第一類互動人工智慧。「恐怖谷」效果和寫實的人造生命體，見第五章及Lin , Abney, and Bekey 2014, 25-26.

41 Newman 2014. 塔羅斯神話做為可信的古代防禦系統，讓思科系統公司(Cisco System)自二〇〇八年開始維護的「全年無休偵測並抵禦網路犯罪攻擊」、「世上最大的保全智慧中心」即以塔羅斯為名。http://www.talosintelligence.com/about/.

42 Kang 2011, 65. 論現代人對於以人工智慧取代人類判斷的道德顧慮，見Bhorat 2017. Lin 2015; Lin, Abney, and Bekey 2014, 53, 60.及 本書第四、五章。感謝Norton Wise 對這些問題的寶貴建議。史賓賽的鐵騎士塔路思乃以神話中的塔羅斯為原型，但有部分也可能參考了達文西設計身著中古世紀沉重盔甲、以滑輪、曲柄、齒輪和槓桿驅動的機械武士(約一四九五年)。

43 古波斯的「電池」見第九章。Ambrosino 2017. Shtulman 2017, 53-56.

44 Tenn 1958. 塔羅斯是一種「原始的國土警報系統」，Mendelsohn 2015.

45 Garten and Dean 1982, 118. 塔羅斯導彈在一九八〇年除役。在海瑞豪森的一九六三年的電影中預設的塔羅斯，同樣結合了「肌肉」與「大腦」。Winkler 2007, 462-63.

46 打造軍用機械人的歷史，見Jacobsen 2015 and Tyagi 2018. Nissenbaum 2014. SOCOM TALOS計畫在二〇一七年十二月更新了官方名稱。

第二章

1 Ovid *Metamorphoses* 7.159-293.

2 *Nostoi* frag. 7, 及索福克勒斯已佚失的劇作中美蒂亞對付珀利阿斯的計謀，見Rhizotomoi," Root-Cutters" 見 Gantz 1993, 1:191, 367; 有些敘述指稱美蒂亞將埃宋置於滾沸的甕中。Godwin 1876, 41.

3 據歐里庇德斯劇作《美蒂亞》的旁注，埃斯庫羅斯劇中美蒂亞的回春計策，見Denys Page, ed., *Euripides, Medea* (Oxford, 1938). Diodorus Siculus 4.78 論代達洛斯發明的蒸氣浴之回春療效。新科技通常是一場誤會，Hawes 2014, 59-60; 論帕

puppets, 358. 赫菲斯托斯所造的機具是「由神力所驅動」，而非科技，而天神不使用科技，Berryman 2009, 25-26 (此處略過未提塔羅斯)。參照 Kang 2011, 6-7 and311n7.但請見De Groot 2008 and Morris 1992 談及古代文學及藝術中有可信的證據，顯示想像中天神確實會利用科技及工具，當中便包含自動的物體。在「發展完備的自動機械」具體出現之前，可能就已有在「機械學上」堪稱類比的相似之物。

24 Bosak-Schroeder 2016,123, 132. Cf. Berryman 2009, 22, 認為「機械概念」在機械發展出來之前是古人無法想像的，這乃是「規則」。對照Martinho-Truswell 2018 論史前發明， Francis 2009; 弓箭、投石器、投票機，以及用於葡萄榨汁的實際機具。

25 定義，Truitt 2015a, 2. 古希臘人型機械是「自動的」，Aristotle *Movement of Animals* 701b.

26 這段引用出自Berryman 2007, 36; 亞里斯多德論自然與非自然的生命，36-39.

27 Truitt 2015b, 論Cohen 1963.

28 潘朵拉、塔羅斯、黃金女僕，以及其他人型機械的神話，「讓這些模擬物，這些人造人有別於有機、自然生命體的」，未必是其身體組成的「機械」特質。「在這些神話中，人造生命」是以與「凡人工匠用來製造工具、建築、和工藝作品」及雕塑像的「相同材料」和方法造成。現在的機器人，功能有「勞務、防衛、性」。Raphael 2015。見 Berryman 2009, 49 and n119, techne 譯意為技術、科技會比藝術好。

29 金屬鑄造和魔法之間的常見連結：Blakely 2006; Truitt 2015b; Truitt 2015a, 防衛邊界, 62-63; Faraone 1992, 19 and 29n11, 18-35. Weinryb 2016, 109, 128-34.

30 Blakely 2006,81, 209. Weinryb 2016, 153, 53-54, 154-56. Clarke 1973, 14, 21,36.

31 論古希臘人相信雕像的自主能力，Bremmer 2013.

32 Blakely 2006, 210-12.

33 Cook 1914, 1: 723-24; Buxton 2013, 86-87; Weinryb 2016, 4-7, 14, 44-52.

34 脫蠟法製程：Mattusch 1975; Hodges 1970, 127-29. 利用蠟和黏土模型的青銅工法，Heimingway and Heimingway 2003. 木質內範，見第六章。以人體翻模鑄造的寫實青銅像，見第五章及Konstam and Hoffmann 2004.

35 Raphael 2015, 187. Berryman 2009, 27. Mayor 2007; Mayor 2016.

36 Apollonius (Hunter trans.) 2015, 300; Raphael 2015, 183-84. 亞里斯多德論人型機械、人偶、生物學、生理學和機械學，Leroi 2014, 172-73, 199-202. De Groot 2008.

37 靈液：Homer *Iliad* 5.364-82. 「塔羅斯血管內流的其實是靈液，而非血液」，儘管我們「或許無須太過細究塔羅斯體內究竟流的是什麼，」notes R.Hunter trans., *Apollonius* 2015, 189, 300, 304. 神話和醫學文論中的靈液，Buxton 2013, 94-96.

12 在阿波羅多羅斯(Library 1.9.26)提及的一段故事中，阿爾戈英雄中的波伊阿斯(Poeas)射箭擊中塔羅斯的腳踝，這讓人聯想到神話中遭毒箭射中踵部弱點而死的阿基里斯。執石巨人是古代神話和藝術中常見的主題。另有一說認為塔羅斯是一隻青銅公牛，這或許是把他和被諾斯王關在克里特島上迷宮的牛頭人身怪物米諾陶混淆了(見第四章)。科諾索斯錢幣上可見米諾陶在拋擲石塊，而有些斐斯托的塔羅斯錢幣反面則有一頭公牛。

13 Ganz 1993, 1:365. Robertson 1977. 塔羅斯的眼淚，見Buxton 2013, 82 and fig.3 caption. 在紅陶瓶圖像中，金屬的器物或雕塑像常繪成白色，例如，有幾幅表現尼俄伯化為石頭的圖象，就將這位女子的部分身軀以白色呈現(編按：尼俄伯因為屢屢吹噓其子女，後遭阿波羅所盡殺其子女，悲痛欲絕因而化為石頭)。另一個值得注意的細節是一只巨爵頂部的飾帶圖案，也以白色表現鐵匠的鉗子，見fig. 7.4,7.5 ，以及fig. 8.7中描繪同為赫菲斯托斯所造的潘朵拉的飾帶圖案上相似的設計。

14 Robertson 1977, 158-59. Buxton 2013, 81 and figs.4-6.

15 Carpino 2003, 35-41, 87, quote 41. 美蒂亞及以特拉斯坎版本的希臘神話，de Grummond 2006, 4-5.

16 Gantz 1993, 1:341-65, 論塔羅斯的藝術及文學資料來源；Apollonius *Argonautica* 4.1638-88; Simoniderfr. 568 PMG; Apollodorus*Library* 1.9.26 and J. Frazer's note 1; 1.140; Photius*Bibliotheca* ed. Bekker, p.443b, lines22-25; Zenobius*Cent*.v.85; Eustathius scholiast on Odyssey 20.302. 關於神界的機械，本書第七章有討論。

17 Faraone 1992, 41. Quotes, Hallager 1985, 14, 16-21, 22-25. Cline 2010, 352, 523. 關於紋章上這座城市的圖片，可見 Chania museum of Archaeology, Crete, see CMS VS1A 142 at Arachne.uni-koeln.de.

18 Shapiro 1994, 94-98, on the lost *Argonautica* epic cycle.

19 Simoniderfr. 204 PMG; scholion to Plato Rep. 337a. Blakely 2006.223. Sardinia and Crete, Morris 1992, 203. 伊特拉斯坎人與努拉吉薩丁尼亞人的連結，可見http://www.ansamed.info/ansamed/en/news/sections/culture/2018/01/08/etruscan-settlement-found-in-sardinia-for-first-time_288c45c9-9ae3-4b5e-ab8d-cb9bf654b775.html

20 對拉斯忒呂戈涅斯人的描述可於Apollodorus*Epitome* 7.13；Thucydides 6.2.1; Hyginus Fabulae125; Ovid Metamorphoses 14.233; Strabo 1.2.9. 有一對現存於梵蒂岡美術館、約是公元前五十至四十年間的繪畫，就將拉斯忒呂戈涅斯人描繪成對著奧德賽的水手拋擲巨石、銅色身軀的巨人。Paratico 2014.

21 Kang 2011, 15-16, 19, 21, 312nn1-3.

22 Weinryb 2016, 154.

23 天神不使用科技；塔羅斯是「生物」而非機械人，因為機械人必須有一套「內在的機械系統」，Berryman 2003, 352-53; Aristotle on automaton " self-moving"

注釋

第一章

1 Apollonius *Argonautica* 4.1635-88; Apollonius (Hunter trans.) 2015, 6, 298-304. 「依其意志而動作」的希臘字最早是出現在荷馬的《伊利亞德》5.749及18.371-80段落，描述赫菲斯托斯為諸神所造、能自動開啟的門扉及帶輪的自動三腳鼎；參見第七章。金獵犬與金箭矢，Ovid *Metamorphoses* 7.661-862

2 對於古代「組造而成，以自行動作」的「機械人」及「自動機器」，其「滑溜不定」的定義，可見本書末的名詞釋義；參見Bosak-Schroder (2016,123, 130-31)，他認為古希臘文學當中最早的自動機械物件，原本只是單純因為魔法使然，而後才有了機動的生命。人類希望工具能自動完成任務，無須人持續施用，而且希望打造出這種自動工具的想法，其實非常古老，始自石器時代的投槍器(atlatl)和弓、矢。箭矢一旦上弦、瞄準目標，射出之後，「弓能讓矛頭射得更遠、更直，而且較人類肌肉所及的更穩定」，Martinho-Truswell如此表示。

3 古典主義者如何看待海瑞豪森的塔羅斯形象，可見Winkler 2007, 462-63.

4 Hesiod *Works and Days* 143-60. 在赫希俄德的詩中，「青銅時代」是出現在鐵器時代人類之前、尚武好戰的青銅時代之人。詩人阿波羅尼奧斯想像，那時代的人類都是青銅之身。Gantz 1993, 1:153. 古雅典城內有一位傳奇的發明者，亦名塔羅斯，見本書第五章；塔羅斯的各種身世譜系，見 Buxton 2013, 77-79.

5 古時的柯爾基斯王國所在，即是目前的喬治亞共和國。「美蒂亞之油」*Sudas*. v.Medea.

6 Apollodorus*Library* 1.9.26; Apollonius *Argonautica* 3.400-1339.

7 美蒂亞的謀略計策，見Pindar *Pythian* 4.

8 另一種版本的美蒂亞、她與伊阿宋和阿爾戈英雄的關係，見DiodorusSiculus 4.45-48. 關於神話英雄和怪物腳部弱點的主題，見 Buxton 2013, 88-94.

9 羅德島的巨人像，Pliny 34.18; Strabo 14.2.5 N.F. Rieger in Ceccerelli 2004, 69-86. 羅德島在數世紀之前也以其「活雕像」聞名，見本書第五與第九章。

10 大眾何以認為機械和人工智慧有生命，見Bryson and Kime 2011; Shtulman 2017,138; Zarkadakis 2015-19-23, 25-27. 人與機械互動當中的信任與同理，見Darling, Nandy, and Breazeal 2015; Lin, Abney, and Bekey 2014, 25-26; 及 Lin, Jenkins, and Abney 2017, chapter 7-12. 當「思想機械表現出對於自身消亡的焦慮」，這「絕對是一種「意識」的跡象」; Mendelsohn 2015. 人工智慧會被欺騙嗎？見Reynolds 2017.

11 Sophocles Daedalus fr.160, 161 R. Winkler 2007. 463.

Walker, Casey, ed. 2000. *Made Not Born: The Troubling World of Biotechnology*. San Francisco: Sierra Club Book.

Walton, Jo. 2015. *The Just City*. Bk. 1 of the trilogy Thessaly. New York: Tor Books.

Wang, Michelle. 2016. "Early Chinese Buddhist Sculptures as Animate Bodies and Living Presences." *Ars Orientalis* 46:13-38.

Weiner, Jesse. 2015. "Lucretius, Lucan, and Mary Shelley's *Frankenstein*." In Rogers and Stevens 2015, 46-74.

Weinryb, Ittai. 2016. *The Bronze Object in the Middle Ages*. Cambridge: Cambridge University Press.

West, Martin, L. 2005. "The New Sappho." *Zeitschrift fürPapyrologie und Epigraphik* 151:1-9.

Wilson, Emily. 2004. *Mocked with Death: Tragic Overliving from Sophocles to Milton*. Baltimore: Johns Hopkins University Press.

Winkler, Martin. 2007. "Greek Myth on the Screen." In *Cambridge Companion to Greek Mythology*, ed. Roger Woodard, 453-79. Cambridge University Press.

Wood, Gaby. 2002. *Edison's Eve: A Magical History of the Quest for Mechanical Life*. New York: Anchor Books.

Woodcroft, Bennett, ed. and trans. 1851. *The Pneumatics of Hero of Alexandria*. London: Taylor Walton and Maberly.

Woodford, Susan. 2003. *Images of Myths in Classical Antiquity*. Cambridge: Cambridge University Press.

Wosk, Julie. 2015. *My Fair Ladies: Female Robots, Androids, and other Artificial Eves*. New Brunswick, NJ: Rutgers University Press.

Yan, Hong-Sen, and Marco Ceccarelli, eds. 2009. *International Symposium on History of Machines and Mechanisms*. New York: Springer Science + Business Media.

Zarkadakis, Geroge. 2015. *In Our Image: Savior or Destroyer? The History and Future of Artificial Intelligence*. New York: Pegasus.

Zielinski, Siegfried, and Peter Weibel, eds. 2015. *Allah's Automata: Artifacts of the Arab-Islamic Renaissance* (800-1200). Karlsruhe: ZKM.

Zimmer, Carl. 2016. " What's the Longest a Person Can Live?" *New York Times*, October 5. https://www.nytimes.com/2016/10/06/science/maximum-lif-span-study.html?_r=0

Sinclai, K.D. et.al 2016. "Healthy Aging of Cloned Sheep." *Nature Communications* 7. https://www.nature.com/articles/ncommons12359.

Sladek, John. 1983. *Tik-Tok*. London: Corgi.

Spier, Jeffrey. 1992. *Ancient Gems and Finger Rings: Catalogue of the Collection*. Malibu, CA: J.Paul Getty Museum Publication.

Spivey, Nigel, 1995. "Bionic Statues." In *The Greek World*, ed. Anton Powell, 442-59. London: Routledge.

Steiner, Deborah. 2001. *Images in Mind: Statues in Archaic and Classical Greek Literature and Thought*. Princeton, NJ: Princeton University Press.

Stoneman, Richard. 2008. *Alexander the Great: A Life in Legend*. New Haven, CT: Yal University Press.

Stormorken, H. 1957. " Soecies Differences of Clotting Factors in Ox, Dog, Horse, and Man." *Acta Physiologica* 41:301-24.

Strong, John S. 2004. *Relic of Buddha*. Princeton, NJ: Princeton University Press.

Summerville, Adam et al. 2017. "Procedural Content Generation via Machine Learning (PCGML)." *arXiv preprint arXiv*: 1702.005.6,1-15. https://arxiv.org/pdf/1702.00539.pdf.

Tanz, Jason. 2016. "The End of Code." *Wired*, June,72-79.

Tassinari, Gabriella. 1992. "La raffigurazione de Prometeo creatore nella glittica romana. " *Xenia Antiqua* 1:61-116.

____.1996."Un bassorilievo del Thorvaldsen: Minerva Prometeo." *Analecta Romana Instituti Danici* 23:147-76.

Tenn, William. 1958. " There Robots among Us." *Popular Electronics*, December, 45-46.

Truitt, E.R. 2015a. *Medieval Robots: Mechanism, Magic, Nature, and Art*. Philadelphia: University of Pennsylvania Press.

____.2015b."Mysticism and Machines." *History Today* 65, 7 (July).

Tyagi, Arjun. 2018. "Augmented Soldier: Ethical, Social and Legal Perspective." *Indian Defence Review*, February 1 http://www.indiandefencereview.com/spotlights/augmented-soldier-ethical-social-legal-perspective/.

Vallianatos, Evaggelos. 2017. "The Shield of Achilles." *Huffington Post*, September 15.

Van Wees, Hans. 2013. "A Brief History of Tears." In *When Men Were Men*, ed. L. Foxhall and J.Salmon, 110-53. London: Routledge.

Voon, Claire. 2017. "The Sophisticated Design of a 3,0000 Year-Old-Wood Toe." *Hyperallergic*. https://hyperallegic.com/387047/the-sophisticated-design-of-a-3000-year-old-wood-toe/.

Vulpio, Carlo. 2012. "Il misterodei giganti. " *Corriere della serra* (Milan), September.

In Rogers and Stevens 2015, 176-96.
Rave, Maarten Jan. 1983. *Wax in Egyptian Magic and Symbolism*. Leiden: RMO.
Reeder, Ellen. 1995. *Pandora: Women in Classical Greece*. Baltimore: Walters Art Museum.
Reeve, C.D.C. 2017. " Sex and Death in Homer: Unveiling the Erotic Mysteries at the Heart of the Odyssey." *Aeon*, February 16. https://aeon.co/essays/unveiling-the-erotic-mysteries-at-the-heart-of-homers-odyssey/.
Reid, Jane Davidson. 1993. *Classical Mythology in the Arts, 1300s-1990s*. 2 vols. Oxford: Oxford University Press.
Reynolds, Matt. 2017. " Peering Inside an AI's Brain Will Help Us to Trust Its Decisions." *New Scientist*, July 3. Eee.newscientist.com/article/2139396-peering-inside-an-ais-brain-will-help-us-trust-its-decisions/.
Richardson, Arlan. 2013. "Rapamycin, Anti-Aging, and Avoiding the Fate of Tithonus." *Journal of Clinical Investigation* 123, 8(August): 3204-6.
Richey, Jeffrey. 2011. "I, Robot: Self as Machine in the Liezi." In *Riding the Wind with Liezi: New Perspectives on a Daoist Classic*, ed. Ronnie Littlejohn, and Jeffery Dippmann, 193-208. Albany: SUNY Press.
Richter, Gisela. 2006. *Catalogue of Engraved Gems : Greek, Roman and Etruscan*. Rome: L'Erma di Bretschneider.
Robertson, Martin. 1997. " The Death of Talos." *Journal of Hellenic Studies* 97:158-60.
Rogers, Brett, and Benjamin Stevens, eds. 2015. *Classical Traditions in Science Fiction*. Oxford: Oxford University Press.
Ruffell, Ian. 2015-16. "Hero Automata: First Moves." "Riding the Snail." University of Glasgow, Classics, research blog on ancient technology. http://classics.academicblogs.co.uk/heros-automat-first-moves/; http://classics.academicvlogs.co.uk/riding-the-snail/.
Sage, Evan T. 1935. "An Ancient Robotette." *Classical Journal* 30, 5:299-300.
Scarisbrick, Dianna, Claudia Wagner, and John Boardman. 2016. *The Beverley Collection of Gems at Alnwick Castle*. Oxford: Classical Art Research Center.
Schmidt, Victor. 1995. *A Legend and Its Image: The Aerial Flight of Alexander the Great in Medieval Art*. Groningen: Egbert Forsten.
Scobie, Alex, and A.J.W. Taylor. 1975. " Perversions Ancient and Modern: I. Agalmatophilia, the Statue Syndrome." *Journal of the History of Behavioral Sciences* 11, 1:49-54.
Shapiro, H.A. 1994. *Myth into Art: Poet and Painter in Classical Greece*. London: Routledge.
Shelly, Mary, 1831[1818]. *Frankenstein, or the Modern Prometheus*. Rev.ed/ London: Colburn.
Shtulman, Andrew. 2017. *Scienceblind: Why Our Intuitive Theories about The World Are So Often Wrong*. New York: Basic Books.
Simons, G.L. 1992. *Robots: The Quest for Living Machines*. London: Cassell.

Newman, Heather. 2014. " The Talos Principles Asks You to Solve Puzzles, Ponder Humanity." *Venture Beat*, December 8. http://venturebeat.com/201412/08/the-talos-principle-asks-you-to-solve-puzzles-ponder-humanity-review/view-all/

"The Next Frontier: When Thoughts Control Machines." 2018. *Economist, Technology Quarterly: Brain-Computer Interfaces, Thought Experiments*, January 6-12, 1-12.

Nissenbaum, Dion. 2014. " U.S. Military Turns to Hollywood to Outfit the Soldier of the Future." *Wall Street Journal*, July 4.

Nostrand, Anna van. 2015. "Ancient Bionics: The Origins of Modern Prosthetics." *Dig Ventures*, March 10. https://digventures.com/2015/03/ancient-bionics-the-origins-of-modern-prosthetics/.

Oleson, John Peter. 2009. *The Oxford Handbook of Engineering and Technology in the Classical World*. Oxford: Oxford University Press.

O'sullivan, Patrick. 2000. "Satyr and Image in Aeschylus' Theoroi." *Classical Quarterly* 50:353-66.

Paipetis, S.A., ed. 2010. *Unknown Technology in Homer*. New York: Springer Science.

Palaephatus. *On Unbelievable Tales*. 1996. Trans. And comm. Jacob Stern. Wauconda, IL: Bolchazy-Carducci.

Pannikar, R. 1984. "The Destiny of Technological Civilization: An Ancient Buddhist Legend, Romavisaya." *Alternatives* 10(Fall): 237-53.

Panofsky, Doran, and Erwin Panofsky. 1991. *Pandora's Box: The Changing Aspectsof a Mythical Symbols*. Princeton, NJ: Princeton University Press.

Paratico, Angelo. 2014. "Are the Giants of Mount Parma Odyssey's Laestrygonians?" *Beyond Thirty-Nine*, June 2. https://beyondthirtynine.com/are-the-ginats-of-mount-parma-odysseys-laestrygonians/.

Pollitt, J.J. 1990. *The Art of Ancient Greece: Sources and Documents*. Cambridge: Cambridge University Press.

Pomeroy, Sarah. 2002. *Spartan Women*. Oxford: Oxford University Press.

Popcorn, Faith. 2016. "The Humanoid Condition." In *Economist* special issue *The World in 2016*. January.

Poulsen, Frederik. 1945. "Talking, Weeping and Bleeding Statues." *Acta Archaeologica* 16:178-95.

Raggio, Olga. 1958. "The Myth of Prometheus: Its Survival and Metamorphoses up to the Eighteenth Century." *Journal of the Warburg and Courtauld Institutes* 21, 1-2:44-62.

Raghavan, V. 1952. *Yantras or Mechanical Contrivances in Ancient India*. Bangalore: Indian Institute of Culture.

Raphael, Rebecca. 2015. "Disability as Rhetorical Trope in Classical Myth and *Blade Runner*."

____. 2014. *The Amazons: Lives and Legends of Warrior Women across the Ancient World.* Princeton, NJ: Princeton University Press.

____. 2016. "Bio-Techne Myths: What Can the Ancient Greeks Teach Us about Artificial Intelligence, Robots, and the Quest for Immortality?" *Aeon,* May. https://aeon.co/essays/replicants-and-robots-what-can-theancient-greeks-teach-us.

McEvilley, Thomas. 2001. *The Shape of Ancient Thought: Comparative Studies in Greek and Indian Philosophies.* New York: Allworth.

McFadden, Robert. 1988. "Daedalus Flies from Myth into Reality." *New York Times*, April 24. http://www.nytimes.com/1988/04/24/world/daedalus-flies-from-myth-into-reality.html.

McKeown, J.C. 2013. *A Cabinet of Greek Curiosities.* Oxford: Oxford University Press.

Mendelsohn, Daniel. 2015. "The Robots Are Winning!" *New York Review of Books*, June 4.

Michaelis, Anthony. 1992. "The Golden Honeycomb: A Masterly Sculpture by Michael Aryton." *Interdisciplinary Science Reviews* 17, 4:132

Mill, John Stuart. 1859. *On Liberty*. London: Parker and Son.

Misailidou-Despotidou, Vasiliki. 2012. "A Red-Figure Lekythos by the Pan Painter from Ancient Aphytis." In *Threpteria: Studies on Ancient Macedonia*, ed. T. Michalis et al., 215-39. Thessaloniki.

Mori, Masahiro. 1981[1974]. *The Buddha in the Robot: A Robot Engineer's Thoughts on Science and Religion.* Trans. Charles Terry. Tokyo: Kosei; originally published in 2 vols., 1974.

____. 2012[1970]. "The Uncanny Valley." Trans. Karl F. MacDorman and Norri Kageki, authorized by Masahiro Mori. *IEEE Robotics & Automation Magazine*, 98-100; originally published in Japanese, in Energy 7, 4(1970): 33-35. http://goo.gl/iskzXb.

Morris, Sarah. 1992. *Daidalos and the Origins of Greek Art.* Princeton, NJ: Princeton University Press.

Needham, Joseph. 1991. *Science and Civilization in China* Vol.2, *History of Scientific Thought.* Cambridge: Cambridge University Press

Needham, Joseph. 1991. *Science and Civilization: Mechanical Engineering.* Vol. 4, pt. 2 Taipei: Caves Books.

Needham, Joseph, and Ling Wang. 1965. *Science and Civilization: Physics and Physical Technology, Mechanical Engineering.* Vol. 4, pt.2. Cambridge: Cambridge University Press; abridged version by Conan Alistair Ronan. 1994.

Neils, Jenifer. 2005. "The Girl in the Pithos: Hesiod's *Elpis.*" In *Periklean Athens and Its Legacy: Problems and Perspectives*, ed. J. Barringer and J, Hurwit, 37-46. Austin University of Texas Press.

Newlands, Carole. 1997. "The Metamorphosis of Ovid's Medea." In Clauss and Johnston 1997, 178-209.

Lin, Patrick, Ryan Jenkins, and Keith Abney, eds. 2017. *Robot Ethics 2.0: From Autonomous Cars to Artificial Intelligence*. Oxford: Oxford University Press.

Liu, Lydia. 2011. *The Freudian Robot*. Chicago: University of Chicago Press.

"Longevity: Adding Ages." 2016. *Economist,* August 13, 14-16.

Lowe, Dunstan. 2016. "Suspending Disbelief: Magnetic and Miraculous Levitation from Antiquity to the Middle Ages." *Classical Antiquity* 35, 2:247-78.

Mackey, Douglas. 1984. "Science Fiction and Gnosticism." *Missouri Review* 7:112-20.

Maldonado, Alessandra. 2017. "This Man Had an Awkward Conversation with an A.I. Sex Robot So You Don't Have To." *Salon*, August 10. https://www.salon.com/2017/08/10/this-man-had-an-awkward-conversation-with-an-a-i-sex-robot-so-youdont-have-to/.

Maluf, N.S.R. 1954. "History of Blood Transfusion: the Use of Blood from Antiauity through the Eighteenth Century." *Journal of the History of Medicine and Allied Sciences* 9:59-107.

Mansfield, Justin. 2015. "Models, Literary and Wax: The Fantastic in Demotic Tales and the Greek Novel." Paper delivered at the International Conference on the Fantastic in the Arts, Orlando FL, March 18-21.

Marconi, Clemente. 2009. " Early Greek Architectual Decoration in Function." In *Koine: Mediterranean Studies in Honor of R. Ross Holloway*, ed. D. Counts and A. Tuck. Oxford: Oxbow Books.

Marsden, E.W.1971. *Greek and Roman Artillery*. Oxford: Oxford University Press.

Marshall, C.W. 2017. " Do Androids Dream of Electric Greeks? "*Eidolon*, October 26. https://eidolonpub/do-android-dream-of-elctric-greeks-a407b583a364.

Martinho-Truswell, Antone. 2018. "To Automata Is Human." *Aeon*, February 13. https://aeon.co/essays/the-offloading-ape-the-human-is-the-neast-that-automates.

Martini, W. 1971. *Die etruskische Ringsteinglyptik*. Heidelberg : F.H.Kerle.

Matheson, Susan. 1995a. *Polygnotus and Vase Painting in Classical Athens*. Madison: University of Wisconsin Press.

____. 1995b. "The Mission of Triptolemus and the Politics of Athens." *Greek, Roman and Byzantine Studies* 35, 4:345-72.

Mattusch, Carol. 1975. "Pollux pn Bronze Casting : A New Look at *kanabos*." *Greek, Roman and Byzantine Studies* 16, 3:309-16.

Mayor, Adrienne. 2007. "Mythic Bio-Techne in Classical Antiquity: Hope and Dread." Biotechenique Exhibit Catalogue. San Francisco: Yebra Buena Center for theArts.

____. 2009. *Greek Fire, Poison Arrows, and Scorpion Bombs: Biological and Chemical Warfare in the Ancient World.* Rev.ed/ New York: Overlook-Duckworth.

____. 2010. *The Poison King: The Life and Legend of Mithradates, Rome's Deadliest Enemy*. Princeton, NJ: Princeton University Press.

Konstam, Nigel, and Herbert Hoffmann. 2004. "Casting the Riaci Bronzes: A Sculptor's Discovery." *Oxford Journal of Archaeology* 23, 4:397-402.

Korshak, Yvonne. 1987. *Frontal Faces in Attic (Greek) Vase Painting of the Archaic Period.* Chicago: Ares.

Kotsanas, Kostas. 2014. *Ancient Greek Technology : Inventions of the Ancient Greeks.* Katakalo, Greece: Kotsanas Museum of Ancient Greek Technology.

Krauskpof, Ingrid. 1995. *Heroen, Goetter und Daemonen auf etruskischen Skarabaeen. Listen zur Bestimmung.* Mannheim: University of Heidelberg.

Kris, Ernst, and Otto Kurz. 1979. *Legend, Myth, and Magic in the Image of the Artist.* New Haven, CT: Yale University Press.

Lachman, Gary. 2006. "Homunculi, Golems, and Artificial Life." *Quest* 94,1 (Januray-February): 7-10.

LaGrandeur, Kevin. 2013. *Androids and Intelligent Networks in early Modern Literature and Culture.* New York: Routledge.

Lane, George S. 1947. "The Tocharian Punyavantajataka, Text and Translation." *Journal of American Oriental Society* 67, 1:33-53.

Lane Fox, Robin. 2009. *Travelling Heroes in the Epic Age of Homer.* New York: Knopf.

Lefkowitz, Mary. 2003. *Greek Gods, Human Lives: What We Can Learn from Myths.* New Haven, CT: Yale University Press.

Legge, James, trans. 1965[1886]. *A Record of Buddhist Kingdoms…by the Chinese Monk Fa-Hien of Travels in India…(AD 399-414)*…New York: Dover reprint.

Leroi, Armand Marie. 2014. *The Lagoon: How Aristotle Invented Science.* London: Bloomsbury.

Lichtheim, Miriam. 1980. *Ancient Egyptian Literature.* Vol.3, *The Late Period.* Berkley: University of California Press.

Lin, Patrick. 2012. "More Than Human?" The Ethics of Biologically Enhancing Soldiers." *Atlantic,* February 16. http://www.theatlantic.com/technology/archive/2012/02/more-than-human-the-ethics-of-biologically-enhancing-soldiers/253217/.

____. 2015. " Do Killer Robots Violate Human Rights? " *Atlantic*, April 20. https://www. theatlantic.com/technology/archive/2015/04/do-killer-robot-violate-human-rights/390033/

Lin, Patrick, et al/ 2014. "Super Soldiers(Part 1) : What Is Military Human Enhancement? (Part2) The Ethical, Legal and Operational Implications." In *Global Issues and Ethical Considerations in Human Enhancement Technologies*, ed. S.J. Thompson, 119-60. IGI Global.

Lin Patrick, Keith Abney, and George Bekey, eds. 2014. *Robot Ethics: The Ethical and Social Implications of Robotics.* Cambridge, MA: MIT Press.

Family of Calendars." *Hesperia* 86, 1:129-203.

Jacobsen, Annie. 2015. "Engineering Humans for War." *Atlantic*, September 23. https://www.theatlantic.com/international/archive/2015/09/military-technology-pentagon-robots/406786/.

James, Peter, and Nick Thorpe. 1994. *Ancient Inventions*. New York: Ballantine.

Jansari, Sushma. 2011 " Buddhism and Diplomacy in Asoka's Embassies to the Mediterranean World." Lecture, Royal Aistic Society of Great Britain and Ireland, London, December 14.

Kalligeropoulos, D., and S. Vasileiadou. 2008. « The Homeric Automata and Their Implementation." In *Science and Technology in Homeric Epics*, ed. S.A. Paipetis, 77-84. New York: Springer Science + Business Media.

Kang, Minsoo. 2005. "Building the Sex Machine: The Subversive Potential of the Female Robot." *Intertexts*, March 22.

____. 2011. *Sublime Dreams of Living Machines: The Automaton in the European Imagination*. Cambridge, MA: Harvard University Press.

Kantrowitz, Alex. 2017 " Microsoft's Chatbot Zo Calls the Qur'anViolent and Has Theories about Bin Laden." BuzzFeed News, July 3. www.buzzfeed.com/alexkantrowitz/microsofrs-chatbot-zo-calls-thequran-violent-and-has?utm_term=.mm7d6Rz1#.ct8QlA7qj.

Kaplan, Matt. 2015. *Science of the Magical*. New York: Scribner.

Keats, Jonathan. 2017. "Caring Computers: Designing a Moral machine." *Discover*, May. http:// discovermagazine.com/2017/may-2017/caring-machine.

Keay, John. 2011. *India: A History, Revised and Updated*. New York: Grove Atlantic.

Keen, Anthony. 2015. "SF's Tosy-Fingered Dawn." In Roger and Stevens 2015, 105-20.

Keyser, Paul. 1993. " The Purpose of the Parthian Galvanic Cells: A First Century A.D. Electric Battery Used for Analgesia. *Journal of Near Eastern Studies* 52, 2:81-98.

____. 2016. " Venus and Mercury in the Grand Procession of Ptolemy II." *Historia* 65, 1:31-52.

Keyser, Paul, and Georgia, Irby-Massie, eds. 2008. *The Encyclopedia of Ancient Natural Scientists*. London: Routledge.

Kelin-Rogge, Rudolf. 1927. "The Creation of the Artificial Human Being." *Metropolis Magazine*, 32-page program for filmpremiere at Marble Arch Pavilion, London.

Knight, Will. 2017. "The Dark Secret at the Heart of AI." *MIT Technology Review*, April 11. https://www.technologyreview.com/s/604087/the-dark-secret-at-the-heart-of-ao./.

Koetsier, Teum, and Hanfried Kerle. 2015. "The Automaton Nysa: Mechanis, Design in Alexandria in the 3rd Century BC." In *Essays on the History of Mechanical Engineering*, ed. f. Sorge and G. Genchi, 347-66. Cham, Switzerland: Springer.

Literature. Ithaca, NU: Cornell University Press.

____. 2004. *Handbook of Classical Mythology*. London: ABC-CLIO

____. 2017. *The Book of Greek and Roman Folktales, Legends, and Myths*. Princeton, NJ: Princeton University Press.

Harari, Yuval Noah. 2017. *Homo Deus: A Brief History of Tomorrow*. New York: Harper.

Hard, Robin. 2004. *The Routledge Handbook of Greek Mythology*. London: Routledge.

Harrison, Evelyn. 1986. "The Classical High-Relief Frieze from the thenian Agora." *Archaische und klassiche griechische Plastik* 2:109-17.

____. 1999. "Pheidias." In *Personal Styles in Greek Sculpture*, ed. O. Palagia and J. Pollitt, 16-65. Cambridge: Cambridge University Press.

Hawes, Greta. 2014. *Rationalizing Myth in Classical Antiquity*. Oxford: Oxford University Press.

Haynes, Natalie. 2018. "When the Parthenon Had Dazzling Colors." BBC News, January 22. http:// www.bbc.com/culture/story/20180119-when-the-parthenon-had-dazzling-colours.

Hedreen, Guy. 2017. "Unframing the Representation: The Frontal Face in Athenian Vase-Painting." In *The Frame in Classical Art: A Cultural History*, ed. V. Platt and M. Squire, 154-87. Cambridge: Cambridge University Press.

Hemingway, Colette, and Sean Hemingway. 2003. "The Technique of Bronze Statuary in Ancient Greece." *Heilbrunn Timeline of Art History*. New York: Metropolitan Museum.

Hersey, George. 2009. *Falling in Love with Statues: Artifical Humans from Pygmalion to the Present*. Chicago: University of Chicago Press.

Higley, Sarah L. 1997. "Alien Intellect and the Robotization of the Scientist." *Camera Obscure* 14, 1-2:131-60.

Hinuber, Oskar von. 2010. "Did Hellenistic Kings Send Letters to Asoka?" *Journal of the American Oriental Society* 130, 2:261-66.

Hodges, Henry. 1970. *Technology in the Ancient World*. Harmondsworth: Penguin.

Hsing, I-Tien., and William Crowell. 2005. "Heracles in the East: The Diffusion and Transformation of his Image in the Arts of Central Asia, India, and Medieval China." *Asia Major*, 3rd ser., 18, 2:103-54.

Huffman, Carl. 2003. *Archytas of Tarentum: Pythagorean, Philosopher, and Mathematician King*. Cambridge: Cambridge University Press.

Ienca, Marcello, and Roberto Andorno. 2017. "Towards a New Human Rights in the Age of Neuroscience and Neurotechnology." *Life Science, Society and Policy* 13, 5. https:// lsspjournal.springeropen.com/articles/10.1186/s40504-017-0050-1.

IIverson, Paul. 2017. "The Calendar on the Antikythera Mechanism and the Corinthian

Felton, Debbie. 2001. " The Animated Statues of Lucian's Philopseudes." *Classical Bulletin* 77, 1:75-86.

Flood, Alison. 2016. "Robots Could Learn Human Values by Reading Stories." *Guardian*, February 18.

Florescu, Radu. 1975. *In Search of Frankenstein: Exploring the Myths behind Mary Shelley's Monster.* New York: Little Brown.

Forte, Antonio. 1988. *Mingtang Utopias in the History of the Astronomical Clock: the Tower, Statue and Armillary Sphere Constructed by Empress Wu.* Rome: Instituto Italiano per il Medio ed Estremo Oriente.

Francis, James A. 2009. "Metal maidens, Achilles's Shield, and Pandora: The Beginnings of 'Ekphrasis.'" *American Journal of Philology* 130, 1(Spring): 1-23.

Friend, Tad. 2017. " The God Pill: Silicon Valley's Quest for Eternal Life." *New Yorker*, April 3, 54-67.

Frood, Arran. 2003. " The Riddle of Baghdad's Batteries." BBC News, February 27. http://news.bbc.co.ul/2/hi/science/nature/2804257.stm.

Gantz, Timothy. 1993. *Early Greek Myth: A Guide to Literary and Artistic Sources.* 2 vols. Baltimore: Johns Hopkins University Press.

Garten, William, and Frank Dean. 1982. "The Evolution of the Talos Missile." *Johns Hopkins Applied Physics Laboratory Technical Digest* 3, 2:117-22. http://www.jhuapl.edu/techdigest/views/pdfs/Vo3_N2_1982/V3_N2_1982_Garten.pdf.

Glaser, Horst Albert, and Sabine Rossbach. 2011. *The Artificial Human: A Tragical History.* New York: Peter Lang.

Godwin, William. 1876[1834]. *Lives of the Necromancers.* London. Charro and Windus. https://archive.org/details/livesnecromanceo4godwgoog.

Grafton, Anthony, Glenn Most, and Salvatore Settis. 2010. *The Classical Tradition.* Cambridge: Harvard University Press.

Gray, John. 2015. *The Soul of the Marionette.* London: Penguin.

Hales, Thomas C. 2001. "The Honeycomb Conjecture." *Discrete and Computational Geometry* 25, 1:1-22. https://www.communitycommons.org/wp-content/uploads/bp-attachments/14268/honey.pdf.

Hallager, Erik. 1985. *The Master Impression: A Clay Sealing from the Greek-Swedish Excavations at Kastelli, Khania.* Studies in Mediterranean Archaeology 69. Goteburg: Paul Forlag Astroms.

Han, Byung-Chul. 2017. *Shanzhai: Deconstruction in Chinese* (Untimely Meditations, Book 8). Trans. P. Hurd. Boston: MIT Press.

Hansen, William. 2002. *Ariadne's Thread: A Guide to the International Tales Found in Classical*

Cambridge: Cambridge University Press.

Darling, Kate, Plash Nandy, and Cynthia Breazeal. 2015. "Empathetic Concern and the Effect of Stories in Human-Robot Interaction." Proceedings of the IEEE International Workshop on Robot and Human Communication (ROMAN), February 1. https://ssrn.com/abstract=2639689.

David-Neel, Alexandra. 1959. *The Superhuman Life of Gesar of Ling*. London: Rider. Reprint, 2001, Shambhala.

Dayal, Geeta. 2012. "Recovered 1927 *Metropolis* Film Program Goes behind the Scenes of a Sci-Fi Masterpiece." *Wired*, July 12. https://www.wired.com/2012/07/rare-metropolis-film-program-from-1927-unerathed/?pid=7549&pageid=112666&viewall=true

de Grey, Aubrey. 2008. "Combating Tithonus Error." *Rejuvenation Research* 11, 4:713-15.

de Grey, Aubrey, with Michael Rae. 2007. *Ending Aging: The Rejuvenation Breakthroughs That Could Reverse Human Aging in Our Lifetime*. New York: St. Martin's Press.

De Groot, Jean. 2008. "Dunamis and the Science of Mechanics: Aristotle on Animal Motion." *Journal of the History of Philosophy* 46. 1:43-68.

de Grummond, Nancy Thomson. 2006. *Etruscan Myth, Sacred History, and Legend*. Philadelphia: University of Pennsylvania Museum.

De Puma, Richard. 2013. *Etruscan Art: In the Metropolitan Museum of Art*. Ne York: Metropolitan Museum.

Delvin, Kate. 2018. *Turned on: Science, Sex and Robots*. London: Bloomsbury.

Dickie, Matthew. 1990. " Talos Bewitched: Magic Atomic Theory and Paradoxography in Apollonius *Argonautica 4*. 1638-88." *Papers of the Leeds International Latin Seminar* 6, ed. F. Cairns and M. Heath, 267-96.

____.1991. "Heliodorus and Plutarch on the Evil Eye." *Classical Philology* 86, 1:17-29.

Donohue, Alice A. 1988. *Xoana and the Origins of the Greek Sculpture*. Oxford.

Dougherty, Carol. 2006. *Prometheus*. London: Routledge.

Dow, Sterling. 1937. "Prytaneis. A Study of the Inscriptions Honouring the Athenian Councillors." *Hesperia* Suppl. 1, Athens: American School of Classical Studies.

Dudbridge, Glen. 2005. " Buddhist Images in Action." In *Books, Tales and Vanacular Culture: Selected Papers on China*, 134-50. Leiden: Brill.

Dunbabin, Katherine. 1986. " Sic erimus cuncti···The Skeleton in Greco-Roman Art." *Jahrbuch des Deutsches Archaeologischen Institutes* 101 (1986): 185-255.

Eliade, Mircea. 1967. *From Primitives to Zen: A Thematic Sourcebook of the History of Religions*. New York: Harper & Row.

Faraone, Christopher. 1992. *Talismans and Trojan Horses: Guardian Statues in Ancient Greek Myth and Ritual*. Oxford: Oxford University Press.

alcunimonumentidoocara.
Carpino, A.A. 2003. *Discs of Splendor: The Relief Mirrors of the Etruscans*. Madison: University of Madison Press.
Cave, Stephen. 2012. *Immortality: The Quest to Live Forever and How It Drives Civilization*. New York: Crown.
Ceccarelli, Marco, ed. 2004. *International Symposium on History of Machines and Mechanisms*. Dordrecht: Kluwer Academic.
Chapuis, Alfred, and Edmond Droz. 1958. *Automata*. Trans. A. Reid. Neuchatel : Griffon.
Cheating Death. " 2016. *Economist,* August 13, 7.
Clarke, Arthur C. 1973. "Hazards of Prophecy: The Failure of Imagination." Rev. ed. of 1962. *Profiles of the Future: An Enquiry into the Limits of the Possible*. London: Gollanz.
Clauss, James, and Sarah Johnston, eds.1997. *Medea: Essays on Medea in Myth, Literature, and Art*. Princeton, NJ: Princeton University Press.
Cline, Eric, ed. 2010. *Oxford Handbook of the Bronze Age Aegean*. New York: Oxford University Press.
Cohen, Beth. 2006. *The Colors of Clay*. Los Angeles: Getty Museum.
Cohen, John. 1963. " Automata in Myth and Science." *History Today* 13,5 (May).
____.1996. *Human Robots in Myth and Science*. London: Allen and Unwin.
Cohen, Signe. 2002. " Romancing the Robot and Other Tales of Mechanical Beings in Indian Literature." *Acta Orientalia* (Denmark) 64:65-75.
Colarusso, John. trans. 2016. *Nart Sagas: Ancient Myths and Legends of the Circassians and Abkhazians*. Princeton, NJ: Princeton University Press.
Cook, A. B. 1914. *Zeus: A Study in Ancient Religion*.Vol.1. Cambridge: Cambridge University Press.
Cooper, Jean. 190. *Chinese Alchemy: The Taoist Quest for Immortality*. New York: Sterling.
Csapo, Eric. 1997. "Riding the Phallus for Dionysus: Iconology, Ritual, and Gender-Role De/Construction." *Phoenix* 51,3/4:253-95.
Cuomo, Serafina. 2007. *Technology and Culture in Greek and Roman Antiquity*. Cambridge: Cambridge University Press.
Cusack, Carole. 2008. " The End of Human? The Cyborg Past and Present." *Sydney Studies in Religion*, September 19, 223-34.
D'Angour, Armand. 1999. " Men in Wings." *Omnibus Magazine* 42 (Classical Association, 2001): 24-25.
____.2003. " Drowning by Numbers: Pythagoreanism and Poetry in Horace Odes 1.28." *Greece and Roman* 50, 2: 206-19.
____.2011. *The Greeks and the New: Novelty in Ancient Greek Imagination and Experience*.

bhorat/ do-we-still-need-human-judges-in-age-of-artificial-intelligence.
Birrell, Anne, trans. 1999. *The Classic of Mountains and Seas*. London: Penguin.
Blakely, Sandra. 2006. *Myth, Ritual, and Metallurgy in Ancient Greece and Recent Africa*. Cambridge: Cambridge University Press.
Blakemore, Kenneth. 1980. "Age Old Technique of the Goldsmith." *Canadian Rockhound*, February.
Boardman, John. 2000. "Pandora in Italy." In *Agathos Daimon, Mythes et Cultes: Etudes d'iconographie en l'honneur de Lilly Kahil*, ed. P. Linant de bellefonds et al., 49-50. Athens.
_____.2015. *The Greeks in Asia*. London: Thames and Hudson.
Boissoneault, Lorraine. 2017. " Are Blade Runner's Replicants 'Human'? Descartes and Locke Have Some Thoughts." *Smithsonian*, Arts and Culture, October 3. https://www.smithsonianmag.com/arts-culture/are-blade-runners-replicants-human-decartes-and-locke-have-some-thoughts-180965097/.
Bonfante, Giuliano, and Larissa Bonfante. 2002. *The Etruscan Language: An Introduction*. Manchester: University of Manchester Press.
Borody, Wayne A. 2013. "The Japanese Robotics Masahiro Mori's Buddhist Inspired Concept of "The Uncanny Valley ". *Journal of Evolution and Technology* 23, 1:31-44.
Bosak-Schroeder, Clara. 2016. "The Religious Life of Greek Automata." *Archiv für Religiongeschichte* 17:123-36.
Bremmer, Jan. 2013. "The Agency of Greek and Roman Statues: From Homer to Constantine." *Opuscula* 6:7-21.
Brett, G. 1954. "The automata in the Byzantine ' Throne of Solomon.'" *Speculum* 29:477-87.
Brinkmann, Vinzenz, and Raimund Wuensche, eds. 2007. *Gods in Color: Painted Sculpture of Classical Antiquity*. Travelling exhibition catalogue. Munich: Biering& Brinkmann.
Brown, Norman O., trans. 1953. *Theogony, Hesiod*. Indianapolis: Bobbs-Merrill.
Brunschwig, Jacques, and Geoffrey Lloyd, eds. 2000. *Greek Thought: A Guide to Classical Knowledge*. Cambridge, MA: Havard University Press.
Bryson, Joanna. 2010. "Robots Should Be Slaves." In *Close Engagements with Artificial Companions* ed. Yorick Wilks, 63-74. Amsterdam: John Benjamins.
Bryson, Joanna, and Philip Kime. 2011. "Just an Artifact: Why Machines Are Perceived as Moral Agents." In *Proceedings of the Twenty –Second-International Joint Conference on Artificial Intelligence*, vol. 2, ed. T. Walsh, 1641-46. Menlo Park, CA: AAAI Press.
Buxton, Richard. 2013. *Myths and Tragedies in Their Ancient Greek Contexts*. Oxford: Oxford University Press.
Carafa, Giovanni, duca di Noja. 1778. *Alcuni Monumenti del Museo Carrafa in Napoli*. Naples. Digitizes by Getty Research Institute in 2016: https://archive.org/details/

參考書目

Aerts, Willem J. 2014. *The Byzantine Alexander Poem*. Berlin: De Gruyter.

"AI in Society: The Unexamined Mind." 2018. *Economist*, February 17, 70-72.

Ali, Daud. 2016. "Bhoja's Mechanical Garden: Translating Wonder across the Indian Ocean, circa. 800-1100 CE." *History of Religion* 55, 4:460-93.

Ambrosini, Laura. 2011. *Le gemme etrusche con iscrizioni*. Mediterranea supplement 6. Pisa-Rome : Fabrizio Serra Editore.

____.2014. " Images of Artisans on Etruscan and Italic Gems." *Etruscan Studies* 17, 2 (November): 172-91.

Ambrosino, Brandon. 2017. " When Robots Are Indistinguishable from Humans What Will Be Inside Them?" *Popular Mechanics* (February 15). http:// www.popularmechanics.com/culture/tv/a25210/inside-synths-amc-humans/.

Amedick, Rita. 1998. " Ein Vergnuegen fuer Augenund Ohren: Wasserspiele und klingende Kunstwerke in der Antike (Teil I)." *Antike Welt* 29: 497-507.

Anderson, Deb. 2012. " Was There Artificial Life in the Ancient World? Interview with Dr. Alan Dorin." *Sydney Morning Herald*, August 28.

http://www.smh.com.au./national/education/was-there-artificial-life-inthe-ancien-world-20120827-24vxt.html.

Apollonius of Rhodes. 2015. *Argonautica Book IV*. Trans. And comm. Richard Hunter. Cambridge: Cambridge University Press.

Ayrton, Michael. 1967. *The Maze Maker*. New York: Holt, Rinehart and Winston.

Bagley, Robert, et al. 1980. *The Great Bronze Age of China*. New York: Metropolitan Museum.

Benn, Charles. 2004. *China's Golden Age: Everyday Life in the Tang Dynasty*. Oxford: Oxford University Press.

Berryman, Sylvia. 2003. " Ancient Automata and Mechanical Explanation." *Phronesis* 48, 4:344-69.

____.2007. " The Imitation of Life in Ancient Greek Philosophy." In *Genesis Redux: Essays in the History and Philosophy of Artificial Life*, ed. Jessica Riskin, 35-45. Chicago: University of Chicago Press.

____.2009. *The Mechanical Hypothesis in Ancient Greek Natural Philosophy*. Cambridge: Cambridge University Press.

Bhorat, Ziyaad. 2017. " Do We Still Need Human Judges in the Age of Artificial Intelligence? " Transformation, August 9. https://www.opendemocracy.net/transformation/ziyaad-

天工，諸神，機械人

希臘神話與遠古文明的工藝科技夢

Gods and Robots:
Myths, Machines and Ancient Dreams of Technology

作者：雅筑安・梅爾 (Adrienne Mayor)｜譯者：愷易緯｜總編輯：富察｜主編：林家任｜企劃：蔡慧華｜排版：宸遠彩藝｜封面設計：井十二設計研究室｜社長：郭重興｜發行人：曾大福｜出版發行：八旗文化／遠足文化事業股份有限公司｜地址：新北市新店區民權路108-2號9樓｜電話：（02）2218-1417｜傳真：（02）8667-1065｜客服專線：0800-221-029｜信箱：gusa0601@gmail.com｜法律顧問：華洋法律事務所 蘇文生律師｜印刷：通南彩色印刷股份有限公司｜出版日期：2019年4月初版一刷｜定價：新台幣480元

國家圖書館出版品預行編目(CIP)資料

天工，諸神，機械人：希臘神話與遠古文明的工藝科技夢 / 雅筑安.梅爾(Adrienne Mayor)著；愷易緯 譯. -- 初版. -- 新北市：八旗文化，遠足文化，2019.04
344面；16×23公分
譯自：Gods and Robots : Myths, Machines, and Ancient Dreams of Technology

ISBN 978-957-8654-56-3(平裝)

1.希臘神話　2.科學技術　3.文明史

284.95　　108003309

歡迎團體訂購，另有優惠，請洽業務部（02）2218-1417分機1124、1135